Soraya Alekozei
Sie konnten mich nicht töten

Soraya Alekozei

Sie konnten mich nicht töten

Als Afghanin im Einsatz
für die Bundeswehr

Aufgeschrieben
von Colla Schmitz

Econ

Einige Namen wurden aus Gründen des
Persönlichkeitsschutzes geändert.

Econ ist ein Verlag
der Ullstein Buchverlage GmbH

ISBN 978-3-430-20174-2

© der deutschsprachigen Ausgabe
Ullstein Buchverlage GmbH, Berlin 2014

© für Abbildungen im Bildteil:
privat: S. 1, 2, 3, 4, 5, 6, 7, 8 Mitte, 15
Bundeswehr: S. 8 oben und unten, 9 unten, 10 oben,
11, 12 oben, 13, 14 unten
Frank Sarach: S. 9 oben, 10 unten, 12 unten, 14 oben
Sebastian Wilke: S. 16

Alle Rechte vorbehalten
Gesetzt aus der Sabon
Satz: LVD GmbH, Berlin
Druck und Bindearbeiten: GGP Media GmbH, Pößneck
Printed in Germany

Meinen gefallenen Kameraden und allen
Kriegsopfern in Afghanistan

Inhalt

Einmal Taloqan und zurück

Kunduz. Es ist der 28. Mai 2011. Frühmorgens. Wir können es zu diesem Zeitpunkt noch nicht ahnen, aber es wird ein blutiger Monat für die Deutschen am Hindukusch werden. Die Fahnen wehen heute auf halbmast. Ihr Schwarz-Rot-Gold bewegt sich mit stummem Vorwurf in der sanften Brise dieses Frühlingstags. Die Medien sprechen vom Blutzoll, den wir zahlen müssen. Wir – das ist die Bundeswehr. Und in diesem Fall hat ihn Hauptmann Markus Matthes beglichen. Drei Tage vor seinem vierunddreißigsten Geburtstag fiel er bei einem Sprengstoffanschlag nahe Kunduz. Keine zwanzig Kilometer vom Camp entfernt. Nun gehe ich hinter seinem Sarg. Nicht zum ersten Mal begleite ich einen getöteten Kameraden auf seinem letzten Weg. Im Hintergrund spielt jemand leise auf einer Trompete eine Melodie: »Ich hatt' einen Kameraden. Einen bessern findst du nit ...« Die Zeilen von Ludwig Uhland aus dem Jahr 1809 beschreiben, was in uns allen in Momenten wie diesem vorgeht: »Er liegt vor meinen Füßen, als wär's ein Stück von mir.«

Tränen laufen mir übers Gesicht. Mein Abschiedsgruß an die Gefallenen. Stellvertretend für all die Mütter, Ehefrauen und Kinder, die nicht hier sein können, weine ich um ihre Liebsten. Die Soldaten wissen das. Manche sind froh, dass ich ihrer Trauer ein Ventil gebe. Viele kennen mich seit Jahren. Ich bin Soraya Alekozei. Dolmetscherin der deutschen ISAF-Kommandeure. Dies ist bereits mein sechster Einsatz.

Erst vor wenigen Tagen habe ich meinen sechsundfünfzigsten Geburtstag gefeiert. Geboren wurde ich in Kabul als Tochter einer weltoffenen Großfamilie. Wir zählten zum Bildungsbürgertum. Deshalb hat nie eine Burka mein Gesicht verhüllt. Nie hat man meine Neugier aufs Leben gebremst. Nichts war unmöglich – bis zum Einmarsch der Russen in Afghanistan. Gemeinsam mit meinem Mann und meinem Sohn musste ich 1979 fliehen. Heute ist Deutschland meine Heimat. Doch Afghanistan bleibt das Land meiner Väter. Ein Land, das es so nicht mehr gibt. Ein Land, das seine Freiheit und Großzügigkeit, aber auch sein Mitgefühl und das Lachen seiner Kinder verloren hat. Ich kann und will mich damit nicht abfinden. Darum bin ich wieder hier und trage eine deutsche Uniform und den Dienstgrad eines Oberleutnants. Meinem Mann und unseren Söhnen habe ich allerdings versprochen, dass es das letzte Mal sein wird.

Ich weiß, sie haben recht. Auch mir fehlt dieses Mal jenes Urvertrauen, das wieder alles gut ausgehen wird. Für mein ungutes Bauchgefühl gibt es einen Grund. Meine Mutter ist erst vor kurzem in Kabul gestorben. Während ich hinter dem Sarg herlaufe, wird mir bewusst, dass sie nicht mehr für mich beten kann. Das macht mir Angst. Vielleicht ist es auch eine unbestimmte Vorahnung. Darüber nachdenken darf ich aber nicht. Meine Verdrängungsmechanismen funktionieren noch gut in diesen Tagen.

Wenig später sitze ich neben Generalmajor Markus Kneip im Hubschrauber. Wir kennen uns gut. Der ISAF-Kommandeur und ich haben bereits 2006 zusammengearbeitet.

Aus Respekt ist Freundschaft geworden. Es geht los Richtung Norden, nach Taloqan, der Hauptstadt der Provinz Tachar. Beruhigend monoton bewegen sich die Rotorblätter des Helikopters. Ich versuche, mich zu entspannen. Normalerweise liebe ich den Blick von oben auf meine Heimat. Alles wirkt so friedlich. Weich geformte grüne Hügel und Berge bestimmen die Landschaft. Die deutschen Soldaten nennen die Region deshalb scherzhaft »Teletubbie-Land«. Doch es fällt mir dieses Mal schwer, mich darauf einzustellen. Was auch daran liegt, dass mir kalt ist. Unsagbar kalt. Düstere Schauer jagen durch meinen Körper, lassen mich frieren. Reiß dich zusammen, sage ich still zu mir selbst. Schließlich soll ich gleich für meinen Kommandeur auf einer Sicherheitskonferenz übersetzen. Nach den jüngsten Vorfällen soll das Vertrauen zwischen den ISAF-Angehörigen auf der einen Seite und den einheimischen Kräften auf der anderen Seite erneut bestärkt werden. Ein gemeinsamer Schulterschluss gegenüber den Taliban. So ist es immer. Eigentlich Routine.

In Taloqan gelandet, begeben wir uns in den Gouverneurspalast der Provinzhauptstadt. Traditionell wird hinter verschlossenen Türen in einem sogenannten sicheren Raum diskutiert. Die Gespräche laufen gut an diesem 28. Mai. Neben Dienstlichem blieb mir später Zeit für das eine oder andere private Wort mit meinen Landsleuten. Aus diesem Grund war ich noch nicht nach oben gegangen, um meine Splitterschutzweste anzuziehen. Wie immer hatten wir sie abgelegt, um unseren Gastgebern zu zeigen, dass wir ihnen vertrauen. Ich erinnere mich noch, dass jemand plötzlich meinen Namen ruft. Ich drehe mich um. Danach versinkt alles in Dunkelheit.

Während ich gegen den Tod ankämpfe, wird Bundeskanzlerin Angela Merkel in den Nachrichten von einem terroristischen Anschlag sprechen, der »mörderische Menschenverachtung zeigt«. Ich selbst werde zur Schlagzeile. Zum ersten Mal wird eine deutsche Soldatin im Einsatz Opfer der Gewalt. Lange Zeit weiß niemand, wer ich bin, wie meine Überlebenschancen stehen. Mein Name wird unter Verschluss gehalten. Nicht nur zu meiner Sicherheit, sondern auch, um meine Angehörigen in Afghanistan vor Schlimmerem zu bewahren.

Alle reden. Aber niemand hat genaue Informationen. Ich am allerwenigsten. Bis heute. Noch immer liegt vieles in den Tiefen meines Traumas vergraben. Habe ich die Schreie meiner Kameraden gehört? Gesehen, wie sie vor mir in Stücke gerissen wurden? Konnte ich spüren, wie ein dreißig Zentimeter langes Kantholz in meinen Kopf eindringt, wie unzählige Splitter meine Haut durchbohren und meine Hände Feuer fangen? Die Explosion. Die Schmerzen. Der metallische Geschmack von Blut in meinem Mund. Der Gestank von verbranntem Fleisch. Habe ich all das überhaupt bemerkt? Mein Gedächtnis will es mir nicht verraten.

Dennoch spüre ich keine Wut in mir. Aber Trauer. Unendliche Trauer. Um meine gefallenen Freunde, mein altes Leben und um meine Tränen. Es ist fast so, als hielte ein unsichtbarer Staudamm sie in meinem Inneren gefangen. Vielleicht zu meinem Schutz. Denn wer weiß, welche Erinnerungen ich in mir gespeichert habe, als um mich herum die Hölle losbrach.

Einst war ich

Menschen, die dem Tod ins Gesicht geblickt haben, berichten immer wieder darüber. Im Nirwana, irgendwo zwischen den Welten, soll es ein Licht geben, hell und warm. Und auch Glücksgefühle. Geborgenheit. Ein Wiedersehen mit verstorbenen Verwandten und unendliche Ruhe. Manche sagen, sie seien durch einen Fluss geschwommen. Doch hätten sie keine Wellen sanft liebkost. Stattdessen machten Wassermassen zäh fließend wie Sirup jede Bewegung zur Qual. Zogen sie immer wieder zurück in die Tiefe des ewigen Vergessens. Langsam und mühsam wären sie den Stimmen am anderen Ende des Ufers entgegengeschwommen. Stück für Stück mussten sie sich zurückkämpfen ins Hier und Jetzt.

Andere sahen in Sekundenschnelle ihr ganzes bisheriges Sein an sich vorüberziehen. Lachten, weinten, erinnerten sich. Das tat auch ich. Es war wie ein Schweben. Losgelöst von Raum und Zeit. Ich wurde zum Zuschauer in einem Film, in dem ich selbst die Hauptrolle hatte und doch nicht wusste, wie er enden wird. Den Anfang, den kannte ich gut. Wehmut kroch mir durch den Körper. Heiß wie ein stechender Schmerz und bitter wie der Geschmack verlorener Träume.

Ich sehe mich als achtjähriges Mädchen an einem kalten Wintertag in Kabul. Es ist die früheste Erinnerung, die ich an mich habe, und mir eine der liebsten. »Soraya!« Im Unterbewusstsein nehme ich wahr, dass jemand meinen Namen ruft. »Soraya jan! Soraya, mein Liebes.« Unwirsch schüttele ich den Kopf. Mama, nicht jetzt, denke ich, ich spiele doch gerade so schön. In meinem Kinderzimmer, in dem es warm ist, habe ich einen Tisch aufgebaut. Drum herum sitzen meine Puppen. Nicht die kostbaren, die Mama und Oma für mich genäht haben, sondern die kleinen, die meine Schwester Sultana und ich immer basteln. Sultana ist die Älteste von uns sieben Geschwistern. Wenn sie groß ist, will sie Lehrerin werden. Das erklärt auch ihre Geduld. Vor allem mit mir, der Drittgeborenen. »Soraya!« Die Stimme meiner Mutter hat genau jene Tonlage angenommen, die mir sagt, ich sollte besser zu ihr gehen. Und zwar auf der Stelle. Widerwillig lasse ich meine Puppengesellschaft allein.

Mama wartet in der Eingangshalle. Papa daneben. Beide gucken ernst. Und das aus gutem Grund. Ein Polizist steht vor ihnen. Ich sehe zuerst nur seinen Rücken. Breit und uniformiert. Langsam dreht er sich zu mir um. »Du bist also Soraya«, stellt er fest. Ich nicke selbstbewusst. Viel selbstbewusster, als ich gerade bin. Mein Herz pocht wie wild, meine Knie sind weich. Tapfer unterdrücke ich meine Angst. Ich möchte zeigen, dass ich zu dem stehe, was ich getan habe. Man muss Verantwortung für sein Handeln übernehmen, das haben mich meine Eltern gelehrt. Also straffe ich meine Schultern. Aber es kostet mich eine wahnsinnige Überwindung. Mein Atem geht flach und stoßweise. Doch trotz meiner Schüchternheit stelle ich mich gerade hin und versuche mich etwas größer zu machen. Viel ist es nicht, was ich zu bieten habe. Ich werde zeit meines Lebens zierlich sein. Nur 1,55 Meter groß. Und als Drittklässlerin bin ich natürlich dementsprechend schmächtig.

Meine Lehrerin findet, ich sei ein Jend, ein kleines schlaues Wesen aus der afghanischen Sagenwelt. Noch dazu ein neugieriges. Gerade will ich zu einer Frage ansetzen, da ernte ich auch schon einen strengen Blick meiner Mutter. Mein Vater schaut auf den Boden. Um seine Mundwinkel meine ich ein Lächeln zu sehen.

So ist das immer gewesen. Papa schimpft nie. Das überließ er Mama. Alahfazel Alekozei Watanyar war ein Mann der leisen Töne. Gebildet. Studierter Jurist und Beamter des Bildungsministeriums. Ich liebte ihn abgöttisch. Bewunderte ihn mehr als jeden anderen. Und ich siezte ihn. Aus Hochachtung. In meiner Kultur ist das die höchste Form der Anerkennung. Kein Mensch stand mir näher als mein Vater, und gerade deshalb war das *Schoma* – das »Sie« – die natürlichste Sache der Welt für mich. In seiner Freizeit arbeitete mein Vater als Journalist, Autor und Dichter. Das verschaffte ihm Respekt, auch jetzt von dem Polizisten, der das weiß und der mich eindringlich anschaut. »Soraya, hast du eine Ahnung, warum ich heute hier bin?«, fragt er. »Es geht um die Frau, die ich mit nach Hause genommen habe«, sage ich leise.

Die Geschichte verfolgt meine Familie nun schon seit Tagen. Eigentlich fing alles ganz harmlos an. Meine Mutter Sahibjan schickte mich zum Bäcker, um frisches Brot fürs Frühstück zu holen. Es war eisig kalt draußen. Wie immer im Winter in Kabul. Mein Atem formte sich zu kleinen Wölkchen. Und dort, wo er meine Haare berührte, bildete sich glitzernder Raureif. Schon von weitem konnte ich sie sehen, ein Häuflein Mensch. Zusammengesunken wie ein Berg feuchter Lumpen. Mehr tot als lebendig. »Sie sitzt hier schon den ganzen Morgen«, verriet mir der Bäckermeister. Ich hielt ihr das warme Brot entgegen, das ich gerade gekauft hatte. Sie war zu schwach, um es zu nehmen. Ihre Lippen formten kaum hörbar Wörter, die ich nicht verstand. »Bestimmt ist ihre Zunge eingefroren«, flüsterte ich. Ohne zu überlegen, reichte ich ihr meine Hand und half ihr auf die Füße. Wie in Trance folgte sie mir. Wir müssen ein komisches Bild abgegeben haben. Eine Achtjährige, die eine Obdachlose hinter sich herzog.

»Schnell, macht die Tür auf«, rief ich, kaum dass ich vor unserem Haus in der Karte Parwan stand, einem beliebten Kabuler Wohngebiet. »Allah sei ihr gnädig«, stieß Mir beim Anblick meiner Begleiterin entsetzt aus. Mir war der Diener meines Vaters, der ihm seit seiner Zeit in Kandahar treu zur Seite gestanden hatte. Wir Kinder haben ihn ehrfürchtig »Saheb« genannt, was so viel wie die englische Anrede »Sir« bedeutet. Unsere Spielkameraden machten sich immer lustig darüber: »Er ist doch nur euer Angestellter.« Doch für uns war er mehr gewesen. Ein Familienangehöriger, fast wie ein Onkel. Denn so sanftmütig mein Vater auch war, wenn es darum ging, Respekt zu zeigen, kannte er kein Pardon. Er lehrte uns, allen Menschen stets auf Augenhöhe zu begegnen und ihnen so ihre Würde zu lassen. »Arroganz ist die Perücke geistiger Kahlheit«, pflegte er dabei zu sagen.

In Windeseile machte meine Mutter ein Bett fertig, besorgte Decken und eine Wärmflasche, während meine Großmutter unserem Gast mit dem Löffel vorsichtig warmen Tee einflößte. Die Frau merkte es kaum. Schlief förmlich im Stehen. Wir beherbergten sie einige Tage und wussten immer noch nicht, wer sie war. »Ihr müsst zur Polizei«, drängten unsere Nachbarn. »Sie ist so schwach«, gab mein Vater zu bedenken. Letztlich gingen meine Eltern doch zu den Behörden. »Das glaube ich jetzt nicht« war das Erste, was ihnen der zuständige Beamte entgegnete. »Wie können Sie so blauäugig sein? Und was ist das überhaupt für ein Mädchen, das wildfremde Leute aufliest?«

Wieder auf der Straße, sah meine Mutter meinen Vater resigniert an. »Warum kann sie nicht wie andere Kinder kranke Tiere mit nach Hause bringen? Wieso sind es immer wieder Menschen, denen sie, ohne nachzudenken, helfen will?« Offensichtlich hatte sie nicht vergessen, dass ich erst kurz zuvor unsere Vorräte geplündert und an vorbeiziehende Nomaden verteilt hatte.

»Sie meint es doch nur gut, und wir haben schließlich mehr als genug«, versuchte mein Vater sie zu besänftigen.

»Aber sie gab ihnen auch das Bettzeug ihrer Oma«, stöhnte Mama.

»Sahibjan, mein Liebling, deine Mutter hat doch zwei Decken. Und außerdem hat Soraya uns versprochen, beim nächsten Mal zu fragen, bevor sie wieder unsere Sachen an Bedürftige verteilt.« Innerlich wird er geschmunzelt haben. Heute weiß ich, er hätte es genauso gemacht.

Einen Tag später musste ich dennoch auf das Revier. Aus diesem Grund stand der Wachtmeister nämlich an jenem kalten Wintertag in unserem Haus: »Ziehen Sie Ihrer Tochter bitte etwas Warmes an, ich nehme sie gleich mit. Wir brauchen ihre Aussage«, informierte er meine Eltern. Mama holte meinen dicken Mantel, wickelte einen Schal fest um meinen Kopf und drückte mir einen Kuss auf die Stirn. Papa tätschelte meine Hand: »Ich fahre hinter euch her.« So kam ich zur ersten und einzigen Motorradfahrt meines Lebens. Wahrscheinlich dachte der Polizist, er täte mir damit einen Gefallen. Doch bis heute kann ich noch den eisigen Fahrtwind in meinem Gesicht spüren und die

Angst vor der Befragung auf der Wache. Am Ende war es halb so schlimm. Ich sollte nur meine Geschichte noch einmal zu Protokoll geben. Eine Formalität für die Beamten. Ein Abenteuer für mich. Dennoch war ich unheimlich erleichtert, als mein Vater mir anschließend seine Hand entgegenstreckte und sagte: »Komm, wir gehen nach Hause.«

Um unseren Gast kümmerte sich später eine örtliche Sozialstation. Das Schicksal dieser älteren Frau ließ uns trotzdem nicht los. Später haben wir erfahren, dass sie aus dem Panjshir-Tal stammte, rund 150 Kilometer nördlich von Kabul. Sie hatte ihren Heimatort verlassen, um ihren einzigen Sohn zu suchen, der als Busfahrer unterwegs war und aufgrund des schlechten Wetters wochenlang nicht nach Hause zurückgekehrt war. Zum Glück gab es ein Happy End. Die Polizei fand den Mann, und seine Mutter konnte endlich wieder heim.

Mein Vater erzählte uns ihre ganze Geschichte, als wir später alle im Wohnzimmer saßen und gemeinsam *Scha Fard* spielten. Bei uns zu Hause drehten sich Spiele häufig um Dichtung und Poesie. In diesem Fall um Königsverse. Papa rezitierte einige Zeilen. Und wir mussten mit dem letzten Buchstaben seines Gedichts unsere Verse beginnen lassen. Dabei hat er immer dafür gesorgt, dass er mit einem schwierigen Konsonanten aufhörte.

»Was hast du aus deinem Verhalten gelernt?«, erkundigte sich mein Vater am Ende jenes denkwürdigen Abends. »Man darf die Hoffnung niemals aufgeben«, platzte es aus mir heraus. »Ach, Soraya jan«, seufzte er und strich mir zärtlich übers Haar.

Oft habe ich mich gefragt, ob er in Momenten wie diesen dachte, dass sie, seine Tochter, ihren Namen zu Recht trägt. Meinen Vornamen verdanke ich immerhin der ehemaligen

Königin Afghanistans – Soraya, der Frau von König Amanullah Khan. Der Monarch legte sein Hauptaugenmerk auf die Modernisierung seiner Heimat und setzte dabei primär auf Deutschland als Partner. Dadurch entstand 1924 die berühmt gewordene Nejat-Oberrealschule in Kabul. Zu Ehren Amanullahs wurde sie im Volksmund »Amani-Schule« genannt. Bis 1984 unterrichteten dort deutsche Lehrer. Auch mein Vater drückte hier die Schulbank. Damit befand er sich in bester Gesellschaft. Denn bis zum kommunistischen Umsturz 1978 gab es keine afghanische Regierung, in der nicht wenigstens ein Minister Absolvent dieser Institution war oder in Deutschland studiert hatte.

König Amanullah galt in den zwanziger Jahren als ein Reformer mit einer starken Partnerin an seiner Seite. Soraya war eine Kämpferin und sprach sich öffentlich und schriftlich gegen den Schleier aus. Mehr noch. Sie legte ihn ab. Damit zeigte sie die Richtung auf, die sie und ihr Mann beschreiten wollten. Einen mutigen Weg, geprägt durch Toleranz. Legendär sind Aufnahmen von ihr anlässlich eines Berlin-Besuchs. Wo die junge Königin, äußerst modisch gekleidet, an der Seite von Reichspräsident Paul von Hindenburg zu sehen ist. Eine Schönheit ganz im Sinne der aufgeklärten zwanziger Jahre. Ihrem Charme konnte sich niemand entziehen, auch mein Vater nicht. Der königliche Hof war ihm nicht fremd. Er hatte mit dem Bruder des Regenten, Obeidullah, gemeinsam das deutsche Gymnasium besucht. Eines Tages lernte er dadurch Soraya kennen und beschloss spontan: »Eine meiner Töchter wird ihren Namen tragen.«

Mein Vater war ein glühender Verehrer des Königshauses. Er schätzte die Weltoffenheit, die durch den jungen Regenten am Hindukusch Einzug gehalten hatte, und bewunderte ihn dafür, dass er sich vom britischen Einfluss losgesagt hatte, um seine Heimat in die Unabhängigkeit zu führen. Schon früh hatte sich Amanullah für alles Deutsche interessiert. Bereits unter der Regierung seines Vaters, Emir Habibullah Khan, waren 1916 erste freundschaftliche Kontakte gepflegt worden. Dem jungen Prinzen gefiel diese Autonomie vom kolonialistischen England. Niemals wollte er sein Land wie Indien als Teil des British Empire sehen. Nachdem er den Thron bestiegen hatte, intensivierte er die Beziehungen mit Deutschland. Drei Paläste in Kabul, die Infrastruktur der Hauptstadt und sogar die Umstrukturierung der Armee tragen eindeutig eine deutsche Handschrift. Meine Heimat erblühte in neuem Glanze. Und so erblühten auch seine Bewohner. Die positive Stimmung jener Jahre hatte sich in den Köpfen meiner Landsleute festgesetzt, Deutschland wurde nie als Besatzer, sondern stets als Freund angesehen. Mein Vater teilte die Auffassung des jungen Herrschers. Doch dabei blieb es nicht. Alahfazel Alekozei Watanyar wurde zum Vertrauten der Familie. Ging im Palast ein und aus. Für ihn eine Zeit der Erfüllung, die jäh endete.

Die Visionen des jungen Königspaares wurden nicht respektiert. Die Mullahs, aufgeheizt durch Propaganda der britischen Regierung, der die Verbindung zu Deutschland seit Jahren ein Dorn im Auge war, verbreiteten Gerüchte vor allem über die Monarchin. Allzu offenherzig soll sie sich im Ausland gezeigt haben. Fotomontagen einer fast nackten Soraya wurden unters Volk gebracht. Die Landbevölkerung war entsetzt über so viel Freizügigkeit. Ein Jahr nach jener ausgedehnten Europareise, die sie auch nach Berlin gebracht hatte, führten Aufstände zum Sturz des Regenten. Gemeinsam mit seiner Frau musste er zuerst in die

Türkei und später nach Italien fliehen, wo er fortan in Rom im Exil leben sollte. Auch wenn dies lange vor meiner Geburt geschehen ist, konnte ich schon als Kind den Gedanken nicht ertragen, dass jemand unfreiwillig seine Heimat verlassen musste. »Werde ich auch einmal mein Zuhause verlieren?«, wollte ich von meinem Vater wissen, als er mir von der Flucht von König Amanullah Khan und seiner Ehefrau erzählt hatte. »Soraya jan, mach dir keine Sorgen«, versuchte er mich zu trösten. Doch Tränen füllten bereits meine Augen. »Nicht weinen, alles ist gut.« Beruhigend tätschelte er meine Hand, nahm sein großes weißes Taschentuch und trocknete meine Tränen. Ich fühlte mich geborgen.

Als ich älter war und in der Schule viel über die Geschichte unseres Landes lernte, erzählte mir mein Vater von der politischen Instabilität jener Zeit nach Amanullah und vom schnellen Wechsel auf dem Thron. Auf Mohammed Nadir Schah, der bis 1933 König war, folgte Zahir Schah. Unter dessen Regierungszeit wuchs ich auf. Auch wie es meinem Vater damals erging, was er fühlte und dass er einige Jahre in Kandahar leben musste, verriet er mir eines Tages. Teils mit brüchiger Stimme, teils mit jenem Beben in seinen Worten, das Zeugnis seiner unterdrückten Wut und Enttäuschung war, mit der er stets zu kämpfen hatte, wenn das Thema zur Sprache kam. Es war die erlebte Ungerechtigkeit, die ihn nicht mehr losließ.

Seine Verbundenheit zum Königshaus machte ein Leben in Kabul für ihn unmöglich. Als Anhänger der demokratisch gesinnten und westlich orientierten Amani-Bewegung, die auf Amanullah zurückgeht, hatte er zuvor im Gefängnis in Mazar-e Sharif gesessen. Man hatte ihn festgenommen, als er versuchte, dem Regenten an den Bosporus zu folgen. Die Rache war fürchterlich. Folter und Haft. Von Mazar-e Sharif überführte man ihn schließlich in die Hauptstadt. Eine Tortur für diesen Mann, der stets mit Sanftmut für Gerechtigkeit eingetreten war. Mein Vater wurde krank. So schwer, dass er dem Tode näher war als dem Leben. Seine Familie nutzte die Gunst der Stunde. Mit Hilfe eines befreundeten Arztes erklärte sie ihn für tot. In einem Sarg wurde er aus dem Gefängnis geschmuggelt. Eine Geschichte so abenteuerlich, dass sie sich anhört wie aus einem Roman. Doch sie ist wahr.

Langsam erholte sich mein Vater. Er nahm den Namen Watanyar an – »der Heimatliebende« – und ging nach Kandahar, um dort unentdeckt leben und arbeiten zu können. Auch wenn es keine sogenannte Sippenhaft für seine Angehörigen gab, war der Name Alekozei zu bekannt, um ihn weiter zu führen. Zu eng waren die Bindungen an die Monarchie. So ist es immer schon gewesen. Im 18. Jahrhundert gründete Ahmad Schah Durrani das selbständige Königreich Afghanistan. Seine Mutter war eine geborene Alekozei. Patriotismus haben wir somit buchstäblich mit der Muttermilch aufgesogen. Er ist die Triebfeder all unseres Handelns.

Die Jahre in Kandahar haben meinen Vater geprägt. Die Angst, entdeckt zu werden, wurde dort zu seinem ständigen Begleiter. Er lebte zwar in seinem Geburtsland – und durfte trotzdem nicht der sein, der er war. Der Kontakt zu seinen Eltern und Geschwistern war schwierig bis unmöglich. Alles musste im Geheimen ablaufen. Manchmal fühlte er sich dabei wie ein Verdurstender, der zwar das Wasser vor Augen hat, es aber nicht trinken darf. Erst eine Amnestie durch König Zahir Schah erlaubte ihm die Rückkehr nicht nur nach Kabul, sondern auch in den Schoß seiner Familie. »Glaub mir, ich weiß, was Heimweh ist«, gestand er mir später. In seinen Augen konnte ich noch die Spuren des Kampfes zwischen Sehnsucht und Schmerz sehen, die jene Jahre in seinem Herzen hinterlassen hatten.

Dennoch konnte ich seinen Kummer nur erahnen. Damals zumindest. Ich selbst wurde ja unter der Regentschaft von Zahir Schah groß, der uns eine bis in die siebziger Jahre hinein andauernde Phase der Ruhe bescherte, insgesamt über vierzig Jahre. Afghanistan wurde während dieser Ära zum Sehnsuchtsland für all jene, die vor der Hektik der westlichen Welt fliehen wollten und sich auf dem sogenannten Hippie Trail auf die Suche nach dem seelischen Einklang machten. Am Hindukusch empfing sie ein gastfreundliches Land: bunt, lebensfroh und tolerant.

Die intellektuelle Großzügigkeit jener Tage bestimmte mein Leben. Ich trug Plateauschuhe, kurze Röcke und zum Entsetzen meiner Mutter manchmal auch riesige Sonnenbrillen. Sie schüttelte missbilligend den Kopf: »Die verdecken ja mehr von deinem Gesicht, als eine Burka es je könnte.« Damals verstand ich nicht, was sie mir damit sagen wollte, schließlich musste ich mich nie verschleiern. Ich war modern aufgewachsen. Meine Eltern unterstützten ihre Kinder darin, eine eigene Meinung zu haben.

»Ihr dürft niemals eure Wurzeln vergessen, aber gleichzeitig darf euch kein Traum zu groß sein«, darin waren sie sich einig. Engstirnigkeit war ihnen zuwider. Kleingeistigkeit ebenso. Sie wollten uns Kinder zu selbständig denkenden Menschen erziehen. Eine Burka gehörte daher für mich zu einer unbekannten Welt. In meiner Familie sah ich sie nie jemanden tragen. Meine Mutter schlang nur elegant ein Tuch um ihren Kopf, wenn sie das Haus verließ, doch sie verlangte von uns Mädchen nie, es ihr gleichzutun. Erst mit dem Einmarsch der Russen Ende der Siebziger fingen die Frauen an, sich in der Öffentlichkeit immer mehr zu verschleiern. Die Ursache war Angst und nicht religiöser Natur. Sie wollten sich schützen vor den gierigen Blicken der Besatzer. Vergewaltigung und Verschleppung gehörten damals leider zur Tagesordnung.

All das kam, wie gesagt, erst später. Meine Teenagerjahre waren unbeschwert. Durch die Straßen Kabuls wehte in meiner Jugend der Wind der Moderne. Manchmal traf ich auf unserem Basar auf junge Europäerinnen und Amerikanerinnen. Viele waren auf dem Weg nach Indien, um dort innere Erleuchtung zu finden. Sie waren herrlich unbekümmert. Je länger sie blieben, desto mehr schien alle Last von ihren Schultern abzufallen. Wie auch wir besuchten sie vor allem am Juma, dem Freitag, der bei uns wie der westliche Sonntag begangen wird, gern die Parkanlagen des Chelsitoon-Schlosses oder des Darul-Aman-Palastes. Andere bewunderten die Schönheiten der legendären Gartenanlage Bagh-e-Bala. Kurzum, Touristinnen gehörten einfach zu unserem Stadtbild. Wenn ich sie lachend mit einem Händler auf dem Markt feilschen oder entspannt einen Tee trinken sah, fühlte ich mich unsagbar reich. Schließlich war ich nicht wie sie auf der Durchreise, sondern durfte dieses wundervolle Land mein Zuhause nennen.

Mein erster Abschied

Als ich Anfang der siebziger Jahre in die Oberstufe wechselte, wurde mein Vater pensioniert. Zum alten Eisen wollte er aber auf keinen Fall gehören. »Es gibt in der Nachbarprovinz ein Projekt zusammen mit den Chinesen, daran möchte ich mitarbeiten«, erklärte er meiner Mutter. Gemeinsam beschlossen sie nach Parwan zu ziehen. Obwohl die Stadt nur vierzig Kilometer nördlich von Kabul liegt, war ich entsetzt. Ich liebte meine alte Schule, das Zarghuna-Mädchengymnasium. Aber ich musste mit. Ob ich wollte oder nicht.

Die neue Schule war eine Katastrophe. So empfand ich es jedenfalls. In der Hauptstadt hatten wir aufgeklärte, moderne Lehrer. Jetzt saß ich plötzlich im Religionsunterricht einem Mullah gegenüber. »Glaubst du wirklich, dass die Amerikaner auf dem Mond gelandet sind?«, fragte er mich eines Tages. Ich sah ihn fassungslos an. »Natürlich, das ist doch eine Tatsache«, antwortete ich wie aus der Pistole geschossen. Seinen Wutanfall werde ich nie vergessen. Zornestränen schossen mir in die Augen. Das Gefühl der Ohnmacht über so viel politische Ignoranz war stärker als jede Angst vor diesem Mann, der eigentlich als Lehrer eine Respektsperson für mich hätte sein müssen. Aufgebracht schilderte ich nach Schulschluss meinen Eltern den Vorfall. Meine Stimme zitterte vor Empörung. Für mich stand am Ende dieses Tages fest: »Ich will zurück nach

Kabul.« Dazu war mir jedes Mittel recht. Ich stellte die beiden vor die Wahl: »Wenn ich in der Provinz bleiben muss, gehe ich nicht mehr in die Schule.« Was sollten sie darauf sagen?

Mama sah Papa an. Mein Vater zuckte mit den Schultern: »Irgendwie hat sie ja recht.« Meine Mutter gab sich geschlagen: »Dann müssen wir deinen Bruder fragen, ob sie bei ihm wohnen kann.« Sie hatte für ihre Verhältnisse überraschend schnell eine Lösung vorgeschlagen. Vielleicht setzte sie darauf, dass bei dem Bruder meines Vaters kein Platz für mich sei. Schließlich hatten Onkel Ali Mohamed Alekozei und Tante Hamida elf Kinder. Aber Familiensinn wurde bei uns schon immer hochgehalten. Und so zog ich bei ihnen ein.

Mein Onkel war ein gelernter Flugzeugingenieur und bis zu seiner Pensionierung Kommandeur der afghanischen Luftwaffe in Bagram. Seine Ausbildung als Flieger hatte er im heutigen Pakistan absolviert, einer damals noch englischen Kolonie. Sein Zeugnis unterschrieb daher Winston Churchill. Er war einer der ersten Piloten unseres Landes. Zeit seines Lebens, und er wurde immerhin 108 Jahre alt, erinnerte er mich an einen britischen Gentleman. Die vornehmen markanten Gesichtszüge. Die gerade Haltung. Er strahlte Autorität aus und wirkte dennoch gleichzeitig ein bisschen verwegen, aber auf eine elegante Art.

Von meinen elf Cousinen und Cousins wohnten nicht mehr alle in dem großen Stadthaus, das in derselben Straße stand wie mein Elternhaus. Wali, der Älteste, studierte gerade in Deutschland Betriebswirtschaft. »Er sieht unbeschreiblich toll aus«, schwärmten seine Schwestern. Die Bilder aus jenen Jahren zeigten einen schlanken jungen Mann, der tatsächlich dem Ideal der siebziger Jahre entsprach.

Wali strahlte die lässige Intellektualität der ausklingenden Hippie-Ära aus.

Meine Pläne ähnelten den seinen. Ich wollte erst einmal mein Abitur machen und dann studieren. Dari, eine unserer Landessprachen, war mein Lieblingsfach. In meinen Träumen sah ich mich deshalb schon als große Literaturwissenschaftlerin. Bildung hatte damals in meiner Heimat einen hohen Stellenwert. Anfang der sechziger Jahre, als ich eingeschult wurde, besuchten knapp eine halbe Millionen Schüler – davon circa 100 000 Mädchen – landesweit eine Schule. Allein in Kabul gab es fünf Mädchengymnasien.

Ich galt als sehr diskussionsfreudige Schülerin. Wollte immer alles ganz genau wissen. »Möchtest du nicht lieber Politikerin werden?«, meinte eine meiner Lehrerinnen. Lachend schüttelte ich den Kopf. Dabei war eine politische Karriere damals für Frauen durchaus üblich. Seit 1964 durften sie wählen. Ein Jahr später wurde erstmals ein Ministerium einer Abgeordneten übertragen. Dreißig Jahre lang gab es Frauen in Führungspositionen. Das war ganz normal. Intelligenz wurde belohnt und nicht bestraft.

Mir schwebte vor, nach meinem Studium Radiomoderatorin zu werden. Erste Erfahrungen hatte ich schon als Grundschülerin gesammelt. Mein Vater hatte mich zu einem Sender mitgenommen. Einer seiner Freunde arbeitete dort, und er wusste, wie sehr ich Radiosendungen liebte, insbesondere die, in denen es um Poesie ging. Ich war ganz aufgeregt, als wir die Rundfunkanstalt betraten. Dabei hatte mir mein Vater noch gar nicht die große Überraschung verraten. »Soraya jan, hättest du Lust, Geschichten im Radio vorzulesen?«, fragte er mich beiläufig. Stumm nickte ich.

Der Reihe nach stellte er mich allen Mitarbeitern des Senders vor. Mir schwirrte der Kopf. Ich konnte immer nur denken: Alle werden mir gleich zuhören. Mama, meine Geschwister, meine Lehrerinnen und vor allem auch meine Freundinnen. Das gemeinsame Radio-Hören war im Kabul meiner Kindheit eine beliebte Freizeitbeschäftigung. Papa strich mir beruhigend über den Kopf. »Du musst nicht nervös sein.«

Und kaum war ich im Aufnahmeraum, fiel auch alle Anspannung von mir ab. Es war, als ob ich nie etwas anderes gemacht hätte. »Deine Tochter ist begabt, aber warte lieber noch ein paar Jahre. Sie ist so jung, und die Medienlandschaft ist nichts für Kinder«, raunte sein Freund ihm zu. Mein Vater sah mich an, wie ich mit roten Wangen meinen Text vorlas. Registrierte das Strahlen in meinen Augen.

Nach der Sendung hüpfte ich aufgeregt neben ihm her. Redete ohne Punkt und Komma und schmiedete bereits Pläne für künftige Sendungen. Mein Vater schwieg zu alldem. Wie gesagt, es fiel ihm schwer, unangenehme Sachen auszusprechen, aber dieses Mal musste er es. Er sagte: »Schatz, du musst warten, bis du älter bist.« Ich verstand die Welt nicht mehr. »Alle haben doch gesagt, ich sei gut gewesen«, setzte ich an. Mein Vater unterbrach mich. »Das warst du auch. Dein Talent kann man nicht übersehen. Allah hat dich mitten ins Herz geküsst. Du hast eine besondere Gabe. Aber jetzt ist einfach nicht der richtige Zeitpunkt.« Natürlich war ich im ersten Moment enttäuscht. Aber ein Blick in seine traurigen braunen Augen sagte mir, dieser Mann wird nie etwas tun, was mich verletzt.

Jetzt, so kurz vor dem Abitur, war die Zeit jedoch gekommen, um den Gedanken, zum Hörfunk zu gehen, wieder aufzugreifen. Das fand ich viel spannender als die Geschichten meiner Cousinen. Überhaupt: Was interessierte es mich, ob ihr großer Bruder gerade Fotos von sich im neuen Fellmantel geschickt hatte und darauf Jeans und lange Haare trug? Der Sechsundzwanzigjährige sah in den Klamotten und mit der Frisur auch nicht anders aus als die vielen Hippies, die in unserer Stadt weilten. Nur ein Bild mit einem Mädchen an seiner Seite, das schickte er nie. Aber selbst daran verschwendete ich keinen Gedanken.

Ob mein Onkel sich wegen dieser Tatsache langsam Sorgen machte, wagte ich zu bezweifeln. Schließlich hatte er ebenso wie sein Bruder, also mein Vater, erst mit über dreißig geheiratet. Viel wichtiger war Ali Mohammed Alekozei, dass sein Sohn nach seinem Studium neues Wissen in die alte Heimat mitbrachte. »Wir müssen alle unseren Beitrag dazu leisten, dass dieses Land sich zu einem modernen Staat entwickelt« war seine Devise. Er selbst wäre gern Ende der Dreißiger nach Italien gegangen, um sich als Ingenieur weiterzuentwickeln. Ein Visum hatte er bereits, als ihm die Geschichte einen Strich durch die Rechnung machte. Mit der »Reichspogromnacht« in Deutschland wurden 1938 auch seine Hoffnungen zerstört. Ihm war klar, dass der Faschismus übergreifen und der nächste Schritt Krieg sein würde. Italien würde seinem deutschen Bündnispartner dann zur Seite stehen.

Mein Onkel war Soldat. Durch und durch. Trotzdem durfte Wali, sein Erstgeborener, während des Studiums alle Freiheiten genießen. Lange Haare, studentische Sitzstreiks oder noch nebenbei die Gründung eines kleinen Geschäfts – alles war in Ordnung. Hauptsache, der Sohn hat dadurch etwas gelernt. Einmal fuhr er sogar mit dem Auto und einem Freund den ganzen Weg von Köln, wo er damals wohnte, nach Kabul. »Die Straße ist die Schule des Lebens«, erklärte er seiner überraschten Familie. Aber Wali war nicht der einzige Weltenbummler der Alekozeis. Seine Tante Shiela und ihr Mann Jawed lebten und arbeiteten ebenfalls in Deutschland. Sie als Bankerin und er als Doktorand an der Kölner Universität. Regelmäßige Reisen nach Kabul waren eine Selbstverständlichkeit.

Jene im Herbst 1973 sollte mein Leben verändern. Sharifa hatte ihre Familie besucht und dabei jede Menge Fotos gemacht. Auf einer dieser Momentaufnahmen war ich. Es ist ein schönes Bild. Ein Schnappschuss aus glücklichen Tagen. Nicht mehr und nicht weniger. Für mich zumindest. Ahnte ich doch nicht, was er auslösen würde. Wali war jedoch wie elektrisiert, als er das Bild sah. »Wer ist dieses Mädchen?«, fragte er. Wie sollte er mich auch erkennen? Wenn mein Cousin zu seinen Eltern kam, war er eigentlich immer auf dem Sprung. Meist wollte er Freunde treffen, das Land bereisen. Die Tochter seines Onkels war für ihn nicht mehr als eine Spielkameradin seiner jüngeren Geschwister. Er wusste, dass es mich gab, aber sonderlich interessiert hatte es ihn nicht. Das änderte sich schlagartig, als er mich auf dem Foto sah.

Drei Monate später saß er im Flugzeug in die Heimat. Verliebt in ein achtzehnjähriges Mädchen, ausgelöst durch einen Schnappschuss. Von alldem ahnte ich nichts. Merkte die sehnsüchtigen Blicke nicht, die mich auf Schritt und Tritt verfolgten, als er bei meinem Onkel eingetroffen war. Mehrere Tage nach seiner Ankunft lud mich Wali plötzlich ins legendäre Restaurant »Khyber« ein. Heute würde man sagen, es war ein In-Treff. Hier verkehrten Ausländer und betuchte Afghanen. Natürlich fühlte ich mich geschmeichelt. Und neugierig war ich auch. Auf die Umgebung, nicht auf ihn.

»Du solltest unbedingt den Kuchen probieren. Es ist der beste von ganz Kabul«, riet mir mein Cousin. Entspannt lehnte ich mich zurück. Schon bald fing ich aber an, mich zu wundern. Wali wollte wissen, ob ich in jemanden verliebt sei. Ich lachte unsicher. »Was denkst du dir eigentlich?« Als Schülerin eines Mädchengymnasiums traf ich eher selten fremde Männer. In meiner Jugend begegnete man ohnehin nur auf Familienfesten dem anderen Geschlecht. Das hatte nichts damit zu tun, dass meine Eltern es mir vielleicht verboten hätten. Es gab einfach keine anderen Gelegenheiten. Im Studium schon, aber nicht während der Schulzeit.

Ich fing an, mich unwohl zu fühlen. Rutschte auf meinem Stuhl ungeduldig hin und her. Wali merkte von alldem nichts. Es kam mir vor, als wären Stunden vergangen, als er endlich mit der Wahrheit herausrückte. Er habe sich in mich verliebt, sagte er plötzlich, und ob ich mir vorstellen könne, mein Leben mit ihm zu verbringen. »Ich kann dir nichts bieten außer meiner Liebe.« Ich war starr vor Schreck. Mit weit aufgerissenen Augen sah ich ihn an. Er merkte, wie ich anfing zu zittern. »Du musst nicht ja sagen, wenn du nicht willst«, beruhigte er mich.

Natürlich musste ich das nicht. Das war mir klar. Schließlich hatte meine Schwester Sultana den Heiratsantrag eines Verwandten abgelehnt. »Es ist ihre Entscheidung«, unterstrich damals unser Vater. So würde es auch dieses Mal sein. Alahfazel Alekozei Watanyar hätte niemals zugelassen, dass eines seiner Kinder unglücklich wird. Das entsprach nicht seinem Wesen und ebenso wenig unserer Religion. Nach dem Koran soll eine Ehe nur dann geschlossen werden, wenn sie auf beiderseitigem Einverständnis beruht.

Wali brachte mich nach Hause und nahm mir das Versprechen ab, über seinen Antrag nachzudenken. Ich nickte stumm. Zwei Tage später erklärte er, dass er wieder nach Bonn fliegen wolle. Ich überlegte: Würde ich durch ein Nein alles kaputtmachen? Ich liebte die Familie meines Cousins wie meine eigene und hatte Angst, ihre Gefühle zu verletzen. Bis zu jenem Nachmittag im »Khyber« war mein Leben unkompliziert gewesen. Ich war ein Kind, das morgens mit einem Kuss in die Schule geschickt und nachmittags mit einem Kuss zu Hause begrüßt wurde. Behütet und geliebt. So hatte ich mich stets gefühlt. In wenigen Monaten würde ich mein Studium beginnen. Vielleicht auch ins Ausland gehen. Andere Kulturen kennenlernen. Könnte ich all das, wenn ich verheiratet wäre?

Aber mehr noch beschäftigte mich eine andere Frage: Was war mit der Liebe? Musste sie nicht von Anfang an da sein? Oder konnte sie sich entwickeln? War gegenseitiger Respekt das Samenkorn, aus dem die Liebe wuchs? Ich wusste es nicht. Wali stieg also in sein Flugzeug nach Deutschland und hatte keine Ahnung, wie meine Antwort ausfallen würde.

Aufgeben wollte er allerdings nicht. Er fing an, mir zu schreiben. Lange, liebevolle Briefe. Dabei machte er seine Gefühle deutlich. Und erzählte, wie er sich eine gemeinsame Zukunft vorstellte. Plötzlich kam mir ein Leben an seiner Seite nicht mehr so abwegig vor. Wir würden gemeinsam studieren, die Welt entdecken und später in Kabul eine Familie gründen. All das brachte er zu Papier. Seine Träume waren auf einmal auch meine Träume. Damit brachte er meine Seele zum Klingen, und ich gab ihm mein Jawort. Schriftlich. Heute ziehe ich ihn manchmal damit auf, dass wir die *Schirni Dadan*, also unsere Verlobung,

ohne ihn gefeiert haben. Ich mit den Familien in Kabul und
Wali mit einem Bild von mir in seiner Studentenbude in
Köln.

Wir wollten eine kleine Hochzeit. Aber wir hatten die
Rechnung ohne Walis Vater gemacht. Da in Afghanistan
die Familie des Mannes die Hochzeit bezahlt und auch aus-
richtet, duldete der pensionierte Oberst in diesem Fall keine
Widerworte. Er sei auf so vielen Hochzeiten eingeladen gewesen, da verstehe es sich doch von selbst, dass sein eigener
Sohn im großen Rahmen heiraten werde. Über vierhundert
Leute lud mein Onkel Ali Mohamed Alekozei ein. Wenn es
nach ihm gegangen wäre, hätten es ruhig ein paar mehr
sein dürfen. Aber wir konnten einfach keinen größeren Saal
finden.

Als Hochzeitstermin legten wir den 15. Juli 1974 fest.
Wali kam vier Wochen vorher. »Wir müssen uns doch besser kennenlernen«, meinte er. Ich wusste, selbst zu diesem
Zeitpunkt hätte er das Ganze noch abgeblasen, wenn ich es
gewollt hätte. Das rechnete ich ihm hoch an. Andere wären, da war ich mir sicher, weniger verständnisvoll gewesen. Wie in meiner Heimat üblich, sollte ich in einem grünen Kleid heiraten. »Ich möchte aber lieber ein rotes Kleid«,
erklärte ich meiner Mutter. Doch dieses Mal blieben meine
Eltern hart. »Grün ist die Farbe des Islam und somit Tradition.« Damit war die Diskussion beendet.

Die Zeit vom Antrag bis zum Jawort bezeichnet man als
Namsadi. Sie war wie im Flug vergangen. Unsere Zukunft
stand gewiss unter einem guten Stern. Dafür sorgten nicht
zuletzt unsere Familien. In Afghanistan wird traditionell
festgelegt, was die Ehefrau im Fall einer Scheidung erhalten
soll. Wir nennen dieses sogenannte Brautgeschenk *Mahr*.
Meines fiel besonders großzügig aus. Ich bekam von mei-

nem Onkel das prächtige Stadthaus. Jene wundervolle Villa, in der ich so viele glückliche Stunden verbracht hatte. Walis Vater hätte mir jede andere seiner Immobilien überschreiben können. Aber dass er mir sein eigenes Zuhause übertragen hat, rührt mich immer noch zu Tränen. »Du bist nicht nur die Frau meines Sohnes, sondern auch meine Tochter«, begründete er seine Entscheidung.

Die Tränen flossen mir nur so übers Gesicht. Weinen macht weich, das habe ich schon recht früh begriffen und aus diesem Grund nie versucht zu unterdrücken, was die Fluten meiner Seele nach oben spülten. In jenen Tagen war es viel. Es waren die letzten Stunden meiner Kindheit. Dieser Abschied vom Vertrauten, von der Geborgenheit, eine Tochter zu sein, fiel mir schwer. Ich liebte mein altes Leben. Das Kabul meiner Jugend. Mein einstiges Zuhause in der Karte Parwan. Die sommerlichen Ausflüge an den nahegelegenen Stausee. Mein unbekümmertes Ich. Die Spontaneität und alle Freiheiten, die meine Eltern mir ließen. Papa, der sanft »Soraya jan« sagte, und Mama, die lachend über meinen Kopf strich und sich fragte: »Mein Mädchen, was soll nur aus dir einmal werden?«

An diesem Tag wurde ich zu einer Ehefrau. In einem grünen Kleid. Ich hatte mich geschlagen gegeben. Zumindest bei der *Nekha*, dem traditionellen Teil der Hochzeitsfeierlichkeiten. Und wie es in meiner Heimat üblich ist, ließen Wali und ich uns anschließend auch die Hände mit Henna bemalen. Aber nur die Innenflächen. Die kunstvollen Ornamente, wie sie die indischen Frauen lieben, waren mir zu üppig. Meine Hochzeit sollte meine eigene Handschrift tragen. Wenn ich mich schon nicht gegen das grüne Kleid wehren konnte, dann doch gegen das weiße für unser gro-

ßes Fest. Wali wurde zu meinem Verbündeten. Ich wählte
einen Traum in Blau. Zart wie der junge Morgen, wenn der
Tau die Gräser küsst. Und so fühlte ich mich auch. Denn
ebenso wie der Tag, der zu dieser frühen Stunde noch nicht
weiß, was ihn erwartet, erging es mir.

Keiner ahnte, was in mir vorging. Meine Mutter und
meine Schwestern dachten, es wäre die typische Aufregung
vor der Hochzeit. Alles war doch perfekt. Der Mann, der
Ort, die Zeit. »Natürlich«, versuchte ich mich selbst zu beruhigen. Wali würde für mich sorgen. Er war Teil meiner
Familie. Eine Familie voller großzügiger und warmherziger
Menschen. Mit ihm würde ich keine bösen Überraschun-
gen erleben. Er würde sich nicht als orientalischer Macho
entpuppen. Das wusste ich. »Dies ist der schönste Tag in
meinem Leben«, raunte er mir bei unserer Trauung zu. Ich
lachte leise und spürte in diesem Moment seine Liebe, die
mich von nun an immer begleiten sollte.

Jetzt war ich also Walis Frau. Soraya Alekozei, geborene
Alekozei. »Mein Mann«, diese zwei Worte wollten mir einfach nicht flüssig über die Lippen kommen. »Mein Mann«,
das sagten Erwachsene. So sprach Mama von Papa. Aber
ich war doch eben noch eine Schülerin gewesen. Die Um-
stellung fiel mir schwer. »Das wird schon. Warte nur, bis
wir mehr Zeit miteinander verbringen können«, tröstete
mich Wali.

Er hatte sich für unsere »Studentenflitterwochen«, wie
er sie nannte, etwas Besonderes einfallen lassen. Früher kamen die Ritter in strahlender Rüstung auf einem weißen
Pferd, um ihre Angebetete zu erobern. Mein Bräutigam
stieg aus seinem weißen, tiefergelegten Ford Capri 2000
GTi. Das Auto war sein ganzer Stolz. Er war den weiten
Weg von Köln nach Kabul gefahren, um mich damit abzu-

holen. Allerdings hatte er die Rechnung ohne seinen Vater gemacht. Der schüttelte missbilligend den Kopf. »8000 Kilometer in diesem Auto mit einem Mädchen, das noch nichts von Afghanistan, geschweige denn von der Welt gesehen hat, das geht einfach nicht. Das kannst du Soraya nicht zumuten.«

»Aber ...«, fing Wali an. Weiter kam er nicht. Mein Schwiegervater warf ihm einen Blick zu. Das reichte. In einem Ton, der keine Widerworte duldete, sagte er: »Du hast die Wahl, deine Frau oder dein Auto. Eins von beidem bleibt hier.« Ehe ich mich's versah, fand ich mich mit Wali am Kabuler Flughafen wieder. In der Hand ein Ticket nach Deutschland. Wie eine glückliche Braut auf dem Weg in den siebten Himmel sah ich allerdings nicht aus. Ich weinte und weinte und weinte. Bevor ich überhaupt abgeflogen war, vermisste ich bereits alle. Schluchzend warf ich mich in die Arme meines Vaters. »Soraya, es ist nur Köln und nicht das Ende der Welt«, versuchte er mich zu beruhigen. Tapfer schluckte ich meine Tränen hinunter.

Gefangen im Heimweh

An den Flug kann ich mich kaum erinnern. Immer wieder kämpfte ich gegen das Brennen in meinen Augen und den Kloß in meinem Hals an. Wali nahm meine Hand. »Warte nur, bis wir da sind. Du wirst es nicht bereuen«, versprach er. Selbstverständlich war ihm bewusst, dass er mich in eine völlig andere Welt bringen würde. Wie fremd sie mir war, merkte er bereits am Frankfurter Flughafen. Ich stand vor der Rolltreppe. Noch nie hatte ich so etwas gesehen. Ein riesiges Ungetüm. Ächzend bewegte es sich gen Himmel. Wie scharfe, graue Zähne griffen die einzelnen Stufen ineinander. Knirschten und knarrten sie nicht gar? Vorsichtig versuchte ich einen Fuß auf das vibrierende Metall zu stellen. Ich merkte das Kribbeln – und zog ihn sofort zurück. An mir vorbei drängelten sich die anderen Fluggäste. Manche schüttelten den Kopf. Die meisten lachten. Wali berührte mich zärtlich am Arm. »Wir machen das gemeinsam«, sagte er.

»Das war mein erster Kulturschock«, gestand ich ihm später. Der zweite ließ nicht lange auf sich warten. Am Hauptbahnhof hingen riesige Plakate mit barbusigen Frauen. Entsetzt schaute ich Wali an. Er beachtete sie nicht einmal. Natürlich hatte ich zuvor bereits nackte Frauen gesehen. In Kabul war ich regelmäßig in ein Hamam gegangen. Viele Frauen besuchten diese Dampfbäder. Das war seinerzeit ganz normal. Doch in einem fremden Land, umgeben von Menschen, die ich nicht verstand, schämte ich mich plötzlich angesichts von so viel Nacktheit.

Unser erstes gemeinsames Zuhause war Walis kleines Studentenzimmer in einem Kölner Wohnheim, in dem er damals lebte, weil er an seinem Studienort Bonn keine Unterkunft gefunden hatte. Wir bezogen das schmale Einzelbett, und ich tröstete mich damit, dass wenigstens Fotos von mir im Regal standen. In der Gemeinschaftsküche erklärte mir Wali die Hausordnung. Der Gedanke, dass ich zum Duschen über den Flur gehen musste, machte mir Angst. Aber nicht lange. Ausgerechnet dieses Bad sollte mein geheimer Zufluchtsort werden.

»Ich muss duschen.« Diesen Satz hörte er ständig von mir. Ich schob es auf den ungewöhnlich kalten und verregneten Sommer in Deutschland. Die Heizung lief noch nicht, und ich fröstelte ständig. Schließlich war in meiner Heimat gerade Hochsommer und ich die Sonne Afghanistans gewöhnt. Die heißen Winde der Wüste und die trockene Luft, die diese Hitze erträglich macht. Kein Wunder, dass Wali mir glaubte. Unter dem heißen Wasserstrahl ließ ich meinen Tränen freien Lauf. Minutenlang. Bis mir trotz des warmen Wassers kalt wurde. Es war fast so, als ob meine Seele frieren würde. Dennoch ging es mir danach besser.

Aber ich war nicht die Einzige, die Grund zum Heulen hatte. Wali stand wirtschaftlich vor dem Nichts. Gemeinsam mit einem Deutschen hatte er die »Ostasien Basar GmbH« eröffnet. Er bot dort über tausend orientalische Artikel an, beispielsweise afghanische Lammfellmäntel, die dem Geschmack der Hippie-Zeit entsprachen. Sein Geld und sein gesamtes Herzblut steckten in diesem Unternehmen. Einen Partner hatte er sich nur mit ins Boot geholt, weil er ohne deutsche Staatsangehörigkeit keine GmbH eröffnen durfte. Alles lief gut. Er vertraute diesem Mann. Bis zu jenem Tag, als er plötzlich vor leeren Ladenräumlichkeiten stand. Nur das Schild hing noch. Alles andere war weg und der Geschäftspartner auf und davon.

Wali war am Boden zerstört. Seine wirtschaftliche Existenz lag in Trümmern vor ihm. Er hatte unsere Zukunft auf diesem Geschäft aufbauen wollen. Alle Nachforschungen blieben erfolglos. Der Deutsche war wie vom Erdboden verschluckt. Was sollte nun aus uns werden? Wir hätten nach Hause zurückkehren können. Aber das kam für Wali nicht in Frage. Er schämte sich und wollte seinem Vater so nicht unter die Augen treten. Denn mein Onkel unterstützte ihn monatlich mit 11 000 Afghani. In unserer Heimat war das viel Geld – ein Lehrer musste dafür ein halbes Jahr arbeiten –, in Deutschland waren es jedoch nur 500 Mark. Es reichte hinten und vorne nicht für uns beide.

»Wir schaffen das«, sagte Wali wieder und wieder. Ich weiß nicht, wen er damit mehr beschwichtigen wollte. Sich oder mich. Aber ich glaubte ihm. Was wusste ich denn schon vom Leben? Zu Hause war immer alles vorhanden gewesen. Meine Eltern hatten für mich gesorgt, später Walis Eltern. Um ein Dach über dem Kopf, Heizkosten und das Geld für Lebensmittel hatte ich mir nie Gedanken machen müssen. Wenn etwas fehlte, kümmerte sich jemand aus meiner Familie darum. Dieser Zusammenhalt ist typisch für meine Heimat. Er bildet das Rückgrat Afghanistans. Und keine Macht der Welt hat es bisher geschafft, es zu brechen.

Und dieser Zusammenhalt fehlte mir nun. In Köln hatte ich außer Wali niemanden, und der war die meiste Zeit an der Bonner Universität oder jobbte, um Geld zu verdienen. Ich war viel allein. Es gab nichts, was gegen meine Einsamkeit half. »Wir ziehen nach Bonn«, verkündete er eines Tages fröhlich. »Dort leben mehr Afghanen, die ich kenne, als in Köln.« Er hatte eine Erdgeschosswohnung in einem Zweifamilienhaus für uns gefunden. Es war die schönste Wohnung, die ich bislang in Deutschland gesehen hatte. Groß und mit einem wundervollen Garten. Letzterer erinnerte mich ein wenig an unseren Garten in der Karte Parwan. Ich war glücklich. »Es wird alles gut«, flüsterte ich mir zu, und auf einmal war ich mir dessen auch sicher.

Bis zu jenem Tag, als Wali sich vor Schmerzen vor mir krümmte. Seit Wochen hatte er seine Magenprobleme vor mir verheimlicht. Der Stress um die verlorene »Ostasien Basar GmbH« forderte seinen Tribut. Er hatte ein Magengeschwür. Noch dazu ein blutiges. Zia, sein Kommilitone, der mich telefonisch informiert hatte, brachte ihn ins Krankenhaus. Hilflos saß ich allein in unserer Wohnung herum. Die Vermieterin war verreist, und niemand außer mir war im Haus. Ich hatte Angst. Noch nie war ich ganz auf mich allein gestellt gewesen. Immer war zumindest ein Mitglied meiner Familie in meiner Nähe. Langsam kroch Panik in mir hoch. Ich kontrollierte alle Schlösser. Wieder und wieder. In meiner Not nahm ich mir ein paar Decken und Kissen und legte mich mit ihnen vor dem Fenster hin, das zur Straße hinausging. Auf keinen Fall wollte ich die Ankunft von Walis Freund versäumen, denn er hatte mir versprochen, mich zu meinem Mann zu bringen.

Es kam mir wie eine Ewigkeit vor, bis es endlich an der Tür klingelte. Ich schnappte mir eine Strickjacke und stürmte ihm entgegen. Erst fuhren wir mit der Straßenbahn und später mit dem Bus kreuz und quer durch die Stadt, bis wir endlich im Krankenhaus eingetroffen waren. Wali sah fürchterlich aus. Er nahm meine Hand, und ich wollte sie überhaupt nicht mehr loslassen. Stundenlang blieb ich bei ihm, bis die Schwestern mich nach Hause schickten.

Doch wo war dieses Zuhause? Ich war ratlos. Wusste nicht, welchen Weg ich gehen sollte. Zia hatte sich längst verabschiedet. Ich irrte durch die Straßen, und langsam machte sich Verzweiflung in mir breit. Irgendwann, es war schon kurz vor Mitternacht, saß ich wie ein Häufchen Elend auf einer Bank am Busbahnhof, als mich ein Mann ansprach. »Ich kenne Sie, Sie wohnen bei uns in der Straße, brauchen Sie Hilfe«, fragte er mich auf Englisch. Ich nickte zaghaft. Gemeinsam stiegen wir in einen Bus, und er brachte mich bis vor meine Haustür. Eine Welle der Dankbarkeit durchströmte mich.

Am nächsten Tag malte ich mir die Strecke auf, nie wieder wollte ich nachts allein durch Bonn laufen. Wochenlang lag Wali im Krankenhaus. In der Zwischenzeit hatte ich festgestellt, dass ich schwanger war. Aber außer ihm war niemand da, mit dem ich die Freude hätte teilen können. Ich war unendlich einsam. In mir breitete sich ein schreckliches Gefühl aus, es war, als würde ich innerlich langsam erfrieren. Kälte kroch durch alle Glieder, bis sie schließlich Herz und Seele mit einer dicken Eisschicht bedeckt hatte. Selbst meine Tränen halfen mir dieses Mal nicht. Etwas Trost fand ich in den Briefen meiner Familie. Ich las sie wohl hundertmal. So häufig, dass ich sie auswendig konnte. Manchmal meinte ich, die Stimme meines Vaters zu hören, während ich buchstäblich in seine Zeilen hineinkroch.

Wali merkte das. Er konnte es nicht mehr ertragen, dass ich jeden Tag weniger wurde. Auf eigenen Wunsch verließ er das Krankenhaus, um mir zu helfen. Aber er konnte nicht viel ausrichten. Zu seinen gesundheitlichen Sorgen kamen weitere finanzielle Probleme. Präsident Mohammed

Daoud hatte ein Jahr vor unserer Hochzeit, im Juli 1973, die Monarchie unter Mohammed Sahir Schah ziemlich unblutig mit einem Sturz beendet und Afghanistan zur Republik erklärt. Wenig später erließ er ein Gesetz, dass es den Bürgern untersagte, Geld in den Westen zu überweisen. Dieses Dekret traf uns wie ein Blitz aus heiterem Himmel. Ein kranker Student, eine schwangere Abiturientin und Ebbe in der Kasse, das war unsere Realität. Von der Leichtigkeit der Hippie-Zeit spürten wir in diesen Tagen nichts mehr.

Zia ahnte, wie es um uns stand. Ohne Worte füllte er unseren Kühlschrank auf und kochte für uns. Er hatte selbst nicht viel, und doch drückte er uns eines Tages beim Weggehen sein Sparbuch in die Hand. 5000 Mark hatte er zur Seite legen können. Sein Notgroschen. Mühsam über die Jahre zusammengekratzt. »Nehmt euch, was ihr braucht«, sagte er einfach und ging. Wir sahen uns an. Keinen einzigen Pfennig rührten wir davon an. Dennoch tat es gut, zu wissen, dass es auch fern der Heimat Menschen gab, auf die wir zählen konnten.

Das änderte jedoch nichts an unserem Grundproblem. Ich war zu viel allein. Unsere Wohnung war zwar schön, aber sie lag weit außerhalb der Stadt und entsetzlich weit weg von den Orten, wo ich andere junge Afghanen hätte treffen können. Meine Isolation zermürbte mich jeden Tag mehr. Wali spürte auch das. Es ist mir entfallen, wie es ihm gelungen ist, aber er fand eine Bleibe für uns in der Innenstadt. Es war die hässlichste Wohnung, die man sich vorstellen kann. Sie bestand aus einem Zimmer und einer Küche, in der sich zudem die Badewanne befand. Die Toilette war hingegen im Treppenhaus untergebracht. Nicht gerade praktisch für eine Schwangere, die mehrmals nachts rausmusste. Niemals hätten meine Eltern mich in Kabul in eine solche Behausung ziehen lassen. Aber der Hindukusch war weit weg, und ich wollte sie nicht beunruhigen.

Langsam ging es mir besser. Gleich nebenan war ein Studentenwohnheim, in dem sechs afghanische Paare lebten. Ich war so glücklich. Endlich konnte ich mich wieder mit jemandem in meiner Muttersprache unterhalten. Ich musste mich nicht erklären, ich wurde einfach verstanden. Sofort ließen wir uns auf die Warteliste des Studentenwohnheims eintragen, und ich hoffte, bald unser grauenhaftes Apartment gegen eines der dortigen Familienzimmer eintauschen zu können.

Wali jobbte neben dem Studium in einer kleinen Fabrik, die Modelleisenbahnen herstellte. Der Inhaber der Firma hatte einen Narren an ihm gefressen, und stundenlang redeten die beiden über unsere Heimat. »Wissen Sie, ich war als Soldat im Zweiten Weltkrieg an der afghanischen Grenze stationiert«, verriet ihm eines Tages sein Chef. Er wolle jetzt etwas von der Gastfreundschaft, die er dort erlebt hatte, zurückgeben. Das erste Geschenk, das wir zur Geburt unseres Sohnes erhielten, stammte übrigens von ihm.

Oft haben Wali und ich gemeinsam die Modelle in unserer Wohnung zusammengeklebt. Stundenlang. Wie am Fließband. Dennoch kamen wir kaum über die Runden. Aber ich freute mich auf unser Kind. Sehr sogar. Bald würde ich eine eigene kleine Familie haben. Alles würde gut werden. Zu den Vorsorgeuntersuchungen hatte Wali mich bislang begleitet. Meine Deutschkenntnisse waren zu schlecht, um allein zurechtzukommen. Manchmal musste ich schmunzeln, wenn ich sah, wie er als einzig werdender Vater zwischen lauter Schwangeren im Wartezimmer hockte. »Sie haben einen sehr modernen Mann«, lobte ihn einmal meine Frauenärztin. Voller Stolz strahlte ich übers ganze Gesicht.

Auf den ersten Blick waren wir ein Studentenpaar wie viele andere auch. Wer uns nicht kannte, merkte nicht, wie sehr wir unter unserer finanziellen Situation litten. Dass wir fremdländisch aussahen, hat damals niemanden gestört. Ausländerfeindlichkeit haben wir nie zu spüren bekommen. Ganz im Gegenteil. Immer wieder halfen uns wildfremde Menschen.

»Ich habe einen Engel getroffen«, platzte es aus Wali heraus, als er eines Tages vom Einkaufen heimkehrte. Gutgelaunt stellte er die prallgefüllten Tüten ab. Ich war verwirrt. Genau zehn Mark hatte er im Portemonnaie gehabt, als er losgegangen war. Unser letztes Geld. Hatte er davon so viel besorgen können? Auf dem Weg zum Discounter, so erzählte er nun, hätte er einen weiteren Zehn-Mark-Schein auf der Straße gefunden. Für uns damals ein Vermögen.

Er wollte nur kaufen, was wir dringend benötigten. Hielt immer wieder inne, rechnete nach. Legte Sachen in den Wagen, nahm andere wieder heraus, als er plötzlich von einer Nonne angesprochen wurde. »Wir kennen uns«, sagte die Frau mittleren Alters.

Wali nickte: »Ja, aus dem Studentenwohnheim in Köln. Sie waren damals auf der Suche nach einem Afrikaner gewesen, und ich habe Ihnen dabei geholfen.«

»Stimmt. Das ist jetzt fast ein Jahr her. Und wie ist es Ihnen in der Zwischenzeit ergangen?«, erkundigte sich die Ordensschwester, die sich als Schwester Franziska Hoppmann vorstellte.

»Ich habe geheiratet. Meine Frau erwartet unser erstes Kind. Wir wohnen hier um die Ecke.«

Verwundert schaute sie auf seine Einkäufe. Ein kläglicher Haufen. Ohne näher darauf einzugehen, fing sie an, Obst, Gemüse und Milch in ihren Wagen einzupacken. Gemeinsam gingen sie zur Kasse. Nachdem Schwester Franziska alles bezahlt hatte, drückte sie Wali ihre Tüte in die Hand. Er wollte ablehnen. »Das ist alles in Ordnung«, sagte die Ordensschwester. »Stellen Sie mich doch bitte das nächste Mal Ihrer Frau vor. Ich würde sie gerne kennenlernen.«

Und so wurde Schwester Franziska wirklich zu unserem Engel. Sie kümmerte sich darum, dass wir möglichst schnell ins Studentenwohnheim umziehen konnten. Eines Tages überraschte sie mich sogar mit einem Stubenwagen für unseren noch ungeborenen Sohn. Zum ersten Mal fing ich an, mich in Deutschland ein bisschen geborgen zu fühlen.

Der Tag der Entbindung rückte immer näher. Bald würde ich nicht mehr allein sein. Ich sehnte mich nach dem kleinen Wesen in mir. Von meiner Frauenärztin wusste ich, dass das Kind per Kaiserschnitt geholt werden musste. Doch darüber machte ich mir keine Gedanken. Meine Mutter hatte sieben Kinder, meine Schwiegermutter elf. Eine Geburt war für mich die natürlichste Sache der Welt.

Bei einer Routineuntersuchung stellte die Gynäkologin jedoch fest, dass es dem Kleinen im Mutterleib nicht gut ging. Ausgerechnet dieses Mal war Wali nicht dabei. Ich musste sofort ins Krankenhaus. Vor Ort geriet ich in Panik. Mein Puls raste. Das Adrenalin jagte wie ein Blitz durch meine Adern. In diesem Zustand konnte keine Narkose gesetzt werden. Keiner konnte mich verstehen. Umgekehrt verstand auch ich niemanden. Gott sei Dank war ein persischer Mediziner im Haus, der Dari sprach. Er war die Ruhe selbst, nahm meine Hand. Mit der anderen strich er mir über die schweißnasse Stirn. »Meine Schwester«, sagte er. »Alles wird gut.« Mit wenigen Worten erklärte er mir die Situation. Ich merkte, wie die Angst langsam von mir wich. »Es ist Zeit, dein Kind will geboren werden« war das Letzte, was er zu mir sagte. Die Narkose wirkte, und als ich wieder zu mir kam, war ich Mutter eines gesunden Sohnes.

Stolz hielt Wali ihn mir entgegen. Wir hatten beschlossen, den Kleinen Walid zu nennen. Übersetzt bedeutet das zum einen »Sohn«, aber auch »derjenige, der gute Botschaften vom Himmel bringt«. Und das war er für uns. Ein Geschenk des Himmels. Ich lächelte Vater und Sohn glücklich an und schlief wieder ein. Die Anästhesie wirkte nach. Ich versank im Meer von Träumen. Jemand rief meinen Namen und dann noch etwas, was ich nicht verstand. »Musch«, murmelte ich schlaftrunken. Wenig später brachte mir eine Schwester das Baby ans Bett. »Musch, hier ist deine Mama«, sagte sie.

Ich stutzte. »Warum nennen Sie meinen Sohn Musch? Das bedeutet auf Dari ›Maus‹.« – »Das ist sein Name. Sie haben ihn mir doch selbst genannt«, sagte sie und zeigte auf sein blaues Armband. »Musch Alekozei« stand dort. Empört schaute sie mich an. »Wie kann man ein so schönes Kind nur Maus nennen?« Kopfschüttelnd verließ sie das Zimmer. Wenig später klärte sich der Irrtum auf, und aus dem kleinen Mausemann wurde wieder Walid.

Fast einen Monat musste ich in der Klinik bleiben. Ich war einfach zu schwach. Doch es ging mir langsam etwas besser, weil ich viel Besuch bekam, vor allem von afghanischen Familien, die in Deutschland lebten.

Zurück im Studentenheim, holte mich der Alltag wieder ein. Die Ärzte hatten mir verboten, meinen Sohn hochzuheben, weil ich noch nicht richtig zu Kräften gekommen war. War Wali in Vorlesungen, schaute ich Walid an und hoffte, er würde nicht schreien. Nie hätte ich es übers Herz gebracht, mein weinendes Kind im Bett liegen zu lassen.

»Soraya, mach dir keine Gedanken, wenn etwas ist, klopf einfach gegen die Wand. Ich bin sofort bei dir«, sagte meine Nachbarin Habiba. Meine Landsmännin wurde zur wichtigsten Anlaufstelle. Wir teilten alles. Doch obwohl ich nun eine Freundin hatte, blieb ich seelisch labil. Das Heimweh wurde einfach nicht besser. Wali hatte zwar damit gerechnet, dass mir die Trennung von Afghanistan schwerfallen würde, aber gedacht, ich würde mich schneller einleben. »Du kannst doch nicht nur weinen«, flehte er mich ein ums andere Mal an. Er fühlte sich schuldig. Schließlich hatte er mich gebeten, ihn nach Deutschland zu begleiten. Knapp ein Jahr war das erst her. Mir erschien es wie eine Ewigkeit.

In den folgenden Wochen arbeitete er wie ein Verrückter. Nahm jeden Job an, nur um Geld zu verdienen. Drei Monate später hatte er genug zusammengespart, um mir ein Flugticket in die Heimat zu kaufen. Nie werde ich seinen Blick am Flughafen vergessen. Er schaute mich unsagbar traurig an. »Du kommst doch wieder, Soraya jan?«, fragte er leise. Ich nickte, obwohl ich die Antwort nicht wusste.

Als meine Eltern mich in Kabul in ihre Arme schlossen, waren sie entsetzt. »Kind, du bist ja weniger als ein Vögelchen«, schimpfte meine Mutter. Als wir zu Hause in der Karte Parwan angelangt waren – sie waren wieder aus der Provinz dorthin zurückgekehrt –, nahm sie ihren Enkel auf den Arm und ging mit ihm in die Küche. Mein Vater schaute mich nur kurz an, er wusste, was los war. Ich lehnte mich an seine Schulter, sofort nahm ich seine Kraft in mir auf.

Meine Mutter setzte alles daran, mich aufzupäppeln. »Du musst essen, Kind.« Um mir eine Freude zu machen, hatte sie mein Lieblingsgericht zubereitet – Kabuli. Dieses Reisgericht mit Rosinen und Möhren ist eine Spezialität meiner Heimatstadt. Nie hatte mir etwas besser geschmeckt. Nahrung für die Seele. Zum ersten Mal seit sehr langer Zeit fühlte ich so etwas wie Wärme in mir. Der Eispanzer in meinem Innern schmolz.

Die nächsten Tage und Wochen vergingen wie im Fluge. Langsam wurde ich wieder stark. Ich fühlte mich geborgen im Kreis meiner Familie, Schulfreundinnen besuchten mich. Unter ihnen war ich die Erste, die geheiratet hatte. Die Erste mit einem Kind. Mein kleiner Sohn genoss die Liebe, die ihn von allen Seiten umgab. Das war das Leben, das ich mir stets gewünscht hatte.

Für meine Mutter blieb ich natürlich die Tochter. Sie selbst hatte fünf Jahre zuvor meinen jüngsten Bruder Farid zur Welt gebracht und konnte sich manchmal kaum vorstellen, dass ihr kleines Mädchen nun selbst Mutter war. Und wenn ich sie mit Walid und Farid spielen sah, konnte ich sie verstehen. Ich war ein Kind mit einem Kind. Ein Mädchen, das krank vor Heimweh in den Schoß seiner Familie geflüchtet war. Doch das war mir egal. Ich war zu Hause. Das war das Einzige, was zählte.

Natürlich habe ich auch Wali vermisst. Er tat mir leid, weil er ohne seine Familie in Deutschland bleiben musste. Aber, so dachte ich, er studiert jetzt zu Ende und zieht anschließend zu uns nach Kabul. Alles wird gut. Leider wurde es das nicht. Wali war krank. Vor Sehnsucht, vor Kummer, vor Einsamkeit. Zudem hatte sich sein Magengeschwür erneut bemerkbar gemacht.

Ich fühlte mich zerrissen. Hatte ich nicht vor Gott geschworen, meinem Mann in guten und in schlechten Zeiten zur Seite zu stehen? Waren das jetzt die schlechten Zeiten? War es egoistisch, am liebsten in meiner Heimat bleiben zu wollen? Würde ich es schaffen, Walid in Deutschland eine gute Mutter zu sein? Hatte ich nicht gerade erst bewiesen, dass mich in Bonn alles überforderte?

Doch ich wollte stark sein. Allen und vor allem mir selbst beweisen, dass ich in der Fremde eine Tochter, Ehefrau und Mutter sein konnte, auf die man stolz ist. Tapfer flog ich zurück. Wali blieben meine inneren Kämpfe nicht verborgen. Er versuchte mich abzulenken. Mir das studentische Leben schmackhaft zu machen. Arbeit hilft, dachte ich mir. In einer Apotheke bewarb ich mich um meinen ersten Aushilfsjob. »Sie können doch gar nicht unsere Sprache«, lauteten die Bedenken des Apothekers. »Aber ich kann zählen«, entgegnete ich. Er gab mir eine Chance.

Zwischen Aspirin und Hustensaft lernte ich Deutsch. In meiner Freizeit tauchte ich ab in die Welt der Bücher. Anfangs immer mit einem Wörterbuch und einem Stift bewaffnet. Ich unterstrich jedes Wort, das ich nicht verstand, um es später nachzuschlagen. So beackerte ich jedes Buch. Anschließend las ich es ein zweites Mal, und plötzlich hatte ich Spaß daran.

Ich fing an, die deutsche Literatur als meinen Schlüssel zum Glück zu empfinden. Sie spendete mir Trost. Inspirierte mich genauso wie einst die Königsverse meiner Heimat. Dabei traf ich buchstäblich auf alte Bekannte. In diesem Fall auf ein Gedicht von Theodor Fontane. Mein Vater liebte diese Zeilen. So wie er alles geschätzt hat, was mit Deutschland zu tun hatte. Bis ins hohe Alter schwärmte er von seiner Schulzeit auf dem Amani-Gymnasium, den deutschen Lehrern und der Sprache, die er nie verlernen würde. An all das erinnerte ich mich, als ich die Ballade »Das Trauerspiel von Afghanistan« aus Fontanes Feder entdeckte:

Der Schnee leis' stäubend vom Himmel fällt,
Ein Reiter vor Dschellalabad hält,
»Wer da!« – »Ein britischer Reitersmann,
Bringe Botschaft aus Afghanistan.«

Afghanistan! Er sprach es so matt;
Es umdrängt den Reiter die halbe Stadt,
Sir Robert Sale, der Kommandant,
Hebt ihn vom Rosse mit eigener Hand.

Sie führen ins steinerne Wachthaus ihn,
Sie setzen ihn nieder an den Kamin,
Wie wärmt ihn das Feuer, wie labt ihn das Licht,
Er atmet hoch auf und dankt und spricht:

»Wir waren dreizehntausend Mann,
Von Kabul unser Zug begann,
Soldaten, Führer, Weib und Kind,
Erstarrt, erschlagen, verraten sind.

Zersprengt ist unser ganzes Heer,
Was lebt, irrt draußen in Nacht umher,
Mir hat ein Gott die Rettung gegönnt,
Seht zu, ob den Rest ihr retten könnt.«

Sir Robert stieg auf den Festungswall,
Offiziere, Soldaten folgten ihm all',

Sir Robert sprach: »Der Schnee fällt dicht,
Die uns suchen, sie können uns finden nicht.

Sie irren wie Blinde und sind uns so nah,
So laßt sie's hören, daß wir da,
Stimmt an ein Lied von Heimat und Haus,
Trompeter blast in die Nacht hinaus!«

Da huben sie an und sie wurden's nicht müd',
Durch die Nacht hin klang es Lied um Lied,
Erst englische Lieder mit fröhlichem Klang,
Dann Hochlandslieder wie Klagegesang.

Sie bliesen die Nacht und über den Tag,
Laut, wie nur die Liebe rufen mag,
Sie bliesen – es kam die zweite Nacht,
Umsonst, daß ihr ruft, umsonst, daß ihr wacht.

Die hören sollen, sie hören nicht mehr,
Vernichtet ist das ganze Heer,
Mit dreizehntausend der Zug begann,
Einer kam heim aus Afghanistan.

Theodor Fontane schrieb die Ballade in Großbritannien. Der Schriftsteller leitete in London als Auslandskorrespondent von 1855 bis 1859 das im Auftrag des preußischen Ministerpräsidenten Otto Freiherr von Manteuffel erscheinende Presseorgan *Deutsch-englische Korrespondenz.* In »Das Trauerspiel von Afghanistan« beschrieb er 1857 den katastrophalen Ausgang des Ersten Anglo-Afghanischen Krieges (1839–1842). Denn als einziger Überlebender schaffte es 1842 nur Surgeon-Major Dr. William Brydon, der Rache der Afghanen zu entfliehen. Der junge britische Arzt schleppte sich auf einem Pferd zum sicheren britischen Militärstützpunkt Dschalalabad. Oder um es mit Fontane zu sagen: »Einer kam heim aus Afghanistan.«

Zwischen 1839 und 1919 führte das britische Empire insgesamt drei Kriege mit Afghanistan, mit dem Ziel, die eigene Vormachtstellung in dem Gebiet zu sichern und auch den Expansionsbestrebungen des Zarenreiches Einhalt zu gebieten. Der anglo-russische Konkurrenzkampf in dieser Region wird auch als *The Great Game* bezeichnet. Aber er ist und war mehr. Seine Ausläufer spüren wir immer noch. Das »große Spiel« steht für das Trauma und die Tragödie des afghanischen Unabhängigkeitsdrangs, der sich bis heute durch alle Militäreinsätze am Hindukusch zieht.

Wann immer ich Fontanes Zeilen lese, überzieht eine Gänsehaut meinen Körper. »Einer kam heim aus Afghanistan.« So wie auch ich. Doch ich trage nicht nur körperliche Verwundungen in mir. Ich muss mit dem Wissen leben, dass in meiner geliebten Heimat meine deutschen Kameraden getötet wurden. Männer, die, anders als seinerzeit die Briten, keine Besatzer waren, sondern Menschen, die Freiheit und Frieden bringen wollten. Ich trage diese Last ständig in mir. Denn ich war da. Stand neben ihnen – und konnte es doch nicht verhindern. Übersetzte ihre Wünsche in meine Sprache. War für sie die Stimme der Freiheit, und dennoch stumm und machtlos gegen die Willkür der Gewalt.

Für immer vertrieben

Deutschland – das Land der Freiheit. Der Dichter und Denker. Es blieb mir trotzdem fremd. Plötzlich schämte ich mich vor mir selbst. Was tat ich meinem Sohn an? Was konnte ich ihm hier bieten? Ein schönes Zuhause? Gehörte nicht dazu, dass ich mich in Bonn überhaupt zu Hause fühlte? Das tat ich aber nicht. Man konnte mir nicht vorwerfen, dass ich es nicht versucht hätte. Die größte Hürde war die Sprache gewesen. Doch die hatte ich genommen. Ich büffelte Tag und Nacht. Plötzlich konnte ich mich unterhalten. Dadurch war ich nicht mehr unsichtbar. Das hatte mir Selbstbewusstsein gegeben – und auch im wahrsten Sinne des Wortes eine Stimme. Die meldete sich jetzt. »Geh zurück nach Kabul«, flüsterte sie mir zu.

Doch ich hätte nicht mehr in den Spiegel schauen können, wenn ich unserer kleinen Familie keine Chance gegeben hätte. Das tat ich. Jahrelang. Aber was war aus meinen Träumen geworden? Bislang nichts. Man ließ mich nicht für das Studium zu. Ich hätte mein Abitur nachmachen müssen so wie seinerzeit Wali. Obwohl er bereits ein Diplom der Agrarwissenschaften hatte vorweisen können, musste er in Deutschland erneut seine Hochschulreife ablegen. Ich war jetzt zweiundzwanzig und wollte nicht noch einmal die Schulbank drücken. Wofür? Mein Mann würde irgendwann seinen Abschluss an der Uni machen. Danach planten wir ohnehin, nach Afghanistan zurückzukehren, um dort zu leben und zu arbeiten. Aber wollte ich noch so lange warten? Nein.

Plötzlich war mein Weg klar. Walid und ich würden nach Kabul gehen. Jetzt. Nicht erst, wenn Walis Studium beendet war. Warum sollte ich das, was man mir dort auf einem Silbertablett servieren würde, achtlos wegschmeißen. Zu Hause bekäme ich sofort einen Studienplatz. Meine und Walis Eltern würden sich um ihren Enkel kümmern. Finanziell hätten wir keine Sorgen. Und was ist schon Zeit, wenn man sich liebt? All das sagte ich meinem Mann.

Es wäre übertrieben, zu behaupten, er sei begeistert gewesen. Aber Wali wusste, dass ich recht hatte. Er war ein Mann, der sehr genau zuhörte. Nie hätte er meinen Kummer heruntergespielt oder gar über meine Tränen gelacht. Wir waren Partner auf Augenhöhe, und dafür liebte ich ihn.

Dieses Mal, 1977, kehrte kein kleines Mädchen nach Kabul zurück, sondern eine junge Frau, die wusste, was sie wollte. Zuerst wohnte ich bei meinen Schwiegereltern. Aber nur kurz. Inzwischen war ich so selbständig geworden, dass ich eine eigene Wohnung haben wollte. Zum Glück unterstützten uns unsere Familien auch weiterhin finanziell. Schnell fand ich ein Appartment in einer Straße, die nach dem Stifter der dortigen Moschee benannt war: Hadji-Mir Ahmad. Hadji-Mir Ahmad war ein Freund meines Schwiegervaters und sein Sohn Akbar wiederum der beste Freund meines Mannes.

Die Lage war perfekt. Meine komplette Familie wohnte in der Nähe. Beim Frühstück fragte ich meinen Sohn, wo er den Tag verbringen wolle. Bei Oma 1, meiner Schwiegermutter, oder Oma 2, meiner Mutter? Walid hatte sich die

»Namen« für die beiden ausgedacht. Morgens lieferte ich ihn also bei einer von ihnen ab, je nach seinen Wünschen, und ging anschließend zur Uni. Dort hatte ich mich direkt nach meiner Rückkehr eingeschrieben. Endlich konnte ich meinen Traum verwirklichen und Literaturwissenschaften studieren. Es war herrlich. Oft hatte ich ein schlechtes Gewissen, weil es mir so viel besser ging als Wali, der allein in seiner Studentenbude hockte. Aber ich vermisste ihn fürchterlich. Trotz meiner ausgefüllten Tage.

Kurz nachdem ich mein Studium aufgenommen hatte, wurden die ersten Fernsehsendungen Afghanistans ausgestrahlt, über Mili TV. Dieser Sender suchte Moderatorinnen. Ich bewarb mich – und bekam prompt eine Zusage. Im Gegensatz zu vielen meiner Kommilitoninnen hatte ich keine Angst, vor der Kamera aufzutreten. Zum einen lag es sicher daran, dass ich ja bereits über etwas Radio-Erfahrung verfügte, wenn diese auch wirklich nur minimal war. Zum anderen war mir das Fernsehen bereits aus Deutschland vertraut. Heute glaube ich, dass ich durch meine Zeit in Bonn einfach mutig geworden war. Ich hatte gelernt, mich durchzubeißen.

Meine Arbeit als Nachrichtenmoderatorin liebte ich. Wenn es nach mir gegangen wäre, hätte es ewig so weitergehen können. Leider machte mir die Politik einen Strich durch die Rechnung. Zu Beginn des Jahres 1977 war eine neue Verfassung verabschiedet worden. Regierungschef Mohammed Daoud wurde in das mit großen Machtbefugnissen ausgestattete Amt des Präsidenten gewählt. Dabei versuchte er, Afghanistan aus der Abhängigkeit der Sowjetunion zu befreien. Eine erneute Annäherung an Moskau lehnte er daher ab.

Vier Jahre zuvor war die Situation noch eine andere gewesen. Damals setzte er bei seiner Machtübernahme auf die Unterstützung der Demokratischen Volkspartei Afghanistans (DVPA), die kommunistisch ausgerichtet war. Und zwar mit Erfolg. Doch in der Zwischenzeit hatte er alle marxistischen Minister aus seinem Kabinett entfernt. Stattdessen wendete er sich verstärkt der islamischen Welt zu. Seine Rechnung ging am Ende nicht auf. Die ehemals zerstrittenen marxistischen Organisationen Afghanistans, Partscham und Khalk, schlossen sich gegen ihn zusammen. Ende April 1978 erfolgte ein gewaltsamer Staatsstreich und gleichzeitig ein großflächiges Bombardement aus der Luft. Die direkte Einmischung der Sowjetunion hatte zur endgültigen Niederlage der regierungstreuen Truppen geführt. Daoud sowie ein großer Teil seiner Familie wurden anschließend erschossen. Für uns war das der Anfang vom Ende.

Von alldem erfuhr Wali, als er an der Grenze vom Iran zu Afghanistan stand. Bereits seit Wochen war er in einem vollgepackten Lieferwagen unterwegs. Im Gepäck hatte er unseren Bonner Hausstand. Es sollte der Grundstock für unser gemeinsames Leben in Kabul sein. Panik kroch in ihm hoch. So schnell er konnte, fuhr er zu uns. Getrieben von den Horrormeldungen, die er im Iran vernommen hatte.

Angekommen in Kabul, sah er den zerbombten Arg-Palast. In dem ehemaligen Königsschloss war noch wenige Tage zuvor die Regierung untergebracht gewesen. »In den Bäumen hingen Leichenteile«, verriet er mir erst Jahre später. Damals wollte er mich nicht beunruhigen. Doch er spürte bereits die dunklen Schatten, die sich am Ende des Jahrzehnts über unserer Heimat ausbreiten würden. »Bitte, Gott, lass es meiner Familie gut gehen«, flehte er, während er durch die Straßen einer gespenstisch ruhigen Stadt fuhr.

Das Pulsieren der Hauptstadt fehlte. Es war fast so, als hätte der Herzschlag Kabuls für einen Moment ausgesetzt.

Überglücklich schloss er wenig später Walid und mich in die Arme. In unserem Stadtgebiet war nichts von den Zerstörungen zu spüren. »Ja, wir haben die Kampfflugzeuge am Himmel gesehen«, erzählte ich ihm, und auch, dass Walid solche Angst hatte, dass er hohes Fieber bekam. Der Lärm, der Geruch von Kerosin sowie die Furcht, die wie ein Krebsgeschwür um sich griff, waren zu viel für ihn. Dennoch: Wir alle hatten großes Glück. Unseren Familienmitgliedern war nichts passiert. Unseren Freunden ebenfalls nicht.

Wali blieb mehrere Wochen. Das Leben nahm wieder seinen gewohnten Verlauf auf. Aber nur auf den ersten Blick. Es mehrten sich die Gerüchte, dass viele Intellektuelle, die wie er Gegner des russischen Regimes waren, verschleppt worden seien. »Du musst vorsichtig sein«, warnten ihn Freunde. Wir beschlossen daher, dass er zunächst zurück nach Deutschland gehen sollte und ich erst einmal mein Studium beenden würde. »So schlimm wird es schon nicht werden«, trösteten wir uns. Schließlich hatte Afghanistan den Putsch von 1973 auch relativ unbeschadet überstanden.

Aber dieses Mal war es anders. Es war ein schleichender Prozess. Leise und bösartig wie ein Tumor, der nahezu unbemerkt weiterwucherte. Und als man ihn wahrnahm, war es zu spät. Anfangs waren es nur kleine Veränderungen gewesen. Es gab ab 22 Uhr eine Ausgangssperre. Öffentliche Verkehrsmittel fuhren danach nicht mehr. Und eines Tages saßen im Fernsehstudio plötzlich afghanische Soldaten mit ihren russischen Beratern neben den Verantwortlichen des Senders. Noch griff niemand in das Programm ein. Keiner sagte bei den Meldungen und Tagesthemen: »Das darf nicht gesendet werden.« Trotzdem: Langsam kippte die Stimmung. Zwei meiner Kolleginnen, die die Abendnachrichten moderierten und länger als bis 22 Uhr arbeiten mussten, waren auf einmal verschwunden. Sie kehrten nach ihrer Nachtschicht nicht mehr zum Sender zurück. Es hieß, sie seien von russischen Jeeps mitgenommen worden. Ihre Schicksale blieben ungeklärt. Aber immer wieder fand man bis zur Unkenntlichkeit verstümmelte Frauenleichen in den Bergen rund um Kabul.

Ich war froh, dass ich nur den Nachmittagsdienst versah. Jeden Donnerstag. »Ich habe einen kleinen Sohn und muss abends zu Hause sein« war jedes Mal meine Antwort, wenn mich jemand fragte, ob ich nicht die Spätnachrichten moderieren könne. Bislang war ich damit durchgekommen. Nicht an diesem Tag. Gerade hatte ich meine letzte Sendung beendet und wollte nach Hause gehen, als plötzlich mein Redaktionsleiter vor mir stand. »Soraya, deine Kollegin ist nicht zur Arbeit erschienen. Du musst für sie einspringen«, ordnete er an. Ich wurde blass. Hatte das Gefühl, als ob alles Blut aus meinem Körper wich. »Nein, das geht nicht«, stotterte ich. »Doch, du bleibst.« Er duldete keine weiteren Widerworte.

Verzweiflung kroch in mir hoch. »Ruhig. Bleib ruhig. Du musst jetzt einen klaren Kopf behalten«, befahl ich mir selbst. Ich warf einen Blick aus dem Fenster. Das ist es, schoss es mir durch den Kopf. Auf der anderen Seite der Straße war der Radiosender, bei dem einst mein Vater als freier Journalist gearbeitet und ich meinen ersten Auftritt als kindliche Vorleserin hatte. Ich sah mich verstohlen um. Niemand war da. Keiner würde bemerken, wenn ich schnell hinüberliefe. Vielleicht erinnerte sich noch jemand an Papa und würde mir helfen, sicher nach Hause zu kommen. Das hoffte ich wenigstens.

Unbemerkt von meinen Kollegen schlüpfte ich aus dem Gebäude von Mili TV. Ich hatte Glück. Beim Radiosender traf ich auf einen Aufnahmeleiter, der noch meinen Vater kannte. Stockend schilderte ich ihm die Situation. Er hörte mir zu, schüttelte den Kopf: »Mein Kind, wie stellst du dir das vor? Ich kann dir nicht helfen. Hast du die Soldaten nicht gesehen? Es würde sofort auffliegen.« Mit einem Mal war ich ganz ruhig. »Dann möchte ich wissen, wie ich aufs Dach komme?« Der Mann sah mich verständnislos an. »Warum?«

Ich blickte ihm in die Augen. »Weil ich mich gleich von dort herunterstürzen werde. Lieber bin ich auf der Stelle tot, als dass ich mich von den Russen verschleppen und vergewaltigen lasse. Ich möchte nicht hinterher weggeworfen werden wie ein wertlos gewordenes Spielzeug. Notdürftig verscharrt wie ein Knochen, den selbst ein Hund nicht mehr will.«

Er schluckte. Erst nach einer gefühlten Ewigkeit fand er seine Sprache wieder: »Es gibt vielleicht eine Möglichkeit, aber dafür brauchst du Geld. Wenn du keines dabeihast, kümmere ich mich darum.« Ohne mit der Wimper zu zucken, öffnete ich mein Portemonnaie und gab ihm alles, was ich besaß. »Das wird reichen, um Essen und Getränke für die Soldaten zu kaufen«, versicherte er mir. Leise verriet er mir seinen Plan. Ein Freund von ihm würde mich abholen und vorher den Russen die Lebensmittel geben. Ich sollte mich so lange in der Halle in einer Ecke verstecken und erst in Erscheinung treten, wenn der Bekannte sagte: »Oh, da ist ja meine Cousine. Gut, dass ich dich treffe. Dein Sohn ist krank. Du musst sofort nach Hause gehen.« Tapfer nickte ich.

Wir spielten unsere Farce perfekt, und der junge Mann brachte mich sicher zu meiner Familie. Das war das Ende meiner Fernsehkarriere. Nie wieder wollte ich den TV-Sender betreten. Einmal war ich mit dem Leben davongekommen, ein zweites Mal würde es mir nicht gelingen. Dessen war ich mir sicher. Wali war anders. Er scheute weder das Risiko noch die Gefahr, die für ihn als politisch aktiven Intellektuellen und Regimekritiker bestand. Acht Monate nach seinem letzten Besuch stand er plötzlich vor der Tür. »Du bist wahnsinnig« – das war das Erste, was mir herausrutschte. »Ich konnte nicht anders«, entgegnete er mir. »Ich musste dich sehen.«

Wir verlebten glückliche Tage. Doch die Warnungen unserer Freunde nahmen ständig zu. »Die neuen Machthaber kennen deinen Namen, Wali. Du musst so schnell wie möglich das Land verlassen«, informierten sie ihn. Die Liste derer, die plötzlich verschwunden waren, wurde immer länger. Einige konnten ins Ausland fliehen, aber viele kamen ins Gefängnis; andere tauchten nie wieder auf. Es schien tatsächlich so, als ob die prowestliche Intelligenz Afghanistans ausgerottet werden sollte. Der Kommunismus sollte nicht mehr hinterfragt werden.

Eines Abends, ich weiß es noch wie heute, saßen Wali und ich auf dem Balkon unserer kleinen Wohnung, von dem aus man in den Innenhof und in den Garten blickte. Walid schlief nebenan. Es war so friedlich. Plötzlich klingelte es an der Tür. Doch lauter als dieses Klingeln war das Schrillen der Alarmglocken in meinem Kopf. Ich blickte aus einem der vorderen Fenster. Die Polizei stand vor unserem Haus. Mir war klar, was das bedeutete. Wali auch. Er nahm mich in die Arme. »Soraya jan, es wird alles gut.«

Ein letzter Kuss, dann griff er sein Portemonnaie und

kletterte vom Balkon in den Nachbargarten. Von dort aus floh er im Schutz der Dunkelheit in die sicheren Berge. Er hatte nicht einmal mehr Zeit gehabt, sein Hemd überzuziehen. Nur im Unterhemd bekleidet sah ich ihn zwischen Büschen verschwinden. Langsam ging ich die Treppen hinunter zur Haustür. Aus dem anfänglich höflichen Klingeln war ein wütender Dauerton geworden. Mein Sohn fing an zu weinen. »Einen Moment«, rief ich. Mit Walid auf dem Arm öffnete ich schließlich die Tür.

»Sind Sie Soraya Alekozei?« Ich nickte. »Wir möchten Ihren Mann sprechen«, erklärte der Beamte.

»Aber der studiert doch zurzeit in Deutschland, wissen Sie das denn nicht?«, antwortete ich so unschuldig, wie es mir möglich war.

Walids anfängliches Wimmern steigerte sich langsam in wütendes Schreien. Die Polizisten schauten erst uns, dann sich an. Sie mussten mir wohl glauben, ob sie wollten oder nicht.

Langsam schloss ich die Tür und lehnte mich gegen ihr raues Holz. Meine Knie wurden weich. Langsam rutschte ich zu Boden. Walid fest an meine Brust gepresst. »Hoffentlich geht alles gut.« Ich schickte ein Stoßgebet gen Himmel. Und tatsächlich hatte Wali wieder einmal einen Schutzengel. Ein Freund von ihm arbeitete im Innenministerium. Abdulbari leitete die Behörde, die für die Vergabe von Ausreisevisa zuständig war. »Du musst hier so schnell wie möglich raus. Ich habe deinen Namen auf der Fahndungsliste gesehen«, verriet er ihm, als er ihn aufsuchte. Die beiden tauschten Blicke aus. Das Risiko war groß. Dennoch stellte er meinem Mann falsche Papiere für Europa aus. Es fiel kein weiteres Wort. Wali wusste: »Ich verdanke ihm mein Leben.« Wenige Monate später wurde Abdulbari von

Regierungstruppen erschossen. Lange Zeit gab Wali sich die Schuld dafür. Aber er war nicht der Einzige, dem dank dieses Mannes die Flucht gelang.

Immer mehr Menschen verschwanden aus unserem Umfeld. Inzwischen wusste ich aber, dass Wali in Sicherheit war. Bis zum Schluss hatte ich Angst gehabt, die Polizei könnte ihn vielleicht doch noch am Flughafen abfangen. Ich blieb, wie vereinbart, in Kabul. Die Wohnung teilte ich mir fortan mit meiner Schwester Sultana und deren Familie. Es herrschte eine trügerische Normalität. Bislang durfte ich ungehindert studieren. Aber mir war klar, wenn ich mein Examen in der Tasche hatte, musste ich das Land verlassen. Schließlich gab es für Wali kein Zurück mehr. Wir hatten keine gemeinsame Zukunft mehr in unserer Heimat. Hätte er Afghanistan betreten, wäre das sein Todesurteil gewesen.

Noch sehr genau erinnere ich mich an den kalten Wintertag 1979, als ich meinen Ausreiseantrag stellte. Kurz zuvor waren die Preise von ursprünglich 1000 Afghani für einen Reisepass auf 25 000 angestiegen. Ungefähr das damalige Jahresgehalt eines Lehrers. Wer Afghanistan verlassen wollte, musste dafür viel Geld hinlegen. Mit dem Einzahlungsbeleg ging ich mit Walid auf dem Arm zur Behörde. Es war ein Spießrutenlauf. »Warum willst du gehen? Hier gibt es genug Männer, oder glaubst du etwa, deiner wartet in Deutschland auf dich?«, wollte ein Beamter von mir wissen. Ich sah ihm direkt ins Gesicht. »Mein Mann liebt mich, und wir haben ein gemeinsames Kind.«

Sein höhnisches Lachen werde ich nie vergessen. Es erfüllte den ganzen Raum, Hass und Menschenverachtung waren daraus zu hören. Eine eiskalte Faust umschloss mein Innerstes. Was war aus den toleranten, großzügigen Menschen geworden, denen mein Land seine Weltoffenheit verdankte? Wo waren Respekt, Ehre und Familiensinn? Die drei wichtigsten emotionalen und ethischen Grundpfeiler meiner Heimat schienen beim letzten Militärputsch ebenso gestorben zu sein wie viele meiner Landsleute. Furcht stieg in mir auf. Doch niemand sollte mir meine Angst anmerken.

Als ich später mit dem Dokument in der Hand vor dem Verwaltungsgebäude stand, wusste ich nicht, ob ich lachen oder weinen sollte. Ich würde wieder bei Wali sein – und gleichzeitig meine Familie verlieren. Denn genau das bedeutete es, wenn ich mit meinem Sohn nach Bonn fliegen würde. Mama, Papa und all die anderen würde ich zurücklassen müssen. Es könnte ein Abschied auf immer sein. Und sollte ich jemals zurückkehren können, so würde es mein Afghanistan wohl nicht mehr geben. Dessen war ich mir sicher. Der Gedanke brach mir das Herz. Dieses kleine eigenwillige Organ zersprang in tausend Teile. So fühlte es sich jedenfalls an. Seine Splitter bohrten sich in meine Seele. Dort sollten sie bleiben. Mein Leben lang.

Zum Glück wusste ich das in diesem Moment noch nicht. Aber es hätte auch nichts geändert. Ich hatte mich entschieden. Es gab kein Zurück mehr. Weihnachten 1979 verließ ich Kabul. Keine vierundzwanzig Stunden später begann am Hindukusch die sowjetische Invasion. Das war mir zu diesem Zeitpunkt natürlich nicht bekannt. Ich saß neben meinem Sohn im Flugzeug und drückte ihn dankbar an mich. »Bald sind wir bei Papa«, versprach ich ihm. Während er friedlich neben mir schlief, ließ ich meinen Tränen freien Lauf. Sie waren die Wellen im Meer meiner gestorbenen Träume. Aber es wird auch sanfte Brisen geben, tröstete ich mich. Augenblicke des Glücks. »Und die werden überwiegen«, schwor ich mir, bevor Wali uns bei unserer Ankunft in Deutschland fest in seine Arme schloss.

Der Kampf gegen das Vergessen

Der Schriftsteller Hermann Hesse hat einmal gesagt: »Jedem Anfang wohnt ein Zauber inne.« Doch davon spürten wir wenig in jenen ersten Tagen und Wochen in Deutschland. Wieder standen wir vor dem Nichts. Unser ganzes Hab und Gut hatten wir in Kabul zurücklassen müssen. Und mit ihm unsere Sehnsüchte und Hoffnungen. Eine kalte Kellerwohnung, ein paar Decken und Matratzen. Das war es. So sah unser Neuanfang in Aachen aus, wo wir Unterschlupf und Wali einen Job gefunden hatten. Doch dieses Mal war es anders als vor fünf Jahren. Wir waren nicht mehr das afghanische Studentenpärchen voller Pläne für die Zukunft, sondern Flüchtlinge, erdrückt von der Last der eigenen Vergangenheit. Geflohen aus einem Land, das niemanden so recht zu interessieren schien. Zu weit weg, zu wenig spektakulär. Für uns gab es keinen Schah wie in Persien, der Ende der siebziger Jahre mit seiner Flucht das Kaiserreich in aller Munde gebracht hatte. Keine glamouröse Farah Diba, die das Blitzlichtgewitter der Weltöffentlichkeit auf ihre Heimat lenkte. Afghanistan war nur ein Fleckchen Erde am Hindukusch und das Zuhause von fünf Millionen geflohenen Seelen. Und wir waren drei davon.

In jener Silvesternacht 1979, als die Raketen blau, rot und golden am Himmel verglühten, schmiegten wir uns eng aneinander. Walid schlief in unserer Mitte. »Er ist unsere Zukunft«, sagte Wali zu mir und sah mich an. Ich ver-

64

suchte, meine Tränen wegzublinzeln, und nickte stumm. Unser kleiner Junge mit den vom Schlaf geröteten Wangen sollte in Sicherheit aufwachsen, sollte frei sein, seine Träume leben dürfen, das schwor ich mir in dieser Nacht. »Ich werde alles tun, damit du ein Zuhause hast« – dieses Versprechen gab ich meinem Sohn in jenen ersten Stunden des 1. Januar 1980.

Während draußen das Jahr begrüßt wurde, zog ich die Wolldecke enger um meine Familie. Für einen Moment genoss ich die Wärme und das Gefühl einer heilen Welt. Walis und meine Blicke trafen sich abermals. Er nahm meine Hand. Stark und fest umfingen seine Finger die meinen: »Soraya jan, wir schaffen das.« Mein Herz verkrampfte sich. Wie kann ich glücklich werden, wenn ich nicht weiß, was mit meinen Lieben in Kabul ist?, fragte ich mich. Mein schlechtes Gewissen war unsagbar groß. Natürlich wusste ich, meine Eltern wünschten sich nichts mehr, als dass es mir gutgeht. Aber ich hatte das Land verlassen, während meine Geschwister trotz der unsicheren politischen Lage geblieben waren. Deshalb kam ich mir unendlich selbstsüchtig vor. Es erging mir wie den Überlebenden einer Katastrophe. Warum hatte ich alle anderen im Stich gelassen? Warum lebte ich in Sicherheit? Niemand machte mir Vorwürfe, nur ich selbst.

Aus diesem Grund wollte ich etwas tun. Helfen. Irgendwie. Die Gelegenheit dazu bot sich schneller, als ich gedacht hatte. Einige von Walis Kommilitonen hatten Kontakt zur Deutschen Welle. Seit 1970 informierte der Auslandssender der Bundesrepublik auf Dari und Paschtu meine Landsleute. Zuerst nur bescheidene zwanzig Minuten im Rahmen seines Iran-Programms, später wurden es mehr. Ein Programm für alle, die sich aktiv für Demokratie, Freiheitsrechte und Fortschritt starkmachten. Berichtet wurde dabei über Europa, aber auch über das Weltgeschehen. Das war meine Chance. »Trauen Sie sich das denn überhaupt zu«, wollte der Aufnahmeleiter 1981 von mir wissen. Ich musste lachen. Jenes trockene, beinah trotzige Lachen, das mir die Kehle hochkroch, wenn ich wieder einmal damit konfrontiert wurde, dass man mir etwas nicht zutraute.

»Ich habe einen Abschluss in Literaturwissenschaften und in meiner Heimat als eine der ersten Fernsehmoderatorinnen gearbeitet, da dürfte Radio wohl kein Problem sein«, ließ ich ihn wissen. Zugegeben, ich war selbst erstaunt, wie resolut ich in diesem Moment klang. Keiner sollte merken, dass ich diesen Job unbedingt haben wollte. Und ich bekam ihn tatsächlich. Er war die Antwort auf meine Gebete. Damals war ich eine der wenigen Frauen, deren Stimme man in Afghanistan und den angrenzenden Ländern hören konnte.

Oft hatte ich einen Kloß im Hals, wenn ich bei den Nachrichten, die ich vorlas, an meine Familie in Kabul dachte. Ich wusste, dass sie mir zuhörten. Konnte mir vorstellen, wie sie sich im Wohnzimmer versammelten. Mama hatte mit Sicherheit eine große Kanne Tee gekocht. Sie würden alle da sein. Meine Eltern würden meine Nichten und Neffen zur Ruhe ermahnen. Alle wollten mich hören. Jedes Zittern in meiner Stimme wollten sie wahrnehmen. Die Tränen zwischen den nüchternen Nachrichten erahnen. Und für einen winzigen Moment würde ich in ihrer Mitte sein. Später einmal wird mein Vater mir erzählen, dass die Russen ihn deswegen immer wieder verhörten. Ihm vorwarfen, seine Tochter sei der »Lautsprecher der Imperialisten« und eine Landesverräterin. Ausgerechnet ich, die ich nichts mehr liebte als meine Heimat.

Zwei Jahre bin ich bei der Deutschen Welle tätig gewesen. In der Zwischenzeit, 1982, wurde unser zweiter Sohn Lahib geboren. Erst hatte ich gedacht, es würde ein Mädchen werden, und sofort eine Puppe gekauft, als ich feststellte, dass Nachwuchs unterwegs war. Freud und Leid lagen in dieser Zeit dicht beieinander. Wir waren so glücklich über die Geburt unseres Jüngsten, doch gleichzeitig verschlimmerte sich für unsere Familie zu Hause die Lage. Informationen bekamen wir immer nur auf Umwegen. Ihr Telefon hatten meine Eltern bereits kurz nach der russischen Machtübernahme abgeben müssen. Die Schicksale wurden mündlich weitergegeben. Wenn man Glück hatte, konnte ein Brief herausgeschmuggelt werden. So funktionierte die Kommunikation in jener Zeit.

Doch eines Tages, es muss im Frühjahr 1983 gewesen sein, erreichte mich ein Anruf. Erst hörte ich nur ein Knacken in der Leitung, gefolgt von einem Rauschen, dann eine leise Stimme. Kaum hörbar, so dass ich die Muschel eng an mein Ohr presste, um sie zu verstehen: »Soraya, ich bin es.« Ich wurde blass. Das Blut rauschte in meinen Ohren. Tosend wie ein Wasserfall aus unterdrückten Emotionen. Es konnte doch nicht sein: »Yasmin?« Ich verstand ihre Antwort kaum. Doch der Klang ihrer Stimme durchbohrte meine Seele wie ein Pfeil. Meine kleine Schwester war am Apparat. Panisch umklammerte ich den Hörer. Kein Wort durfte mir entgehen. »Wo bist du?«

Nach einer gefühlten Ewigkeit hauchte sie leise: »Teheran.« Wieso, weshalb, warum? Wo sind deine beiden Kinder, wo ist dein Mann? All das wollte ich sie fragen, als sie mit letzter Kraft sagte: »Du musst mir helfen, die Kleinen und ich sind ganz allein.« Mir war klar, jede Sekunde zählte. Yasmin wusste weder einen Straßennamen noch sonst irgendetwas. Sie saß in einer Telefonzelle, mit letzter

Kraft hatte sie meine Nummer in Deutschland gewählt. »Du musst mir sagen, was du siehst«, forderte ich sie auf. Mit dünner Stimme beschrieb sie die Umgebung. »Du bleibst, wo du bist«, befahl ich ihr und versprach, bevor ich auflegte: »Alles wird gut.«

Wali, das war mein erster Gedanke. Ohne zu überlegen, rannte ich aus der Wohnung. Er jobbte nicht weit entfernt als Barchef im Aachener Spielkasino. Die Strecke lief ich so schnell, dass mir die Lungen schmerzten. Der Portier sah mich missbilligend an. Eine verschwitzte junge Frau in einem Jeanskleid, die an ihm vorbei in das vornehme Gebäude stürmen wollte. »So geht das nicht«, hielt er mich zurück. Unwirsch schüttelte ich seinen Arm ab. »Mein Mann arbeitet hier, holen Sie ihn bitte«, stieß ich hervor. Wenige Minuten später stand Wali vor mir. Schnell erklärte ich ihm die Situation. Und sofort hatte er eine Idee: »Dort drinnen sitzt jemand, der uns helfen kann.«

Es war ein persischer Gast, mit dem sich Wali angefreundet hatte. Schnell erklärten wir ihm die Situation. Umgehend ließ er sich ein Telefon geben und rief seine Mutter in der iranischen Hauptstadt an. Nach der Beschreibung, die er ihr gab, wusste er sofort, wo meine Schwester sich befand. Sie wollte sich um sie kümmern. Es folgten bange Stunden des Wartens. Endlich der erlösende Anruf. Sie hatten Yasmin gefunden. Gemeinsam mit ihrem dreijährigen Sohn und dem Baby hockte sie vor der Telefonzelle. Unfähig, auch nur noch einen Schritt allein zu gehen. Entkräftet. Mehr tot als lebendig. Und ähnlich wie ich seinerzeit die alte Frau hinter mir hergezogen hatte, schleppte die Familie aus Teheran meine Schwester nach Hause. Ihre kleine Tochter eng an die Brust gepresst, den Jungen an der Hand, der widerstandslos folgte.

Was danach passierte, daran kann sie sich später kaum erinnern. Als sie ihre Kinder in Sicherheit wusste, fiel sie in einen langen, fast komatösen Schlaf. Unterdessen liefen bei uns die Vorbereitungen auf Hochtouren. »Wir müssen sie so schnell wie möglich nach Deutschland holen!« Für Wali und mich war das keine Frage. Innerhalb weniger Tage waren alle Formalitäten erledigt. Ich weiß noch, wie ich am Flughafen stand und auf sie gewartet habe. Ihr Anblick machte mich stumm vor Schmerz.

War das meine kleine Schwester? Das Mädchen mit den blonden Haaren und den riesigen braunen Augen, das für uns Geschwister immer etwas ganz Besonderes war? Ein leuchtender Sonnenstrahl unter uns dunkelhaarigen Kindern. Konnte dieses Häuflein Mensch, das mehr einem verletzten Vogel als einer jungen Frau glich, tatsächlich Yasmin sein? Sanft legte ich meine Hände um ihre Schultern. Ganz zart. Ich hatte solche Angst, sie zu zerbrechen. Unter ihrem Kleid konnte ich jeden einzelnen Knochen spüren. Ihre einst samtweiche Haut spannte wie sprödes Pergament über ihren Wangen. Die früher lebhaft funkelnden Augen hatten sich vor lauter Kummer in dunkle Seen verwandelt, überschattet vom Leid und Elend der vergangenen Wochen.

Nach und nach erzählte sie uns ihre Geschichte. Unsere schlimmsten Alpträume sind wahr geworden. Im Spätsommer 1982 verhaftete die prorussische Regierung unsere gesamte Familie. Von meinem über achtzigjährigen Vater über meine Brüder bis hin zu meiner ältesten Schwester und ihrem kleinen Sohn, der damals erst drei Jahre alt war. Später stellte sich heraus, dass sie nicht Sultana, sondern Yasmin suchten. Ihr Mann war ein Partisan. Ein wundervoller Mensch. Er lebte für unser Vaterland. Dafür hatte er das

System sogar mit seinen eigenen Waffen geschlagen. Trotz seiner patriotischen Grundhaltung studierte mein Schwager in der DDR, um anschließend als gut ausgebildeter Ingenieur im afghanischen Untergrund zu kämpfen.

Von Freunden hatte meine Schwester erfahren, dass die Russen ihren Mann jagten wie ein bösartiges Tier. Dazu war ihnen jede Maßnahme recht. Auch die Inhaftierung seiner Angehörigen. Ganz gleich, ob unschuldige Greise oder Schüler. Yasmin war sofort klar, dass ihr Leben gefährdet war. Sie packte das Notwendigste zusammen und floh mit ihren Kindern in den Iran. Knapp 2300 Kilometer mit einem Dreijährigen an der Hand und einem Säugling eng am Körper geschnürt.

120 Tage und Nächte voller Einsamkeit und Angst. Sie wusste, dass man nach ihr suchen würde. Nach der blonden Frau mit den zwei Kindern. Sie war zu auffällig, um sich unter Hirten und Nomaden zu mischen. Deshalb konnte sie sich nur fernab der Straßen aufhalten. Im Schutz von Gebüsch und Geröll sich langsam vorkämpfen. Niemandem durfte sie trauen. Es ist kaum vorstellbar, welche Qualen sie ausgestanden haben muss. Nachts, wenn die wilden Hundemeuten heulten. Tagsüber, wenn ihr Sohn und ihre Tochter vor Hunger oder auch Erschöpfung weinten. Die Momente, wenn die Füße versagten und sie nur noch der Wunsch aufrecht hielt, ihre kleine Familie zu retten.

Hinzu kam die Ungewissheit, was mit ihrem Mann in der Zwischenzeit passiert war. Lebte er überhaupt noch? Diese Frage sollte sie nie mehr loslassen. Irgendwann einmal wird sie erfahren, dass er an der Grenze zu Pakistan gefasst wurde. Danach versinkt alles im grausamen Dunkel dieser Zeit. Die nächsten zwanzig Jahre wird sie mit der Suche nach der Liebe ihres Lebens verbringen. Ähnlich wie die Angehörigen von vermissten US-Soldaten in Vietnam fing sie an, jedem Fingerzeig zu folgen. Immer wieder entdeckte sie Ähnlichkeiten auf Fotos von Häftlingen. Die Hoffnung sollte fortan ihr treuester Begleiter auf all ihren Reisen sein. Es wird ein einsamer Kreuzzug durch die Gefängnisse und Internierungslager werden. Weder Wahrheit noch Gewissheit wird sie haben. Am Ende wird sie nur vor dem Scherbenhaufen eines geplatzten Traums stehen.

In jener Zeit nach der Machtübernahme der Kommunisten wurde meine Familie in Kabul auseinandergerissen. Lachen und Leichtigkeit wichen Flucht und Folter. Sechseinhalb Jahre wird mein ältester Bruder Ahmad inhaftiert sein. Immer wieder werden sie ihm die Schreie seines kleinen Bruders Farid, die sie sehr akribisch auf Band aufzeichneten, vorspielen. Er war damals ein Teenager, und auch er bekam die Qualen des anderen zu hören. Zum Beispiel, als die Folterknechte des Regimes Ahmads Füße am Boden festnagelten. Bis heute kann ich den Gedanken daran nicht ertragen. Denn wo war ich in den Stunden ihrer Not? Ich war in Sicherheit, wiegte mich in der Geborgenheit meiner kleinen Familie. Niemand wird mich jemals deswegen anklagen. Doch ich bin mir selbst mein strengster Richter.

Denn ich wusste, andere kämpften. Anfangs eher spontan, später aber in einem breiten Bündnis zusammengefasst, schwoll der Widerstand gegen die kommunistische Regierung und die sowjetische Besatzungsmacht immer mehr an. Seit 1980 kämpften die kollektiv als Mudschaheddin bezeichneten Gruppen gegen die Besetzer ihrer Heimat. Ihr Name steht für den islamischen Glaubenskämpfer im Heiligen Krieg. Ihr Widerstand wurde maßgeblich durch die USA gefördert.

Mein ältester Bruder Ahmad wird Anfang der neunziger Jahre, nach dem Rückzug der sowjetischen Truppen, Beamter unter Staatspräsident Burhānuddin Rabbāni (1940–2011). Während seiner Ära als Staatspräsident wurde 1992 der Islamische Staat Afghanistan ausgerufen. Vier Jahre später floh er vor den heranrückenden Taliban in den Norden des Landes. Seine Geburtsstadt Faizabad wurde durch ihn zum zentralen Ort seines Widerstands gegen die Taliban. Im Sommer 1997 gründete er mit anderen die sogenannte Nordallianz, die von den Vereinten Nationen auch weiterhin als rechtmäßige Regierung anerkannt wurde. Somit blieb er der international anerkannte Präsident Afghanistans, auch wenn die Taliban den größten Teil des Landes kontrollierten. Die selbsternannten Gotteskrieger sind 1994 aus Studenten fundamentalistischer Koranschulen – sogenannter Madaris – in Pakistan hervorgegangen. In diesem Jahr, so will es die Legende, die die Taliban über ihre Entstehung verbreiten, soll Mullah Mohammed Omar, ein ehemaliger Mudschaheddin-Kommandeur, im Traum eine Vision erhalten haben. Demnach soll er dafür auserkoren sein, in Afghanistan eine »wahre islamische Ordnung« zu errichten. Das war seine Antwort auf das Verhalten der sich zu diesem Zeitpunkt bereits gegenseitig bekriegenden Mudschaheddin-Gruppen. Er warf ihnen Verrat am Islam vor.

Farid wird einen anderen Weg als sein großer Bruder einschlagen, um seiner Heimat zu dienen. Über Pakistan kommt er Anfang der achtziger Jahre nach Deutschland. Traumatisiert. Ein junger Mann mit einer verletzten Seele. Zwei Jahre hatte er kein Wort gesprochen. Er ist unser Nesthäkchen, und ich kümmerte mich um ihn. Wir sind uns sehr nah. Mein kleiner Bruder ist ein Kämpfer. Ebenso wie ich wird er später für die Bundeswehr als Dolmetscher in den Einsatz gehen.

Doch daran ist zu Beginn des Jahrzehnts noch gar nicht zu denken. Eine Friedensarmee, die am Hindukusch die Demokratie verteidigen soll, auf einen solchen Gedanken kommt damals niemand. Wir sind in dieser Zeit politisch sehr aktiv gewesen. Vor allem Wali. Bevor er sich als Unternehmer für Im- und Export selbständig machte, engagierte er sich stark im Studentenverein FASA. Die Organisation wurde in den Siebzigern gegründet. Seinerzeit hauptsächlich, um afghanischen Studenten eine Art Anlaufstelle zu geben. Es war ja nur ein kleiner Haufen, der in Deutschland studierte, und fernab der Heimat war man froh, wenn man sich in diesem Verein mit Landsleuten austauschen konnte. Der politische Aspekt kam erst mit der Besatzung durch die Russen. Mein Mann war der Kulturbeauftragte des Vereins, dessen kleines Büro bei uns quasi um die Ecke lag. In unserer Wohnung in Aachen hatten wir viel Platz und vor allem einen großen Esstisch, den ich manchmal verfluchte.

»Nicht schon wieder«, stöhnte ich, als ich eines Nachmittags mit den Kindern vom Spielplatz zurückkehrte. Wie so oft war Wali und seinen Mitstreitern das Vereinsbüro zu klein geworden, denn in diesen Tagen brannte die Situation in Afghanistan allen unter den Nägeln. Und so saßen sie nun dicht gedrängt um unseren Tisch. Es roch nach Tee und kaltem Rauch. Schon im Flur konnte ich ihre hitzigen Diskussionen hören. Wortfetzen wie »Mit dem Anwalt sprechen«, »Die Presse informieren« oder »Keiner geht nach Hause« flogen durch die Luft. Mir stockte der Atem. Ich ahnte, was folgen sollte. Seit Wochen redeten die Männer von nichts anderem. Erschrocken sahen sie mich an. Keiner hatte mich kommen gehört. Zu sehr waren sie in die Planungen für ihre Aktion vertieft.

»Soraya, es ist so weit«, begrüßte mich Wali. Ich drückte Lahib an meine Brust und nickte. Mein Mann guckte mich ernst an – und doch ging gleichzeitig ein Strahlen von ihm aus. Er wollte die Welt wachrütteln. Mit einem Paukenschlag. So wie drei Jahre zuvor der amerikanische Präsident Ronald Reagan. Er hatte im Namen der amerikanischen Bevölkerung den Start der US-Raumfähre »Columbia« den tapferen Menschen Afghanistans gewidmet: »Die ›Columbia‹ repräsentiert der Menschheit größtes Streben auf dem Feld der Wissenschaft und Technologie. Ähnlich repräsentiert der Kampf der afghanischen Bevölkerung der Menschheit größtes Streben nach Freiheit.«

Natürlich hatten wir die Übertragung seinerzeit gespannt im Fernsehen verfolgt, schickten unsere Hoffnungen und Träume mit dem Space Shuttle ins All. Aber es änderte sich nichts. Im Gegenteil. Es war das Jahr, in dem meine Familie ins Gefängnis gesteckt wurde. Seitdem hatte sich Wali immer stärker der FASA verschrieben. Es war seine Art, mit seinen Schuldgefühlen umzugehen. Schließlich ging es uns gut, während so viele andere in unserer Heimat litten oder ihr Leben viel zu früh verloren. Walis jüngerer Bruder war kurz zuvor von den Russen erschossen worden. Von hinten in den Rücken. Einfach so: »Dabei leistete er doch nur wie alle jungen Männer Afghanistans seinen Wehrdienst.« Die Erinnerung daran ist bei ihm heute noch so frisch wie damals. Der Schmerz auch.

Jeder von Walis Freunden und Bekannten konnte eine ähnliche Geschichte erzählen. Sie alle handelten von Verlust und Vertreibung. Und auch von Wut und Scham. Da saßen sie nun, die jungen Intellektuellen vom Hindukusch, fernab der Heimat an unserem Küchentisch. Einst galten sie als Hoffnungsträger und geistige Elite ihres Vaterlands. Geblieben waren ihnen nur die Worte. Sie waren ihre Waffe, um auf das Unrecht, das ihrem Land widerfuhr, aufmerksam zu machen.

Wali war klar, dass man ihnen nur zuhören würde, wenn sie sich einer medienwirksamen Sprache bedienen würden. Die Achtziger waren in Deutschland die Jahre der Hausbesetzungen und der Massendemonstrationen gegen Atomkraft sowie den NATO-Doppelbeschluss. Der Kalte Krieg war den meisten näher als ein kleines Land namens Afghanistan. »Wir brauchen mehr Öffentlichkeit, und zwar weltweit«, seufzte er und sprach damit aus, was der Vorstand des Vereins dachte.

Lange und viel hatte er damals mit seinen Mitstreitern über das debattiert, was »mehr Öffentlichkeit« für sie bedeuten könnte – und sich für einen Ort entschieden, an dem man ein solches wirkungsvolles Signal setzen konnte: den Sitz der Vereinten Nationen in Genf, wo auch das russische Generalkommissariat untergebracht war. Detailliert planten sie die Aktion. »Ohne anwaltlichen Schutz gehen wir dort nicht hin«, beharrte mein Mann. Juristen wurden daher konsultiert. Alle Eventualitäten durchgesprochen. Das Wichtigste war jedoch die Verschwiegenheit. Am 10. März 1985 sollte das Ganze losgehen.

Die Nacht zuvor schlossen sich die Vereinsmitglieder im Büro ein. »Nichts darf nach draußen dringen« – darin waren sich die Demonstrationsteilnehmer einig. Frühmorgens ging es in einem großen Mercedes-Transporter Richtung Schweiz. Rund 800 Kilometer für einen medialen Paukenschlag.

In Bonn stiegen noch einige Mitstreiter zu uns. Insgesamt waren es neun Männer und ich. In der Sportkarre saß nicht nur unser Sohn Lahib, ich hatte dort auch Flugblätter versteckt. Politischer Zündstoff. Verfasst in vier Sprachen. Wer uns sah, ahnte jedoch nichts Böses. Ein Haufen junger Menschen, der einen Ausflug machte. So wirkten wir zumindest. An der Schweizer Grenze lächelte ich. Ganz die gutgelaunte Mutter. »Was für ein hübsches Kind«, sagte der Beamte freundlich. Lahib strahlte und hüpfte auf seinem Sitz auf und ab. Niemand ahnte ja, was unter ihm war.

Doch die Nerven lagen blank. Würde alles klappen? Das Radio lief ununterbrochen. Immer wieder hörten wir Meldungen über den schlechten Gesundheitszustand von Konstantin Tschernenko, dem russischen Generalsekretär der KPdSU, der Kommunistischen Partei der Sowjetunion. Als wir abends in Genf unsere Hotelzimmer bezogen, lebte er noch. Am nächsten Morgen überschlugen sich die Nachrichten. Er war in der Nacht gestorben. Keine vier Stunden nach Bekanntwerden seines Todes war bereits am 11. März 1985 dessen Nachfolger bekanntgegeben worden: Michail Gorbatschow.

War es ein Zeichen? Standen wir an einem Wendepunkt in den Ost-West-Beziehungen? Noch ahnten wir nicht, welche Folge dieser Wechsel an der Spitze des Sowjetreichs mit sich bringen würde. Unsere eigene Mission beschäftigte uns mehr. Je näher wir dem Sitz der UN kamen, desto ruhiger wurde ich. Wali nannte das »deine Moderatorenmaske«. Der Palais des Nations befindet sich im Ariana-Park in der Avenue de la Paix. Von dort aus hat man einen wunderbaren Blick auf den Genfer See und die Französischen Alpen. Doch an diesem kühlen Märzmorgen stand uns nicht der Sinn nach Sightseeing. Alles musste reibungslos funktionieren wie ein Schweizer Uhrwerk. Zeit war der alles entscheidende Faktor. Uns blieben nur wenige Minuten, um die Aufmerksamkeit auf unsere Heimat zu lenken.

Scheinbar unbeteiligt näherten wir uns dem Eingang des UN-Gebäudes. Niemand sah die lange Kette und das Plakat, auf dem »Sowjets raus aus Afghanistan!« stand. Alles lief wie am Schnürchen. In Windeseile ketteten sich Wali und seine Freude am Eingang fest. Niemand kam an ihnen vorbei. Und ich? Ich verteilte die Flugblätter an die Diplomaten, die mit ihren Autos in der Avenue de la Paix im Stau standen. »Ihr habt ja recht.« Diesen Satz hörte ich an diesem Tag immer wieder. Ob wir sie aber wirklich interessiert haben? Ob sie unsere Botschaft überhaupt gelesen haben? Wer weiß?

Keine fünf Minuten dauerte unsere Aktion. Dann rannten wir in Windeseile zum in der Nähe gelegenen russischen Generalkommissariat. Genauso schnell zündeten wir dort unsere mitgebrachte russische Fahne an. Eine grell lodernde Fackel im Kampf für die Gerechtigkeit. Gleichzeitig warfen wir unsere mitgebrachten Ketten als Zeichen der Befreiung in den Innenhof. Mit einem lauten Rasseln prallten sie auf den Boden. Ein Anblick, der im übertragenen Sinne an gesprengte Fesseln erinnern sollte. Wenig später wurden wir festgenommen. Die russischen Diplomaten hatten Anzeige gegen uns erstattet. »Es tut uns wirklich leid, aber wir müssen Sie jetzt verhaften«, entschuldigte sich ein Beamter im schönsten Schwyzerdütsch. Noch gut kann ich mich daran erinnern, wie freundlich uns die Polizisten bewirtet haben. Lahib saß mit kakaoverschmiertem Gesichtchen vor ihnen. Seine Augen leuchteten, und mit seinen kleinen klebrigen Fingern schob er sich die Schokolade in den Mund.

Anders als für mich war die Schweizer Spezialität für ihn keine süße Nervennahrung. Vieles schoss mir durch den

Kopf, vieles, was ich vorher nicht bedacht hatte. Würde die Aktion Konsequenzen für unser Leben in der Bundesrepublik haben? Noch hatten wir nicht die deutsche Staatsangehörigkeit. Würde man uns den Stempel »militante Migranten« aufdrücken? Doch rechtliche Folgen gab es für uns nicht. Zwei Stunden später zogen die Russen ihren Strafantrag zurück. Viel wichtiger war uns jedoch, dass die Medien über uns berichteten. Und zwar weltweit. Aber wir waren nur eine kleine Randnotiz im Herzschlag der Geschichte.

Wieder zu Hause, waren die Zeitungen voll von Berichten über Gorbatschow. Und noch etwas anderes konnten wir lesen. Triumphierend hielt mir Wali die aktuelle *Spiegel*-Ausgabe unter die Nase. Unter dem Titel »Heilige Sache« wurde darüber berichtet, dass die Sowjetpresse ihr jahrelanges Schweigen brechen und über den Krieg in Afghanistan und dessen wirkliche Ausmaße unzensiert sprechen würde: »Jetzt erst erfahren die Sowjets offiziell, dass der Einsatz im Nachbarland Menschenleben kostet, das Leben von Mitbürgern.«

»Siehst du, es tut sich etwas«, freute er sich. Mein Mann sah sich in seiner Arbeit bestätigt. Und auch in den kommenden Monaten und Jahren wurde er nicht müde, sich in der FASA für die Sache Afghanistans einzubringen. Wie ein Schwamm sogen wir alle Nachrichten aus unserer Heimat auf. Am 15. Februar 1989 verließ der letzte russische Soldat das Land. Wali und ich lagen uns stumm in den Armen. War das nicht der Moment, auf den wir so lange gewartet hatten? Doch das Glücksgefühl wollte sich nicht einstellen. Was, wenn das nicht das Ende des Schreckens sein sollte, sondern der Anfang einer neuen Herrschaft des Terrors? Eine düstere Vorahnung legte sich wie ein dunkler Umhang auf meine Seele und sollte dort lange bleiben. Denn die sowjetisch gestützte Regierung unter Präsident Dr. Nadjibullāh würde sich noch bis zur Einnahme Kabuls 1992 durch die Mudschaheddin halten. Als im Sommer desselben Jahres Burhānuddin Rabbāni wieder die Regierungsgeschäfte übernimmt, möchte ich für einen Moment aufatmen, an die Zukunft glauben und vor allen an unsere baldige Rückkehr.

Mein ältester Bruder Ahmad wusste es als Regierungsbeamter besser. »Du musst noch etwas Geduld haben, Soraya«, schrieb er mir. »Wie lange noch?«, schrie ich innerlich. Meine Haut kribbelte förmlich vor innerer Unruhe. Ich fühlte mich wie gefesselt. Wollte mir meine Wut und Verzweiflung über die Willkür, die schon so lange Teil meines Lebens ist, aus der Seele reißen.

In diesen Tagen hörte ich viel afghanische Musik. Danach ging es mir immer besser. Auch wenn meine Hoffnung immer mehr schwand. Denn die Lage in meiner Heimat hatte sich trotz des Abzugs der Russen verschärft. Nach Nadjibullāhs Sturz geriet der Machtkampf zwischen den nunmehr zerstrittenen Gruppen des ehemaligen afghanischen Widerstands immer mehr außer Kontrolle. Sogenannte Warlords nutzten die Situation für ihre Zwecke. Gewalttaten wie Plünderungen und Vergewaltigungen standen auf der Tagesordnung. Inzwischen wurde offen vom Bürgerkrieg geredet. Bruder gegen Bruder. Das Schlimmste, was einem Volk überhaupt passieren kann. Alle westlichen Diplomaten verließen noch vor Ablauf des Jahres die Hauptstadt. »Und dorthin willst du deine Kinder bringen? Was bist du für eine Mutter?«, klagte mich meine innere Stimme an. Meine Söhne ahnten nichts von meiner Zerrissenheit. Sie waren glücklich. Lahib besuchte seit kurzem die Grundschule, und Walid ging bereits aufs Gymnasium. Deutschland war ihr Zuhause.

Seit 1986 hatten wir die deutsche Staatsangehörigkeit und waren auch stolz darauf. Für mich war es allerdings kein leichter Schritt gewesen. Immerhin bedeutete es, dass wir auf unsere afghanische Staatsangehörigkeit verzichten mussten. Ich kam mir vor wie eine Verräterin. Wie jemand, der sein Land in der Not im Stich lässt. Wali sah das anders. Er fühlte sich leicht, als er seinen neuen Pass entgegennahm: »Soraya jan, meine Heimat ist dort, wo du und unsere Söhne sind.« Ich bewunderte ihn für diese Einstellung. Er hatte recht. Unsere Kinder erzogen wir nach westlichem Vorbild. Es war ein sicheres Leben, ein gutes Leben, das wir in Deutschland hatten. »Schmeiß es nicht weg«, schimpfte ich mit mir selbst.

Einmal besuchten uns Anfang der neunziger Jahre meine Mutter und meine jüngeren Schwestern Saphia und Nerges. Mama sollte in Deutschland am Herzen behandelt werden. Wir hofften, dass mein Vater und mein ältester Bruder Ahmad mit seiner Familie nachkommen würden. Doch zum ersten Mal in seinem Leben blieb Alahfazel Alekozei Watanyar stur. Er war der festen Überzeugung, wir Kinder würden wieder zu unseren Wurzeln zurückkehren, wenn er dort bliebe. Diesmal irrte er. Für meine Mutter war es keine Frage, für sie stand fest, sie gehörte an die Seite ihres Mannes. Eines Abends nahm sie mich zur Seite: »Soraya, ich möchte wieder nach Hause.« Ich schluckte: »Aber warum denn, Mama?« Sie zog mein Gesicht ganz nah an ihres heran und strich sanft mit dem Daumen über meine Wangen: »Weißt du, Kind, alles ist hier in Deutschland im Überfluss da, nur ihr nicht.«

Es stimmte. Ein wahrer Satz. Traurig, aber wahr. Natürlich wusste sie, dass wir viel arbeiteten, um unsere Familien unterstützen zu können. Aber welche Opfer wir dafür brachten, war meiner Mutter erst bewusst geworden, als sie bei uns war. Wali und ich hatten nicht nur unsere Heimat verloren, sondern auch die Zeit für die Familie. Wir pressten unsere ganze Liebe in die kostbaren Stunden, wenn wir von der Arbeit nach Hause kamen. All das sah meine Mutter. Sie wusste, dass ich meinen Söhnen immer eine Kindheit, wie ich sie genießen durfte, geben wollte. Doch die Umstände ließen es nicht zu. »Schatz, ich bin stolz auf dich«, flüsterte sie mir zum Abschied ins Ohr.

Sie nahm mein Herz mit auf ihre Reise zurück nach Afghanistan. Fortan zeigte ich in meinen Träumen meinen Söhnen Kabul. Meine Stadt. Den behüteten Ort meiner Jugend. Mein Verstand sagte mir, dass es ihn nicht mehr gab. Schon lange nicht mehr. Aber die Erinnerung ist nun einmal ein Paradies, aus dem man nicht vertrieben werden kann. Egal, was die Nachrichten sagen. Wenn sie, wie in unserem Fall, überhaupt über Afghanistan berichteten. Seit Michail Gorbatschow 1985 eine neue Ära in der Sowjetunion eingeleitet hat, bestimmen die Worte Glasnost und Perestroika, Transparenz und Umgestaltung, die Medien. Am 9. November 1989 fiel schließlich die Mauer. Es war die Geburtsstunde des vereinten Deutschlands. Mir machte es Mut. Wenn die Teilung eines Landes rückgängig gemacht werden konnte, musste es doch auch Hoffnung für meine Heimat geben. Die Reportagen im Fernsehen überschlugen sich in jenen Tagen. Menschen weinten, lachten, lagen sich in den Armen. Das wünschte ich mir auch. Irgendwann musste doch einmal Schluss sein mit dem Krieg am Hindukusch.

Doch die blutigen Kämpfe um Kabul nahmen 1994 weiter zu. Die Friedensbemühungen der UN scheiterten. In diesem Jahr traten erstmals die Taliban öffentlich in Erscheinung. Wie ein bösartiges Krebsgeschwür fraßen sie sich immer tiefer ins Land hinein. Zuerst war es nur ein unbestimmtes Gefühl. Mit einem Schulterzucken versuchte man das Ganze abzutun. Weil nicht sein kann, was nicht sein darf. Wollten die selbsternannten Gotteskrieger nicht das Gleiche wie wir auch? Frieden und Freiheit? Hatten sie nicht gegen die untereinander inzwischen verfeindeten Mudscheddin-Gruppierungen gekämpft, weil sie das Land vor Gewalttaten und Anarchie bewahren wollten?

Doch sie hatten uns alle getäuscht. Wo wir Vaterlandsliebe vermuteten, war Hass. Hass auf alles, was unsere Welt einst ausmachte. Bildung, Großzügigkeit und Toleranz. In unregelmäßigen Abständen erhielt ich Briefe von meiner Familie. In einem schrieb mein Vater: »Wir haben jetzt unsere Fotoalben versteckt, damit die Taliban nicht denken, wir seien Ungläubige, nur weil wir Bilder und noch dazu von unverschleierten Frauen haben.« Ich konnte mir gut vorstellen, wie mein weltoffener Vater dabei immer wieder seinen Kopf geschüttelt und vor sich hin gemurmelt hat: »Das steht nirgendwo im Koran.«

Später wird er mir einmal anvertrauen: »Soraya jan, die Russen waren gefährlich, aber sie waren wenigstens halbwegs gebildet. Doch diese Brut, die aus den Bergen über uns hinwegrollte wie eine Lawine hirnloser Steine, war schlimmer.« Ich weiß noch, wie ihm in diesem Moment die Stimme versagte. Alahfazel Alekozei Watanyar konnte viel ertragen. Das hatte er mehr als einmal in seinem Leben bewiesen. Doch der blinde Fanatismus und die daraus resultierende Menschenverachtung waren zu viel für ihn. Er verließ das, was ihm nach uns das Liebste war, Afghanistan. Gemeinsam mit meinen Geschwistern und den Schwiegereltern flohen Mama und Papa Ende der neunziger Jahre nach Pakistan.

In Islamabad sah ich meinen Vater endlich wieder. Neunzehn Jahre waren seit unserem Abschied am Kabuler Flughafen vergangen. Wie oft hatte ich von diesem Moment geträumt. Ihn so sehr herbeigesehnt, dass es wehtat. Wir hielten einander in den Armen. Meine Augen waren geschlossen. So lange wie möglich wollte ich mich der Illusion hingeben, dass mich mein starker Papa im Arm hielt. Der Held meiner Kindheit. Er wiegte mich wie damals, als ich noch sein kleines Mädchen war und noch nicht eine über vierzigjährige Frau.

Ich presste meinen Kopf an seine Schulter. Konnte den knochigen Körper eines über Achtzigjährigen spüren. Die ausgemergelten Gliedmaßen eines alten, kranken Mannes. In diesem Augenblick wusste ich, wir würden nicht mehr viel Zeit zusammen haben. Nie wieder würden wir gemeinsam in unserem Garten in Kabul sitzen. Er musste meine Gedanken gespürt haben, denn er blickte mir direkt ins Herz. So wie er es immer getan hatte. »Keine Angst, ich werde stets bei dir sein«, flüsterte er. Meine Lippen formten ein »Wo?«. Zärtlich tippte er mir auf Brust und Stirn: »Hier.«

Ein stilles Einvernehmen herrschte zwischen uns. Wir wollten nicht darüber nachdenken, was kommen könnte, sondern genießen, was da war. So gut es ging, versuchte meine Familie Normalität in ihr Flüchtlingsdasein zu bringen. Die Kinder besuchten die Schule. »Erst wenn wir auf unser Recht auf Bildung verzichten, haben die Taliban endgültig gewonnen«, betonte mein Vater stets.

Das alles kostete Geld. Unsagbar viel Geld. Denn die Pakistani ließen sich ihre Gastfreundschaft teuer bezahlen. Die Mieten stiegen ins Unermessliche. Mit Kummer und Leid konnte man schnell und viel Geld verdienen. Not und Elend war die Währung, mit der bezahlt wurde. Gier der Wechselkurs. Wie jede afghanische Familie unterstützten auch wir unsere Angehörigen finanziell. Jahre später werden uns Freunde fragen, warum wir uns eigentlich nie Eigentum zugelegt hätten.

Jeder wusste, wie sehr ich mir ein Haus mit viel Platz für Freunde und Familie wünschte. Doch jeden Pfennig, den wir entbehren konnten, gaben wir unseren Eltern und Geschwistern. Aber es reichte nicht, damit ich kein schlechtes Gewissen hatte. Jedes Mal, wenn wir bei ihnen in Islamabad waren, sah ich ihre verzweifelten Versuche, aus ihrer Situation das Beste zu machen. So viel Kultur und Tradition wie möglich auch in den neuen Verhältnissen zu pflegen. Ich schämte mich abermals für das Leben, das ich führte.

Zurück in die Vergangenheit

Manchmal wunderte ich mich selbst, wie schnell die Zeit vergangen war. Inzwischen war ich Mitte vierzig. Den Großteil meines Lebens hatte ich bereits in Deutschland verbracht. Trotzdem fühlte ich mich immer noch fremd. Ich weiß, ich war ungerecht. Aber im Herzen blieb ich nun einmal Afghanin. Diese tiefe Sehnsucht nach meiner Heimat war ständig in mir präsent. Um diese Leere zu füllen, führten Wali und ich ein offenes Haus. Wann immer es möglich war, luden wir unsere deutschen Arbeitskollegen und Freunde zu uns ein. Wenn wir auch wenig aus Kabul hatten retten können, die Tradition der Gastfreundschaft gaben wir nicht auf. Und natürlich ebenso wenig die des stundenlangen Diskutierens.

1999 bestimmten der Krieg auf dem Balkan und der damit verbundene Bundeswehreinsatz im Kosovo viele unserer Gespräche. Es war der erste Auslandseinsatz deutscher Soldaten seit Ende des Zweiten Weltkriegs. Ich betrachtete das Ganze mit gemischten Gefühlen. Auf der einen Seite freute ich mich, dass dem Land und seiner Bevölkerung geholfen werden sollte. Auf der anderen Seite brodelte es in mir. »Wo waren all die Schutztruppen, als die Russen Afghanistan besetzten? Wer half meinen Landsleuten bei der Entmilitarisierung ihrer Heimat? Und vor allem, wer machte den Kriegsverbrechern vom Hindukusch den Prozess?« Darauf bekam ich keine Antwort. Noch nicht.

Aber das sollte sich zweieinhalb Jahre später schlagartig ändern.

Der 11. September 2001 war ein nasskalter Tag. Ich weiß noch, wie ich mir morgens fröstelnd die Strickjacke um die Schultern wickelte, als ich auf dem Weg zur Arbeit war. Längst waren wir von Aachen wieder nach Bonn gezogen, und seit bereits neun Jahren arbeitete ich bei der Post in Bad Godesberg. Vor einiger Zeit hatte ich die Zusatzqualifikation zur Postbank-Mitarbeiterin erworben. Auch wenn ich in meiner Jugend davon geträumt hatte, die Welt der Literatur zu revolutionieren, liebte ich meine Tätigkeit. Nicht zuletzt deshalb, weil ich viel mit Menschen zu tun hatte. Der Dienstag verlief wie immer, bis zu jenem Moment am Nachmittag.

Berlin. 14.58 Uhr. Als erster großer deutscher TV-Sender unterbricht Sat.1 sein Programm, um eine Sondermeldung aus New York zu bringen. Hamburg, eine Minute später. Die reguläre *Tagesschau*-Ausgabe um 15 Uhr berichtet über einen mutmaßlichen Flugzeugunfall in New York. Doch die Realität war schlimmer als jede Spekulation. In Wahrheit war um 8.46 Uhr Ortszeit ein Flugzeug mit zweiundneunzig Menschen an Bord in den sechsundneunzigsten Stock eines der Türme des New Yorker World Trade Center gerast.

Während die Welt zuerst von einem Unfall ausging, konnte man wenig später im Fernsehen live verfolgen, wie eine andere Maschine um 9.03 Uhr in den zweiten Turm jagte. *The land of the free* wurde vor den Augen der Weltöffentlichkeit angegriffen. Vierunddreißig Minuten später stürzte ein drittes Flugzeug in das riesige Pentagon, den Hauptsitz des US-Verteidigungsministeriums. Um 10.03 Uhr zerschellte eine weitere von Terroristen entführte Maschine auf freiem Gelände.

In der deutschen Sprache gibt es eine Redewendung: »Jemand geht über mein Grab.« Genauso fühlte ich mich in diesem Augenblick. Gänsehaut bildete sich auf meinen Armen. Kroch langsam hoch. Kribbelnd wie eine Armee Ameisen. Mir war, als spürte ich einen eisigen Hauch im Nacken. Nur einen Moment. Doch lange genug, dass ich unwillkürlich die Schultern zusammenzog und meine Arme fröstelnd um mich schlang. Lahib empfing mich an diesem Nachmittag zu Hause. Stumm und fassungslos zeigte er auf die Bilder im Fernsehen. 9/11 war in die deutschen Wohnzimmer eingezogen. Eine Realität grausamer als jede Phantasie. Immer wieder sahen wir die Bilder. Hörten die Schreie. Das Schluchzen der Reporter. Hofften, dass uns jemand aus diesem Alptraum aufwecken würde.

Es war ein kollektives Entsetzen, das uns alle lähmte. Mitgefühl und unendliche Trauer vereinten die Menschen weltweit. Bereits wenige Tage später stand für die US-Regierung der Täter fest: die islamistische Organisation al-Qaida. Allen voran ihr Anführer Osama bin Laden, der sich in Afghanistan versteckt hielt. Um ihn jagen zu können, sagte man der islamistischen Taliban-Regierung in meiner Heimat den Kampf an. Der Krieg gegen den Terror und die Vertreibung der selbsternannten Gotteskrieger begann.

Mit einem Mal war mein Vaterland in aller Munde. Für viele war es einfach nur noch die Heimat des Bösen. Die wenigsten machten sich die Mühe, zwischen den Taliban und der afghanischen Bevölkerung zu unterscheiden. Ein ganzes Land wurde quasi in Sippenhaft genommen. Zum ersten Mal hatte auch ich das Gefühl, die Menschen würden mich komisch anschauen. Wir alle haben in diesen Tagen unsere Unschuld verloren. Wie sehr habe ich mir damals gewünscht, all diejenigen, die seinerzeit auf dem Hippie Trail nach Afghanistan gekommen waren, würden ihre Stimme erheben. Sie hätten Geschichten erzählen können von einem Land voller Gastfreundschaft und Wärme. Von der Unbekümmertheit jener Tage, als in den Höhlen der Gebirge noch keine Terroristen hausten. »Gott, lass bitte die Erinnerung daran nicht sterben«, betete ich still.

Dazu wollte ich meinen Betrag leisten. Dieses Mal ließ ich mich nicht von meinem Vorhaben abbringen, nach Kabul zu reisen. »Das ist zu gefährlich«, warnte mich Wali. »Gefährlicher als je zuvor.« Doch ich musste mir selbst ein Bild machen. »Ich habe dieses Land 1979 allein mit unserem Sohn verlassen, und ich werde jetzt auch allein dorthin zurückkehren, um mit ihm meinen Frieden zu schließen«, stieß ich wütend hervor. Der Wunsch war übermächtig. Ich wollte mit eigenen Augen sehen, was von meinem Afghanistan übrig geblieben war.

Über zwanzig Jahre nach meiner Flucht kehrte ich 2002 als Touristin zurück an den Hindukusch. Vier Wochen wollte ich bleiben. Mein versäumtes Leben in einem Monat nachholen. Mein Vater war kurz zuvor gestorben. Seine sterblichen Überreste waren in Pakistan bestattet worden. Aber ich war mir sicher, dass seine Seele über die Grenze nach Hause geflogen war. Anders konnte ich den Gedanken auch nicht ertragen, dass er fern der Heimat beerdigt werden musste. Und noch etwas wollte mir einfach nicht aus dem Kopf gehen. Was, wenn ich einem Phantom hinterherjagte? Wenn die Jahre der Besatzung und Gewalt den Geist meines Volkes zerstört hatten? Hatte es sich von diesem Trauma erholen können? Würde es das je können?

Meine Knie zitterten, als die Maschine endlich in Kabul landete. Am Flughafen erwartete mich niemand. Ich hatte keinem von meinem Besuch erzählt. Aber ich wusste, dass mein Elternhaus wie durch ein Wunder alle Bombardements überstanden hatte. Inzwischen lebten dort wieder meine Mutter und Ahmad mit seiner Familie.

Mit klopfendem Herzen trat ich aus der Ankunftshalle. Unwillkürlich schloss ich meine Augen. Ich wollte zuerst spüren, nicht sehen. Es war, als stülpte jemand eine Glocke aus Vertrautem über mich. Ich fühlte mich jung. Voller Hoffnung. Die Stimmen meiner Landsleute berauschten mich. Wie hatte ich deren Melodie vermisst. Diese umfing mich ebenso warm wie der einzigartige Geruch meiner Stadt. Jene Mischung aus Hitze, Staub, Menschen und orientalischen Gewürzen. Ich war wieder zu Hause. Endlich.

»Ist alles in Ordnung mit Ihnen?« Widerwillig öffnete ich die Augen und sah in die Sehschlitze einer Burka. Mit einem Mal war ich im Hier und Jetzt. »Mir geht es gut«, antwortete ich. Doch das war nur die halbe Wahrheit. Der Anblick der tiefverschleierten Frau entsetzte mich. Lange schaute sie mich an, nickte, als wenn sie sagen wollte: »Ich weiß, was du denkst«, dann ging sie langsam weiter. Gerade als ich mich umdrehen wollte, ergriff eine sanfte Brise ihr schlichtes bodenlanges Kleid. Und da sah ich sie. Farbig lackierte Fußnägel in eleganten Sandalen. Meine Landsmännin muss meinen Blick gespürt haben. Sie wandte sich kurz um, und ich glaubte, ein verschwörerisches Blitzen in ihren Augen gesehen zu haben.

Stück für Stück nahm ich meine Umgebung wahr. War ich wirklich am Kabuler Flughafen? Ich erkannte die Gegend kaum wieder. »Du bist ja auch vor dem Einmarsch der Russen geflohen«, wies ich mich selbst zurecht. »Und vor den Mudschaheddin und den Taliban«, flüsterte mir meine innere Stimme ins Ohr. Ich erinnerte mich, dass

1979 russische Jeeps durch die Straßen fuhren. Die Angst und den Schrecken, den sie verbreiteten, habe ich nie vergessen. Ebenso wenig meine damaligen Fernsehkolleginnen, die in solchen Wagen auf Nimmerwiedersehen verschwanden.

Jetzt waren es amerikanische Militärfahrzeuge, die das Stadtbild bevölkerten. Junge Männer mit dunklen Sonnenbrillen saßen hinter dem Lenkrad. Ich fühlte mich sicher und beschützt. Anfang Oktober 2001 waren die USA ein Bündnis mit der Anti-Taliban-Allianz, der »Vereinigten Front«, eingegangen. Bis Ende des Jahres hatten sie bereits Kabul, Kunduz und Kandahar zurückerobert. So etwas wie Aufbruchstimmung lag über der Stadt. Zart wie die ersten Knospen einer Pflanze. Und genauso zerbrechlich. Noch wagte keiner auf eine bessere Zukunft zu hoffen. Doch davon geträumt wurde viel in diesen Tagen. Auch von mir. Selbstbewusst streckte ich den Arm in die Höhe und rief mir ein Taxi. Ich nannte dem Fahrer die Adresse in Karte Parwan. Das ruhige Viertel, wo das Haus meiner Eltern stand.

Unterwegs versuchte ich, mich zu orientieren. Zwecklos. Wir rasten durch eine Stadt, die nur aus Schutt und Asche zu bestehen schien. Dazwischen Eselskarren und Panzer. »Wo bin ich?« Verzweiflung machte sich in mir breit. Ich konnte unser Haus nirgends entdecken. Der Taxifahrer auch nicht. Als ich eine Telefonzelle erspähte, stieg ich aus und bezahlte meine Fahrt. Da ging sie also hin, meine Überraschung. Energisch griff ich zum Hörer und wählte die Nummer meines ältesten Bruders. Ahmad war inzwischen zum Leiter des Amtes für Statistik aufgestiegen. Mir war bekannt, dass er um diese Uhrzeit zu Hause war. »Soraya«, brüllte er ins Telefon und fügte anschließend verwundert hinzu: »Komisch, die Verbindung ist so gut, als wenn du neben mir stehen würdest.« Ungeduldig stieß ich einen Seufzer aus: »Das tue ich praktisch auch. Ich bin in Kabul, aber ich kann unser Haus nicht finden.«

Mein Bruder ließ sich von mir beschreiben, wo ich war: »Das ist nicht weit von hier. Warte, ich komme dir entgegen.« Es dauerte nicht lang, da sah ich ihn. Sofort rannte ich auf ihn zu und wollte ihm um den Hals fallen. Doch sein strenger Blick ließ mich erstarren. »Da bist du also«, bemerkte er kühl und nahm meine Koffer. Schweigend gingen wir zu unserem Elternhaus. Jeder Schritt war für mich eine Qual. Fast wie ein Gang über Scherben, die sich tief in die Haut bohren, wenn man auf sie tritt. Unvorbereitet. Schmerzhaft. So hatte ich mir das Wiedersehen nicht vorgestellt. Ich kämpfte mit der Enttäuschung, die mich so völlig unerwartet erwischt hatte.

Ahmad starrte stur nach vorn. Ab und an grüßte er jemanden. Das war's. Am liebsten hätte ich ihn angeschrien und geschüttelt: »Ich bin's, deine Schwester! Wir haben uns seit einer Ewigkeit nicht mehr gesehen!« Ohne mich anzuschauen, öffnete er die Tür zu unserem Elternhaus. Sie ging mit jenem vertrauten Quietschen auf, das ich seit Kindertagen kannte. Ich stürmte an ihm vorbei ins Innere. So wie früher, wenn wir uns gestritten hatten. Ehe ich zu einem Donnerwetter ansetzen konnte, riss er mich in seine Arme: »Soraya jan, du bist da. Ich kann es kaum glauben.« Er sah mir meine Verwirrung an. »Wie gern hätte ich dich schon auf der Straße umarmt, aber es ging nicht«, erklärte er. »Warum nicht, du bist mein Bruder?« – »Das stimmt, aber erstens wissen das die Menschen hier nicht mehr, und zweitens müssen sie sich erst wieder daran gewöhnen, dass man öffentlich seine Gefühle zeigen darf.«

Doch hinter verschlossenen Türen durfte man seinen Emotionen freien Lauf lassen. »Guckt, wen ich euch mitgebracht habe«, rief Ahmad durchs Haus. Auch in hundert Jahren würde ich den Klang ihrer Schritte auf dem uralten Steinfußboden in der Halle erkennen. Meine Mutter kam als Erste. Stutzte. Hielt sich die Hand vor den Mund und schluchzte. Wortlos pressten wir unsere tränennassen Gesichter aneinander. In die Freude mischte sich Wehmut. Schade, dass Papa das nicht mehr erleben durfte, dachten wir beide in diesem Moment des Wiedersehens.

Endlich war ich wieder zu Hause. Alles war vertraut. Und doch so fremd. Irgendwo habe ich einmal gelesen: »Jeder erfüllte Wunsch ist auch ein zerstörter Traum.« Genauso ging es mir. Mein Kabul existierte nicht mehr. Wenn ich aus dem Haus ging, begegnete ich einer Stadt, in der buchstäblich kein Stein mehr auf dem anderen saß. Es war eine Odyssee durch Ruinen. Aber dort, wo ich es am wenigsten erwartet hatte, gab es Leben. Zwischen den Trümmern spielten Kinder, viele bettelten. Sahen mich mit ihren großen braunen Augen direkt an. Einige waren Waisen, andere verdienten so für ihre Familien ein Zubrot.

Plötzlich wusste ich, was ich zu tun hatte. Die Vergangenheit konnte ich nicht retten, wohl aber die Zukunft. »Ich werde ein Projekt für Straßenkinder starten«, verkündete ich abends beim Essen. Meine Mutter lachte: »Kind, jetzt bist du wieder ganz die Alte. Meine kleine Weltverbesserin.« Mein Bruder runzelte skeptisch die Stirn: »Und wie stellst du dir das vor?« Als Mann der Zahlen und Statistiken konnte ich ihn nur mit einem hieb- und stichfesten Plan überzeugen. Und überzeugen musste ich ihn. Denn ich brauchte seine Beziehungen.

Schnell umriss ich mein Vorhaben. »Ich will einen kleinen Film drehen und damit in Deutschland Spenden eintreiben«, setzte ich an. Damit hatte ich seine Aufmerksamkeit. Noch gut konnte er sich an meine Zeit als Fernsehmoderatorin erinnern. »Erzähl mir mehr«, forderte mich Ahmad auf. Am Ende stellte er mir drei seiner Mitarbeiter, einen Dienstwagen und seinen Sohn Ali zur Verfügung. »Dein Neffe kann sehr gut mit der Kamera umgehen«, versicherte er mir.

Es war, als wäre ich wieder jung. Mein altes Feuer kehrte zurück. Erst nur auf Sparflamme, dann jedoch breitete es sich in mir wie ein Flächenbrand aus. Zum ersten Mal seit über zwanzig Jahren fror ich nicht mehr innerlich. Ich hatte eine Vision, und daraus sollte eine Mission werden. Gemeinsam mit meinem Team drang ich in Ecken und Winkel meiner Heimatstadt ein, die ich nie zuvor kennengelernt hatte. Kletterte zwischen Geröll- und Trümmerhaufen, während Ali ununterbrochen filmte. Dabei trafen wir auf Kinder und Jugendliche, die in größter Armut lebten. Sie hausten in Löchern, manche schliefen in den alten Rohren der einstigen Kanalisation. Was sie hatten, war zum Sterben zu viel und zum Leben zu wenig.

Nie werde ich einen Jungen vergessen. Er konnte sich nur auf allen vieren vorwärtsbewegen. Wie ein Tier kroch er durch die Trümmer. Durch einen Unfall war sein Rückgrat gebrochen. Niemand hatte ihn ärztlich versorgen können. Doch wie durch ein Wunder hatte er überlebt. Ich dachte an meine Söhne zu Hause. An ihre unbekümmerte Kindheit, und es erfasste mich eine Welle der Dankbarkeit. Entschlossen nahm ich das Mikrofon in die Hand: »Lasst uns gemeinsam diesen Söhnen und Töchtern Afghanistans helfen!« Wie ein Lauffeuer sprach sich das Ganze in Kabul herum. Letztendlich waren es zweihundert Jungen und

Mädchen, die von unserem Projekt profitieren sollten. So war der Plan.

Von Anfang an stand dabei für mich fest, dass die Spenden den Kindern uneingeschränkt zur Verfügung gestellt werden sollten. Unbürokratisch. Ohne Verwaltungsapparat. Dazu sollte jedes von ihnen ein eigenes Sparbuch bekommen, auf das von Deutschland aus regelmäßig Geld eingezahlt werden sollte. Mir schwebten 1000 Euro pro Jahr vor. Eine Idee, ebenso einleuchtend wie einfach. Dachte ich zumindest. Doch auch in einem von Besatzung und Krieg gebeutelten Land wie Afghanistan gab es Abläufe, an die sich jeder halten musste. Dazu gehörte, dass jedes Kind einen Personalausweis brauchte, damit es überhaupt ein Sparbuch eröffnen konnte. Gemeinsam mit meiner Familie kümmerte ich mich darum.

Als ich alle Unterlagen beisammenhatte, ging ich zur Bank. Doch der Direktor war nicht für mich zu sprechen. Am nächsten Tag wieder nicht. Erst als mein Bruder sich einmischte, wurde ich gehört. Am vereinbarten Tag kamen die Kinder, einige von ihnen mit ihren Angehörigen. Ich selbst hatte eine ganze Stofftüte mit eigenem Geld dabei, um so wenigstens die Sparbücher eröffnen zu können. Nachdem diese Hürde genommen war, ging ich fest davon aus, dass man in Deutschland genauso begeistert von dieser unkomplizierten Art zu helfen sein würde wie ich selbst. Weit gefehlt.

Wie blauäugig ich war, merkte ich erst bei meiner Rückkehr in Bonn. Wali und ich zeigten den Film überall, wo sich eine Möglichkeit bot. Vor allem vor afghanischen Landsleuten. Was sie sahen, war keine perfekt choreographierte Dokumentation. Vielmehr hatten wir schlicht die ungeschönte Wahrheit auf Zelluloid gebannt. Es flossen viele Tränen. Erinnerungen an die verlorene Heimat wurden wach. Viele sahen zum ersten Mal seit Jahrzehnten, was aus Kabul geworden war. Das ging unter die Haut. Alle waren daher begeistert von meiner Vision. Sie halfen dennoch nicht, daraus eine Mission zu machen. Manche wollten uns spontan 100 Euro zustecken, doch das war nicht das, was wir im Kopf hatten. Unser Ziel war, etwas Bleibendes, etwas Nachhaltiges zu schaffen. Aber wir waren keine Stiftung, stellten keine Spendenquittungen aus und hatten somit keine Lobby. Dabei war meine Idee denkbar einfach. Die Jungen und Mädchen sollten wie Patenkinder behandelt werden, denen man regelmäßig Geld aufs Sparbuch überweist. Rund 90 Euro monatlich hätten für sie die Welt bedeutet. Durch meine Arbeit bei der Postbank wusste ich, wie unkompliziert dieser Vorgang war. Die Paten zahlen in Deutschland ein, und das Geld wird sofort in Afghanistan gutgeschrieben. Anders ausgedrückt: Die Hilfe kommt direkt an. Damit hätte man unkompliziert das Leben der Kinder verbessern können. Bildung, ein Dach über dem Kopf. Alles wäre möglich gewesen. Doch nur ein Dutzend Kinder sollten am Ende Unterstützung erhalten. Allein zehn Sparbücher übernahmen wir und unsere Familien in Kabul. Trotzdem habe ich mich unendlich geschämt, dass ich nicht mehr hatte bewegen können. Aber es stimmte, 90 Euro monatlich waren auch in Deutschland viel Geld.

Heimkehr in Uniform

Mehr Erfolg hatte mein zweites Projekt aus jener Zeit. Eines Tages ging ich zur Deutschen Botschaft in Kabul, um mich dort nach humanitären Hilfsmöglichkeiten zu erkundigen, als mich plötzlich ein Mann ansprach. Der Afghane bat mich, ihm beim Ausfüllen eines Formulars zu helfen. Da er fließend Deutsch sprach, sah ich ihn erstaunt an. Wie sich herausstellte, hatte er in Deutschland Germanistik studiert und war nach dem Sturz des kommunistischen Regimes in seine Heimat zurückgekehrt, um beim Wiederaufbau zu helfen.

»Wo ist denn Ihr Problem?«, wollte ich von ihm wissen, da es offensichtlich keine Sprachbarriere gab. »Meine Augen«, erwiderte der Mann. »Ich kann ohne Brille nicht lesen, und in Kabul gibt es nicht genügend Sehhilfen.« Das war die Initialzündung für meine Brillenkampagne. Am Ende werden es über 40 000 Sehhilfen sein, die ihren Weg über den Hindukusch finden. Später kamen noch Hörgeräte dazu. Mein Arbeitgeber, die Deutsche Post, war damals mein größter Förderer. Von Hans Schneider, einem Botschaftsangehörigen in Kabul, erhielt ich seinerzeit den Tipp, die Seh- und Hörhilfen über die Feldpost der Bundeswehr zu versenden: »Schicken Sie doch einfach alles an mich. Ich kümmere mich um den Rest.« Ein Mann, ein Wort. Er leitete später alles an die Augenklinik Noor in Kabul weiter.

Wieder zu Hause in Bonn, erfuhr ich, dass ich als Post-mitarbeiterin auch für die Feldpost-Dienststellen in Afgha-nistan als Reservistin arbeiten könnte. »Das hat bei uns eine lange Tradition«, erklärte mir mein Vorgesetzter Heinz Schmitz und fügte hinzu: »Wir sind sehr stolz auf unsere Mitarbeiter, die sich dafür entscheiden. Sie leisten vor Ort einen sehr hilfreichen Beitrag.« Die Feldpost verbindet die Soldaten im Auslandseinsatz mit der Heimat. Dass ich auf diese Weise zurück nach Afghanistan gehen konnte, war mir bis dato nicht als Möglichkeit erschienen. Militär, Uni-formen und der Dienst an der Waffe als meine große Chance zu helfen, das hatte ich mir selbst in meinen kühns-ten Phantasien nicht vorstellen können. Doch seit der Deut-sche Bundestag Ende Dezember 2001 das Mandat für die deutsche Beteiligung am ISAF-Einsatz erteilt hatte, war das möglich. Bereits im Januar 2002 kamen die ersten Bundes-wehrsoldaten nach Kabul. Und ich könnte tatsächlich eine von ihnen sein. Zuerst kam mir der Gedanke daher auch absurd vor. Schließlich hatte ich meinen eigenen Söhnen verboten, zur Bundeswehr zu gehen. Beide leisteten inzwi-schen Zivildienst, obwohl sie lieber gedient hätten. Sie ta-ten es mir zum Gefallen.

Es ist schon irgendwie Ironie des Schicksals. Als ich in Deutschland studieren wollte, erkannte man mein Abitur nicht an, und mein Hochschulabschluss von der Kabuler Universität schien niemanden zu interessieren. Aber als ich mich bei der Feldpost bewarb, hieß es: »Das ist etwas für Kameraden mit Unteroffizierlaufbahn. Sie haben studiert und sollten daher Offizier werden.«

Warum nicht? Wenn das der einzige Weg ist, nach Af-ghanistan zu gehen, dann soll es wohl so sein, dachte ich. Die Abläufe waren mir bekannt. Wali hatte sich kurz zuvor ebenfalls für einen Einsatz als Reservist interessiert. Anfang 2004 hatte er beim Bundessprachenamt seine Prüfungen als militärischer Sprachmittler ablegt. Anschließend ging es weiter zur »Allgemeinen Soldatischen Ausbildung für ungedientes Zivilpersonal der Bundeswehr« (ASA) an der Infanterieschule des Heeres im fränkischen Hammelburg und zur Kontingentausbildung im dreißig Kilometer entfernten Wildflecken.

Ein neues Strahlen umgab ihn, wenn er an den Wochenenden nach Hause kam. Schade, dass ihn sein Vater jetzt nicht sehen kann, dachte ich mir so manches Mal. Wie oft hatten mein Schwiegervater und sein Erstgeborener über das Soldatentum diskutiert. In der Regel kontrovers. Auf der einen Seite der stramme Luftwaffenoffizier und auf der anderen der intellektuelle Globetrotter. Und nun das. Wali, der nur deshalb vor über dreißig Jahren seinen Wehrdienst in Afghanistan geleistet hatte, weil er musste, schwärmte plötzlich vom Waffendrill und dem Überleben im Felde.

Doch es kam alles ganz anders. »Das ist doch Blödsinn, was die uns dort erzählen«, vertraute er mir eines Abends an, bevor er wieder auf den Truppenübungsplatz musste. In wenigen Wochen sollte er zu seinem ersten Einsatz aufbrechen. In seiner Brust wohnten jedoch zwei Seelen. Die eine wollte unbedingt an den Hindukusch. War er doch seit seiner Flucht nicht mehr da gewesen. Die andere hingegen wehrte sich mit aller Kraft dagegen, die Kameraden buchstäblich ins offene Messer laufen zu lassen. Der Mann, der sich intensiv mit der Geschichte seines Landes beschäftigt hatte, brach in ihm durch. Er hatte sich mit der Entstehung unserer Heimat auseinandergesetzt. Recherchiert. Vorträge gehalten. Sogar Bücher geschrieben. Er wollte erzählen von den historischen Zusammenhängen, die jeder kennen muss, um zu wissen, wie Afghanistan tickt. Doch die Vergangenheit, auf der noch heute alles Tun am Hindukusch basiert, war nicht das Thema der Einsatzvorbereitung. Langsam fing es an, in ihm zu brodeln.

Oh nein, dachte ich. Ahnte ich doch, was passieren würde. Meine Befürchtungen bewahrheiteten sich. Bei einer Informationsveranstaltung in Wildflecken platzte ihm der Kragen. Er erhob sich und erklärte dem Vortragenden, dass er keine Ahnung habe. »Ihre Beschreibung passt nicht zur aktuellen Situation in Afghanistan. Wenn Sie das so umsetzen wollen, wird der Einsatz ein Fehlschlag.« Das saß. Mit wenigen klaren Sätzen skizzierte er unsere Heimat. Er beschönigte nichts. Die anwesenden Soldaten sahen sich fragend an. Blickten abwechselnd von Wali zu ihrem Vorgesetzten, der sich die Reaktion auf sein Referat sicher anders vorgestellt hatte.

Wem sollten sie glauben? Aus der Sprachlosigkeit wurde Unsicherheit. »Er hat recht«, sagte plötzlich ein niederländischer Offizier in die Stille hinein. Sein belgischer Kamerad neben ihm nickte. Beide waren als Gäste eingeladen worden: »Wir hatten uns schon gewundert, von welchem Land Sie hier reden.« Sie bestätigten Walis Lageeinschätzung in allen Einzelheiten. Beschönigten nichts. Weder die Gefahr noch die Korruption und schon gar nicht die Hilfosigkeit im Umgang mit einem ganz anderen Kulturkreis. Doch weder ihre noch seine warnenden Worte stießen bei den Vorgesetzten auf Gehör. Mein Mann zog daraufhin die für ihn einzig logische Konsequenz. Leicht fiel es ihm nicht, aber er quittierte seinen Dienst.

Trotzdem legte er mir keine Steine in den Weg, als ich mich verpflichten wollte. Auch das rechne ich ihm bis heute hoch an. Er wusste, was mich antrieb und dass ich keine Ruhe finden würde, wenn ich nicht meine eigenen Erfahrungen sammelte. Ja, ich war blauäugiger als er. Ich wollte als Soldatin meinen beiden Heimatländern dienen. Und zwar um jeden Preis. Meine Entscheidung kam aus dem Bauch heraus. Ich sah das Gute – und nicht die Gefahr. Kurzerhand bewarb ich mich ebenfalls beim Bundessprachenamt und bestand dort wie zuvor Wali meine Prüfungen für Deutsch und Dari. Der erste Schritt war gemacht. Die Maschinerie in Gang gesetzt. Zuverlässig wie ein Schweizer Uhrwerk. Manchmal auch genauso pedantisch. Doch selbst die Bürokratie tat meiner Begeisterung keinen Abbruch. Und so war der erste Satz, den ich im Umgang mit der Bundeswehr lernte: »Lang lebe der Vorgang.«

Viel hatten wir über den Einsatz geredet. Eigentlich ständig. Inzwischen hatte sich auch mein jüngerer Bruder Farid dazu entschlossen, als Sprachmittler für die Bundeswehr zu arbeiten. Obwohl mein Plan stand, war ich dennoch hin- und hergerissen. Nie hätte ich einen Rückzieher zugelassen, dennoch zweifelte ich. Einerseits war ich stolz auf meine Courage. Schließlich wollte ich der Freiheit eine Stimme geben. Anderseits hatte ich Angst vor meiner eigenen Unerschrockenheit. Tat ich das Richtige? Walis Warnungen schwebten wie ein Damoklesschwert über mir. Es gibt ein deutsches Sprichwort: »Wer sich in Gefahr begibt, kommt darin um.« Warum sollte ich mich freiwillig diesem Risiko aussetzen?

Manchmal sah ich mich selbst wie eine Schallplatte mit einem Sprung. Wieder und wieder ging ich alles durch. Hielt mir den Spiegel vor. Ich hatte doch eine Familie und Verantwortung. Reichte es nicht, wenn ich weiter Brillen sammelte? »Mama, du hast doch immer einen Weg gesucht, nach Afghanistan zu gehen. Jetzt hast du ihn gefunden«, brachte es Walid auf den Punkt. Aber als Soldatin dorthin zurückzukehren war ein komisches Gefühl. Ich hatte mich eigentlich eher als zivile Mitarbeiterin einer humanitären Organisation gesehen und niemals als Offizier im Auftrag der NATO.

Wie stets, wenn ich nicht weiterwusste, suchte ich Schwester Hoppmann auf. Für viele mag es merkwürdig erscheinen, dass sich eine Muslimin Rat bei einer Katholikin holte. Aber seit Walids Geburt vor fast dreißig Jahren war sie unser Schutzengel. Vorurteilsfrei. Weise. Auch jetzt. Sie verstand meine Zweifel. »Du darfst nicht immer an die russischen Soldaten denken, die dich vertrieben haben«, sagte sie leise. Sie sprach aus, was mich verfolgte. Die Dämonen meiner Vergangenheit. Die aufgestaute Wut, die schon viel zu lange ein Teil von mir war. Uniformen hatten für mich noch den bitteren Beigeschmack von Verlust der Heimat. Darauf hatte ich sie reduziert.

Wortlos holte sie ein Blatt Papier und schrieb einen Satz auf. Mit den Worten »Der Satz stammt nicht von mir, aber ich denke, er wird dir helfen« überreichte sie mir den Zettel: »Wenn man sein Wesen betrachtet, ist der Militärdienst in sich eine sehr ehrenvolle, sehr schöne, sehr edle Sache. Der eigentliche Kern der Berufung zum Soldaten ist nichts anderes als die Verteidigung des Guten, der Wahrheit und vor allem jener, die zu Unrecht angegriffen werden (Johannes Paul II.).« In diesem Augenblick hatte ich meinen Frieden wiedergefunden. Eine schon fast vergessene Leichtigkeit breitete sich in meinem Herzen aus.

»Dann fang jetzt endlich an, dich zu freuen, dass du dort etwas bewegen kannst«, sagte nun auch mein jüngster Sohn Lahib. Wali äußerte sich lange Zeit nicht. Doch eines

Abends, nach dem Essen, nahm er meine Hand: »Soraya jan, du musst unseren Söhnen und mir versprechen, dass du nicht auf Patrouille gehen wirst.« In diesem Moment hatte ich einen dicken Kloß im Hals. Ich wusste, wie sehr mich meine drei Männer liebten. Doch dass ihre Liebe größer als ihre Angst war, mich zu verlieren, wurde mir erst in diesem Augenblick bewusst. Ein Wort von ihnen, und ich hätte alles abgesagt. Doch sie ließen mich ziehen.

Ende 2004 begann meine Einsatzausbildung in Hammelburg. Ich kam mir vor wie Gulliver im Land der Riesen. Überall sah ich nur Soldaten mit breiten Schultern und langen Beinen, deren Füße in riesigen Kampfstiefeln zu stecken schienen. Skeptisch sah ich an mir herunter: 1,55 Meter und Schuhgröße 36. Was ist, wenn sie keine passende Dienstbekleidung für mich haben? Doch meine Sorgen waren unbegründet. »Gar kein Problem, es gibt Kameraden, die sind noch zierlicher«, munterte mich der Feldwebel auf, der mir meine Ausrüstung aushändigte. Rund sechzig »Positionen« wurden es am Ende: Gefechtshelm, Hosen, Socken, T-Shirts, Feldblusen – vor mir stapelte sich ein Berg aus Olivgrün und Flecktarn. Mit einem »Niedlich« drückte er mir zum Schluss meine Stiefel in die Hand. Zugegeben, im Verhältnis zu denen meiner Kameraden waren es eher Stiefelchen. Dennoch hatte ich in meinem ganzen Leben noch nie ein Paar Schuhe besessen, das so schwer war. Insgeheim fragte ich mich, wie ich damit wohl jemals von der Stelle kommen sollte.

»Werd jetzt bloß nicht albern. Du gehst in den Einsatz und nicht auf den Laufsteg«, schimpfte ich mit mir. Es war schon komisch, dass ausgerechnet ich mir solche Gedanken machte. Schließlich warfen mir meine alten Schulfreundinnen und Schwestern ständig mangelnde Eitelkeit vor. Immer wieder drängten sie mich beispielsweise, meine langsam grau werdenden Haare zu färben. »Du machst uns alle alt, wenn du nicht endlich etwas dagegen unternimmst« war ihre einhellige Meinung. Und nun stand ich in der Infanterieschule des Deutschen Heeres, umgeben von Dingen, die alles andere als typisch weiblich waren, und dachte mit einem Mal an sie. Wir kannten uns seit Kindertagen, teilten Erinnerungen und Sehnsüchte, die meisten von ihnen lebten in der Fremde. Und jede von uns hatte ihren eigenen Weg gefunden, um mit dem Heimweh fertigzuwerden. Meiner hatte mich an diesem kalten Wintermorgen zur Kleiderkammer in Hammelburg geführt.

Gleich zu Beginn schloss ich Freundschaft mit meiner Stubenkameradin. Sabine war Zivilangestellte der Bundeswehr. Statt am Schreibtisch zu sitzen, wollte sie in den Einsatz gehen. Dass ich überhaupt meine ASA zu Ende gebracht habe, verdanke ich ihr. Es war der Abend unseres dritten Ausbildungstags. Hinter mir lag ein fünf Kilometer langer Marsch. »Zum Eingewöhnen«, wie mein Ausbilder scherzhaft gemeint hatte. Wütend riss ich mir den schweren Rucksack von den Schultern. Alles tat weh. Die Schultern. Der Nacken. Die Füße. Müde massierte ich mir die schmerzenden Muskeln. Für mich ergab das alles keinen Sinn. In Kunduz sollte ich den Radiosender »Sada-e Azadi« (»Stimme der Freiheit«) moderieren. Den Einheimischen unseren Auftrag erklären. Ihnen Geschichten erzählen. Über uns, aber auch über ihr eigenes Land. Sie dabei gleichzeitig unterhalten und informieren. Von Marschieren war jedenfalls nicht die Rede. Mein Handwerkszeug würde ein Mikrofon sein und nicht ein Rucksack, mit dessen Inhalt ich in der Wildnis überleben konnte.

»Ich schmeiß das alles hin.« Meinem Unmut ließ ich

freien Lauf. Fast hätte ich in diesem Moment noch aufgestampft wie ein trotziges Kind. Sabine sagte nichts. Lange sah sie mich stumm an: »Ich hätte nicht gedacht, dass ausgerechnet du so feige bist.« Ein Satz nur. Aber er traf mich, weil er ehrlich war. Betroffen fing ich ihren Blick auf, sah die Enttäuschung, die aus ihm sprach.

Ich, ein Häufchen Elend im Kampfanzug, suchte nach Worten. »Lass gut sein«, meinte Sabine trocken. Sie hatte mich bei meiner Ehre gepackt. Denn eines wollte ich auf keinen Fall sein: feige. In den nächsten Tagen merkte ich, dass sich meine Kondition verbesserte. Damit stieg auch meine Stimmung.

In den folgenden Wochen standen Kampfmittelabwehr, der Umgang mit dem Funkgerät, Waffenausbildung und Schießtechnik auf unserem Lehrplan. Erschrocken blickte ich meinen Ausbilder an, als er mir ein G36-Gewehr in die Hand drückte. »Das kann ich nicht«, stieß ich mühsam hervor. Fast hätte ich das Sturmgewehr vor Schreck fallen gelassen. Das kühle Kunststoffgehäuse brannte wie Feuer an meinen Fingern. Mein Herz raste, und mein Gesicht war trotz der feuchten Kälte dieses Dezembertages glühend heiß. Waffen bringen Unglück, davon war ich zeit meines Lebens überzeugt gewesen. Vor meinem inneren Auge zogen Schreckensbilder der russischen Machtübernahme vorbei. Bilder von Kämpfen rund um Kabul, die ich im Fernsehen gesehen hatte. Blut und Elend. Die verlorenen Kinder meiner Heimat, deren Körper und Seelen durch Waffengewalt gezeichnet waren. Und nun befand ich mich plötzlich auf einem Truppenübungsplatz und hielt selbst ein Gewehr in den Händen. »Nein«, sagte ich und streckte dem Hauptmann das G36 entgegen. »Wenn Sie nicht schießen wollen, endet heute die ASA für Sie, Frau Alekozei«, entgegnete er mir. Bewusst hatte er darauf verzichtet, mich militärisch anzusprechen. In diesem Moment war ich für ihn kein angehender Leutnant. Ich benahm mich in seinen Augen nicht wie ein zukünftiger Offizier. Schließlich ging es nicht nur um mich. Im Ernstfall mussten sich meine Kameraden darauf verlassen können, dass ich ihnen zur Seite stehe. Zur Not auch mit der Waffe.

Ich schluckte. Wollte etwas sagen. Meine Stimme klang schwach und brüchig, als ich ihn bat, telefonieren zu dürfen. »Warum?«, irritiert starrte er mich an. Langsam gewannen meine Worte wieder an Kraft: »Meinen Söhnen habe ich verboten, zur Bundeswehr zu gehen, weil ich nicht wollte, dass sie eine Waffe tragen. Jetzt muss ich ihnen das gleiche Recht zubilligen, auch mir das zu untersagen.«

Er nickte kurz: »Ich brauche Ihre Entscheidung heute.«

Mit zitternden Fingern wählte ich unsere Bonner Nummer. Es dauerte eine gefühlte Ewigkeit, bis Wali den Hörer abnahm. Hastig schilderte ich ihm die Situation.

»Soraya, tu doch nicht so naiv. Du wusstest doch, was auf dich zukommt«, entgegnete er. Dann stellte er das Telefon auf laut, so dass meine Söhne mich hören konnten. »Was meint ihr?«, fragte ich sie. In ihren Stimmen glaubte ich ein leicht belustigtes »Mensch, Mama« zu entdecken: »Natürlich lernst du, wie man schießt.«

Mit zittrigen Knien machte ich mich auf den Rückweg zum Schießplatz.

»Und?« Fragend sah mich der Hauptmann an.

»Ich melde mich zurück«, antwortete ich.

Wortlos händigte er mir das Gewehr wieder aus. Lange sah ich es an. Nein, Freunde werden wir nicht, dachte ich, aber Kameraden. Das war mein Anspruch und Ansporn zugleich.

Am Ende der Schießausbildung mussten wir unser Können unter Beweis stellen.

»Ich habe Ihren Mann kennengelernt, er war ziemlich gut. Mal sehen, ob Sie besser sind«, begrüßte mich der verantwortliche Oberstleutnant.

Wali hatte mit dem G36 immerhin neunzig von hundert möglichen Punkten erreicht. Ich schaffte fünfundneunzig. Und auch mit der P8, der halbautomatischen Dienstpistole der Bundeswehr, schoss ich besser als er. Die hohe Trefferquote gab mir Sicherheit. Dennoch hoffte ich, dass ich sie nie einsetzen müsste, weder das G36 noch das P8. Worte sollten meine Waffe sein. Mit ihnen wollte ich Menschen bewegen, Seelen berühren. Doch erst einmal war ich es, die die Macht der Sprache zu spüren bekam.

Mit dem feierlichen Gelöbnis in Hammelburg wurde aus mir, der Postangestellten, Leutnant Soraya Alekozei. Ich weiß noch, was in mir vorging, als ich schwor, »der Bundesrepublik Deutschland treu zu dienen und das Recht und die Freiheit des deutschen Volkes tapfer zu verteidigen, so wahr mir Gott helfe«. Ich fühlte mich seltsamerweise geborgen. Aufgenommen im Kreise meiner Kameraden. Getragen von dem gemeinsamen Ziel zu helfen. In Gedanken war ich bereits unterwegs nach Afghanistan. Ich fühlte mich wie beflügelt. Wali bemerkte als Erster die Veränderung, die in mir vorging. Wie oft hatte er mich in all den vergangenen Jahren müde von der Arbeit nach Hause kommen sehen. Hatte meine Anspannung bemerkt, wenn ich als Postbankmitarbeiterin die Verantwortung für die Geldautomaten hatte. Und jetzt stand ich vor ihm als Bundeswehroffizier. Alles war anders. Der Dienst war körperlich anstrengender als die Arbeit am Schalter der Postfiliale. Dennoch war ich nicht erschöpft, sondern konnte es – auf einmal – kaum erwarten, den zweiten Teil meiner militärischen Ausbildung in Wildflecken in der Rhön zu beginnen.

In den folgenden Wochen sollten wir alle Nuancen der Gewalt kennenlernen, den Krieg in all seinen Facetten. Roh. Barbarisch. Menschenverachtend. Fragt man mich heute, was das Schlimmste dabei war, dann fällt mir spontan der Lärm ein. Krieg ist laut. Selbst der simulierte. Das Rattern der Maschinengewehre, die Schmerzensschreie der Verletzten. Ich bin eine Frau der leisen Töne. Krach setzt mich unter Stress. So war es auch damals in Wildflecken. Ich konnte das Pochen meines Pulses in meinem Inneren hören. Schmeckte das Adrenalin auf der Zunge. Mein natürlicher Reflex wäre es gewesen, wegzulaufen. Ganz weit weg. Doch nun war ich Soldat. Bereits in Hammelburg hatte ich gelernt, meine Grenzen zu überwinden. Das würde ich hier ebenso bewerkstelligen müssen.

Wir lernten bei der sogenannten Riot Control, den wütenden Aufständischen mit Schutzschild und Schlagstock entgegenzutreten. »Du gehst in die zweite Reihe«, flüsterte mir ein Kamerad zu, bevor es losging. Das rhythmische Schlagen der Stöcke auf die Schilder, die skandierenden Massen, ich lief wie in Trance hinter den anderen her. Als die Übung vorbei war, zitterten meine Knie. Gleichzeitig fühlte ich mich gestärkt. Wieder hatte ich mich meinen Ängsten gestellt.

Im Unterricht hatte man mir beigebracht, dass unsere Gegner stets versuchten, ihre militärische Unterlegenheit durch archaische Brutalität zu kompensieren. Gewaltanwendung in jeder Form und Missachtung des Kriegsvölkerrechts stünden dabei auf der Tagesordnung. Was das bedeutet, wurde mir bei einer simulierten Geiselnahme und anschließender Haft deutlich gemacht. Während meine Augen verbunden waren, wurde ich immer wieder angebrüllt. Ich zog den Kopf ein. Hörte das Zischen der Baseballschläger, wenn sie die Luft durchschnitten. Manchmal meinte ich, den Lauf einer Pistole an meiner Schläfe zu spüren. Die zynische Langsamkeit, mit der meine Gegner Muster auf mein Gesicht zu malen schienen, ließ mich beinah erfrieren. Am ganzen Körper bekam ich eine Gänsehaut.

»Es ist nur gespielt, es ist nur gespielt«, murmelte ich leise in mich hinein. »Was hast du gesagt?«, schrie mich einer meiner Peiniger an. Das war der Moment, wo mein Gehirn aufhörte, an die Simulation zu glauben. Ich reagierte so, wie ich es trainiert hatte. Zurückhaltend, fast unterwürfig. Kein Wort kam mehr über meine Lippen. Auch nicht, als sie mir die Augen verbanden. Wali hatte mich davor gewarnt und mir geraten: »Lass die Augen zu, selbst wenn sie dir die Binde wieder abnehmen.« Daran hielt ich mich.

In der Dunkelheit verliert man jedes Gefühl für Raum und Zeit. Um mich abzulenken, sagte ich stumm alle Gedichte auf, die ich jemals gelernt hatte. Die Königsverse meiner Heimat, die Zeilen aus den Federn deutscher Dichter. Der Rausch der Worte beruhigte mich. Spendete mir Trost. Stundenlang. Ich hörte das Gebrüll um mich herum nicht mehr, merkte nicht, wie die Kälte langsam in mir hochkroch, wurde immun gegen den Terror. Poesie war wie immer zu meinem Fluchthelfer geworden. Die Stimme der Freiheit hat eben viele Gesichter.

Meines war dreckverschmiert. Meine Kameraden und ich waren in einen Hinterhalt geraten. Ein Szenario wie aus einem Horrorfilm. Eine Scheinwelt, so perfekt geschminkt, dass man daran glaubte. Selbst wenn der Verstand etwas anderes sagte. Wohin ich auch sah, überall Blut, Körperteile bis zur Unkenntlichkeit zerfetzt. Schreie. Und dann wie aus dem Nichts die Stimme unseres Truppführers. Emotionslos. Beruhigend sachlich. Genau richtig in Momenten wie diesen. In meinem Kopf lösten sie einen Automatismus aus. Ich dachte nicht mehr, sondern funktionierte. Alles, was man mir bei der Sanitätsausbildung beigebracht hatte, war plötzlich abrufbar: Druckverbände anlegen, das Verabreichen von Morphinspritzen und das Unterdrücken der eigenen Angst.

Während das künstliche Blut, das ich noch Minuten zuvor vorsichtig von der Stirn eines Soldaten getupft hatte, langsam an meinen Fingern trocknete, lernte ich etwas ganz Entscheidendes: Vertrauen fassen. »Wenn dir etwas passiert, werden Männer und Frauen da sein, um dir zu helfen.« Allerdings ging ich damals noch davon aus, dass ich der Ersthelfer und nie das Opfer sein würde.

»Bad Kunduz« – Mausefalle am Hindukusch

Kann Zeit fliegen? Haben Stunden Flügel? Minuten Rotorblätter und Sekunden Propeller? Ich denke schon. Mir kam es jedenfalls so vor. Im Februar 2005 beendete ich meine Einsatzausbildung. Wie von Zauberhand nahm alles seinen Lauf. Für die Bundeswehr Routine. Mir raubte es hingegen manchmal buchstäblich den Atem. Trotz Checklisten hatte ich ständig Angst, etwas zu vergessen. Oft wälzte ich mich nachts im Bett. War aufgeregt und gleichzeitig verunsichert. Fühlte mich zwiegespalten. »Du kehrst nach Hause zurück«, sagte die eine Stimme in mir. »Nein, du gehst in eine fremde Stadt und machst dort einen Job, den du das letzte Mal vor über zwanzig Jahren bei der Deutschen Welle ausgeübt hast«, warnte die andere.

Stoisch wie die Sandkörner in einer Eieruhr bewegten sich die Wochen vorwärts. Erst langsam. Dann immer schneller. Der Abflugtermin im März rückte unaufhörlich näher. In den Tagen vor meinem Einsatz wurde ich von Freunden und Kollegen oft gefragt: »Hast du dir das auch gut überlegt?« Viele sahen Probleme, die für mich keine waren. Das Wetter. Der Staub. Das Leben auf engstem Raum. Eine Rückkehr in fast archaische Zustände mit Gotteskriegern, eine Rückständigkeit, die sich in den schmalen Sehschlitzen einer Burka widerspiegelt. Bilder, die sie alle aus den Nachrichten kannten, vermischten sich mit Angst und Neugier. Denn wer kannte schon das Afghanistan, das ich kannte?

»Meine Familie fast ein halbes Jahr allein in Deutschland lassen, das könnte ich nicht«, raunte mir eine Postbankmitarbeiterin einmal zu. In ihrer Stimme schwang ein leiser Vorwurf mit. Was ist denn das für eine Frau und Mutter, die freiwillig in ein Kriegsgebiet geht? Sollte sie nicht vielmehr erleichtert sein, dass sie dem Hindukusch entflohen ist? Froh sein über den Frieden, den sie seit über einem Vierteljahrhundert genießen durfte? All das wollte sie damit zum Ausdruck bringen. Mir den Spiegel meiner eigenen Selbstgerechtigkeit vorhalten. Was sagt man in einem solchen Moment? Ich schluckte. Kämpfte gegen den bitteren Geschmack in meinem Mund an. Stand einerseits in der Ecke und andererseits über den Dingen. »Weißt du«, entgegnete ich schließlich, »hier bin ich hundertfach ersetzbar, dort kann ich etwas bewegen. Und ich kann eine alte Schuld begleichen.«

Fragend blickte mich meine Kollegin an. Wie sollte sie mich auch verstehen? Woher wissen, wie es ist, wenn man sein ganzes Leben zwischen Schuldgefühlen und Dankbarkeit schwebt? Wenn man Angst hat, den Luxus der Sicherheit zu genießen, weil man die andere Seite kennt. Nicht vergessen kann und nicht vergessen darf. Das Gefühl der Scham darüber, dass man selbst nicht leiden musste, während Eltern und Geschwister Folter und Diktatur ausgesetzt waren.

Ich begann nun zu erzählen, von einer Heimat, die es nur noch in meiner Erinnerung gab. Aber auch von meinem Wunsch, meinen Landsleuten wieder ein Stück meines Afghanistans näherzubringen. Dass ich durch meinen Einsatz ihre Herzen berühren und durch die Verkrustungen ihrer Seele in ihr Innerstes vordringen wollte. Schließlich war ich mir so sicher, dass tief in ihnen mein Afghanistan schlummerte. Verletzt und verlassen, allerdings nicht ohne Hoffnung.

Weiterhin gab ich ihr zu verstehen, dass ich ebenso meiner neuen Heimat dienen wollte. Deutschland. Mich dafür bedanken wollte, dass ich mit offenen Armen aufgenommen worden bin. Meine Familie ein gutes und sicheres Leben führte. Nun war es an mir, etwas zurückzugeben. Ich wollte die Stimme der Bundesrepublik sein, wenn sie die Freiheit wieder an den Hindukusch zurückbringt. All das sprudelte nur so aus mir heraus. Ein Plädoyer in eigener Sache. Die Kollegin nickte nur, langsam schien sie zu begreifen, was mich im Inneren beschäftigte.

Abends erzählte ich Wali davon. Wortlos nahm er mich in den Arm. Er konnte nachvollziehen, was in mir vorging. Ebenso war er Fragen und Anfeindungen ausgesetzt. »Was bist du für ein Mann, der seine Frau in den Krieg ziehen lässt?« Das war eine der häufigsten Anklagen. »Ich kann es ihnen«, seufzte er, »gar nicht einmal verdenken.« Aber ihm war klar, wie wichtig das Ganze für mich war. Wo immer er konnte, unterstützte er mich. Auch wenn er in diesem Fall am liebsten gesagt hätte: »Geh bitte nicht.«

Der Abschiedstag rückte näher – und Wali wurde immer stiller. »Du bist mein Team Hotel«, versuchte ich ihn aufzumuntern. So nennen Soldaten ihre Kameraden, die den Betrieb am Heimatstandort am Laufen halten. Im sogenannten NATO-Alphabet steht »Hotel« für den Buchstaben H. H wie Heimat. Und schließlich sollte er zu Hause nicht nur die Stellung halten, sondern sich weiterhin um meine Brillen-Kampagne kümmern. Mir war bewusst, dass das ein schwacher Trost für ihn war. Doch ich konnte nicht anders. Mehr konnte ich ihm nicht geben. In Gedanken war ich bereits am Hindukusch.

Es war ein kalter Märzmorgen, als wir gemeinsam zum Militärflughafen nach Köln-Wahn fuhren. »Y-Tours, wir buchen, Sie fluchen.« Wie oft hatte ich diesen Satz schon gehört? Jetzt bekam er ein Gesicht. Wenn man das erste Mal die Abfertigungshalle betritt, glaubt man kaum, dass die Bundeswehr von hier aus zu weltweiten Missionen aufbricht. Alles wirkt provisorisch. Die Soldaten tragen es mit Gelassenheit und Galgenhumor.

Ein letzter Kaffee mit der Familie. Die Liebste noch schnell in den Arm genommen, dem Nachwuchs bewusst gut gelaunt über den Kopf gestrichen. Scheiden tut weh. Keiner will diesen Moment unnötig lange hinauszögern. Wer in den Einsatz fliegt, tut das nie mit leichtem Herzen. Auch wenn man es verdrängt, aber der Satz »Wird auch dieses Mal alles gutgehen« steht immer unausgesprochen zwischen dem Soldaten und den Angehörigen. Jeder hofft, dass die Verfügungen und Testamente, die er vorher unterzeichnet hat, einfach nur ein bürokratischer Akt sind. Bloß nicht nachdenken. Alles wird gut.

Mir ging es genauso. In der Wartezone sah ich bereits einige meiner Kameraden. Winkte ihnen kurz zu. Ich war hin und her gerissen. Natürlich verstand ich einerseits Walis Wunsch, mich möglichst lange bei sich zu haben. Hier konnte er noch etwas für mich tun, hinter der Absperrung nicht mehr. Andererseits fieberte ich dem Abflug entgegen. Mein Ziel war zum Greifen nah. Mein Mann kannte mich gut genug: »Soraya jan, geh ruhig«, sagte er schließlich leise. Seine Stimme war rau, seine Umarmung fest. »Dreh dich nicht um«, schwor ich mir, während ich eincheckte. Ich spürte seine Blicke auf meiner Uniform. Ich konnte nicht widerstehen, schaute ihn an. Wir lächelten. Liebe braucht keine großen Gesten. Dann verließ ich unsere Welt.

Der Bundeswehr-Airbus war fast bis auf den letzten Platz besetzt. Wie immer, wenn ich fliege, dankte ich Gott für meine Größe. Während um mich herum die Soldaten versuchten, ihre langen Beine irgendwie unterzubekommen, machte ich es mir bequem. Rund sechs Stunden dauert der Flug zum Strategischen Lufttransportstützpunkt im usbekischen Termez. Die Luftwaffe hatte dort im Februar 2002 einen selbst eingerichteten Luftumschlagplatz für die Versorgung des deutschen ISAF-Kontingents in Betrieb genommen. Aufgrund der in Afghanistan bestehenden Gefährdung erfolgten die Personentransporte der Bundeswehr anschließend mit den Transportflugzeugen vom Typ Transall C-160 – kurz Trall genannt.

Für unsere Betreuung und Unterbringung sollte vor Ort die Passagierabfertigung verantwortlich sein. Die Nacht verbrachte ich auf einem Feldbett in einem riesigen Schlafzelt. Augenblicklich fiel ich in einen traumlosen Schlaf. Doch wieder und wieder wurde ich wach. Ich konnte es immer noch nicht glauben: Nur eine halbe Flugstunde entfernt lag meine Heimat. Es ist schon irgendwie absurd, murmelte ich leise vor mich hin, während ich in die Dunkelheit starrte, einst floh ich vor den Militärs aus meinem Land, jetzt kehre ich als Soldatin dorthin zurück.

Am nächsten Morgen wartete bereits ein Bundeswehrtransportflugzeug auf uns. Bei der Luftwaffe wird die Propellermaschine aufgrund ihrer vielen humanitären Hilfseinsätze liebevoll als »Engel der Lüfte« bezeichnet. Mir gefiel der Name. Für mich hatte es irgendwie Symbolcharakter, dass ich auf diese Weise in meine Heimat einschweben sollte. Dennoch hasste ich jede Minute des Flugs. Selbst schuld, dachte ich. Oft genug haben dir deine Kameraden geraten, dich in die Mitte der Maschine zu setzen. Hieß es doch: »Vorne ist es in der ›Trall‹ zu heiß, hinten zu kalt und in der Mitte zu laut, aber die Temperatur wenigstens erträglich.« Vor Aufregung hatte ich es vergessen. Da hockte ich nun hinten quer zur Flugrichtung auf einem harten Sitz aus robustem Kunststoffgewebe und fror. Um den Hals hatte ich mir einen weißen Schal gewickelt. Er sollte später einmal zu meinem Markenzeichen werden. Das hatte nichts mit Eitelkeit zu tun, dass ich mich gegen die sonst üblichen Bundeswehr-Multifunktionstücher oder Netzschals in Flecktarn oder die bei meinen Kameraden sehr beliebten Palästinensertücher, kurz Shemag genannt, entschied. Weiße Baumwolle lässt sich nun einmal problemlos heiß waschen. Ich fühlte mich stets sauber und frisch, wenn ich den Schal trug.

Angstvoll blickte ich ins Heck der Maschine. Fest verzurrt standen dort allerlei Einsatzgeräte sowie unser Gepäck. Hoffentlich halten die Gurte, dachte ich weiter. Viel Zeit zum Grübeln hatte ich jedoch nicht. Der Flug über das Hindukusch-Gebirge war kurz. Rund dreißig Minuten. Einmal rauf und im steilen Sinkflug wieder runter. Ein heftiger Ruck. Das Rattern der Reifen auf der mit Schlaglöchern übersäten knapp zwei Kilometer langen Landebahn. Staubwolken, die sich langsam setzten. Ein paar kurze Anmerkungen vom Ladungsmeister. Heckklappe und Tür wurden langsam geöffnet. Geschafft.

Meine Kameraden verließen nacheinander die »Trall«. Nur ich blieb noch einen Moment sitzen. Atmete tief durch: »Ich bin da.« In wenigen Tagen würde man hier das afghanische Neujahrsfest Nauroz begehen. Kurz gestattete ich mir, daran zu denken, wie wir als Kinder diesen 21. März geliebt haben. Seit Jahrtausenden wird das Fest als Symbol der Wiedergeburt gesehen. Jetzt allerdings brachten es die meisten mit der Rückkehr der Taliban in Verbindung, die pünktlich zum Frühlingsanfang ihre Winterquartiere verließen, um Gewalt und Tod zu säen.

Schnell verdrängte ich den Gedanken. Stattdessen sah ich meine Mutter vor mir, wie sie gemeinsam mit uns Kindern vor Nauroz verschiedene getrocknete Hülsenfrüchte sowie Mandeln, Nüsse und Pistazien schälte und einweichte. Wir lachten und sangen dabei. Spätestens am Vorabend des Neujahrsfests kamen Rosinen, Sultaninen, getrocknete Aprikosen oder Maulbeeren hinzu, eventuell etwas Zucker. Jede Familie hatte ihr persönliches Lieblingsrezept. Insgesamt waren es jedenfalls immer sieben verschiedene Früchte. Dieser Tatsache verdankt das Gericht auch seinen Namen *Haft Mewa* (»Sieben Früchte«). Mama reichte die Masse immer traditionell nachmittags zu Kuchen. Den süßen Geschmack hatte ich förmlich auf der Zunge. So schmeckte meine Kindheit am Hindukusch.

Draußen wurden Stimmen lauter. Jemand rief meinen Namen. Langsam erhob ich mich von meinem Sitz, der letzte Teil meiner Reise sollte beginnen. Vor mir lag der Flughafen Kunduz. Ich sah das verblichene Türkis des Abfertigungsgebäudes, Gerippe vergessener Militärfahrzeuge aus russischen Tagen, die dort, so schien es, vom Wüstensand für die Ewigkeit konserviert werden. Ein Feldwebel riss mich aus meinen Betrachtungen. Zeigte auf Gefechtshelm und Splitterschutzweste. »Anziehen« lautete der knappe Befehl. Nur acht Kilometer lang war die Strecke vom Flughafen bis zur Stadtmitte. Mir kam die Fahrt im Wolf, im Geländewagen der Bundeswehr, wie eine Zeitreise vor. Unterwegs begegneten wir tiefverschleierten Frauen. Männern auf Eselskarren. Kinder hüteten Ziegen am Straßenrand und winkten. Alles kam mir so unwirklich vor.

Fernab meiner Wirklichkeit. Auch meiner afghanischen. Ich kannte Kunduz nicht. In meiner Jugend spielte sich alles rund um Kabul und Kandahar ab. Ich war jetzt eine Einheimische in der Fremde. Meine Heimat mit all ihren landschaftlichen Facetten sollte ich erst durch meine Einsätze kennenlernen.

Als Deutschland sich 2003 entschloss, seine Armee im damals noch relativ sicheren Norden Afghanistans zu stationieren, war Kunduz ein beschaulicher Ort mit 120 000 Einwohnern. Bekannt als wohlhabende Kornkammer des Landes. Der reiche Boden in den Niederungen des Kunduz-Flusses erlaubte zwei Ernten pro Jahr. Wir Soldaten gehörten einem sogenannten Provincial Reconstruction Team (PRT) an. Kunduz, das war ein Pilotprojekt. Getragen von dem Anspruch, durch Kooperation unbürokratische Hilfe leisten zu können. Von Beginn an stand dabei fest, dass das PRT nicht ausschließlich ein militärischer Außenposten sein sollte, sondern es auch zwingend einen zivilen Gegenpol geben sollte. Deshalb holte man das Auswärtige Amt und das Bundesministerium für wirtschaftliche Zusammenarbeit und Entwicklung mit ins Boot. Die Bundesrepublik übernahm damit die Verantwortung, den Wiederaufbau abzusichern und voranzutreiben. Zügig, aber vor allem nachhaltig. Daher lag der Schwerpunkt auf dem Bau von Straßen, Wasserleitungen, Brücken, Schulen und Krankenhäusern. Damals wurde die Bundeswehr von der deutschen Öffentlichkeit weniger als Soldaten, sondern vielmehr als Mitarbeiter des Technischen Hilfswerks wahrgenommen. Nur dass wir eben Flecktarn trugen und nicht Blau wie die Zivil- und Katastrophenschutzorganisation.

Anfangs war alles ganz familiär. Unser Camp hatte man mitten in der Stadt in einer Baumschule mit einem Rosengarten untergebracht. »Bad Kunduz« nannten einige meiner Kameraden die Liegenschaft, in der ursprünglich die Amerikaner ein PRT mit einer halben Hundertschaft Soldaten unterhielten. Als »Mausefalle« titulierte es hingegen ein Sicherheitsberater der Bundesregierung aufgrund der ziemlich ungeschützten Lage mitten in der Stadt. Thomas Wiegold, Journalist mit Schwerpunkt Verteidigungs- und Sicherheitspolitik, beschrieb das Lager in Kunduz einmal so: »Zwar überragte ein Wachtturm das Gelände, doch die Bundeswehr nahm Rücksicht: An einer Seite war eine Sichtblende angebracht. Damit sollte den Soldaten der Blick auf das Nachbargrundstück verwehrt werden – wo die Ehefrauen des Hausherrn sich im Garten ergingen und, streng islamisch, vor den Blicken fremder Männer geschützt werden sollten. Eine Rücksichtnahme, die ebenso wie die Benutzung ungepanzerter, angemieteter Geländewagen in den kommenden Jahren nur noch eine vage Erinnerung sein sollte.«

Das Feldlager wirkte beinah wie eine Feriensiedlung mit einstöckigen Unterkunftsgebäuden aus Holz. Wassergräben und Plankenwege schlängelten sich durch das Areal. Wären nicht die Uniformen und Fahrzeuge gewesen, hätte nichts an ein Einsatzland erinnert. So friedlich war es seinerzeit. Ich weiß es noch wie heute: Am Tag meiner Ankunft lag der zarte Duft von Rosen und Mandelblüten in der Luft. Wie eine Verdurstende atmete ich ihn ein. Alles schien reif für eine Veränderung. Für einen Wechsel zum Guten. Wir waren keine Besatzer, sondern Gärtner, die das zarte Pflänzchen der Freiheit am Hindukusch wachsen und gedeihen lassen wollten. Und wo konnte man diese Arbeit besser beginnen als in einem Rosengarten?

Die Stimme der Freiheit

»Schön, dass Sie da sind«, begrüßte mich der Leiter von OpInfo (Operative Information) Major Martin Osterloh. Er zeigte mir das Holzhaus, das ich mir mit fünf weiteren Frauen teilen sollte: eine Afghanin, eine Britin und zwei Deutsche. Ebenso wie der Einsatz war auch unsere Zusammensetzung international. Danach nahm mich der Major mit zu meinem zukünftigen Arbeitsplatz. Osterlohs Zug gab seinerzeit eine Zeitung mit einer Auflage von 20 000 Exemplaren heraus und betrieb einen Radiosender. Beides trug den Namen »Sada-e-Azadi« (»Stimme der Freiheit«), und ich sollte fortan als Moderatorin ein Teil davon sein.

Die Rundfunkstation war ebenfalls in einer der Hütten untergebracht. Meine Kollegen warteten bereits auf mich, und ich blickte in die erwartungsvollen Augen von sieben afghanischen Redakteuren, darunter eine Frau. Sie wussten, warum ich da war. Denn bevor ein Beitrag gesendet werden durfte, musste er übersetzt werden. Und zwar von einem Sprachmittler der Bundeswehr. Keine Kontrolle, sondern vielmehr eine Sicherheitsmaßnahme, damit das noch vage gegenseitige Vertrauen nicht durch Missverständnisse zerstört wurde.

Oft habe ich mich gefragt, was in solchen Momenten in den Köpfen meiner afghanischen Kollegen vorging. Schließlich gehört die Pressefreiheit zu den Eckpfeilern der deutschen Demokratie. Den Gründungsvätern der Bundesrepublik war sie seinerzeit so wichtig, dass sie sie 1949 im Grundgesetz, im Artikel 5, Absatz 1, verankerten: »Jeder hat das Recht, seine Meinung in Wort, Schrift und Bild frei zu äußern und zu verbreiten und sich aus allgemein zugänglichen Quellen ungehindert zu unterrichten. Die Pressefreiheit und die Freiheit der Berichterstattung durch Rundfunk und Film werden gewährleistet. Eine Zensur findet nicht statt.«

Meine Bedenken waren grundlos. »Wir fühlen uns nicht gegängelt oder reglementiert«, versicherte mir Samira Ansari. Die junge Journalistin strahlte: »Schau mich an, ich bin eine Frau und darf arbeiten. Dass ich dabei sogar noch öffentlich meine Meinung kundtun kann, ist doch ein Geschenk.« Beschämt blickte ich zu Boden und nickte. Sie hatte recht. In jeder Hinsicht. Für unsere gemeinsame Heimat war das ein Quantensprung – und die Bundeswehr quasi das Trampolin, das diesen ermöglichte.

Doch was wird passieren, wenn die Armee das Land eines Tages wieder verlassen wird? Diese Frage schießt mir ohne Vorwarnung in den Kopf. Wird meine Heimat dann so weit sein, dass sie eine Journalistin wie Samira akzeptiert. Und was, wenn nicht? Mich verteufelten damals die Russen als Sprachrohr des Imperialismus, als ich mit der Deutschen Welle auf Sendung ging. Meine Familie daheim in Kabul hatte das zu spüren bekommen. Wie wird es meinen einheimischen Kollegen ergehen? Und all meinen Landsleuten, die für die Deutschen übersetzten? Die Tag für Tag gemeinsam mit ihnen unterwegs waren? Die jedoch in den Augen der Taliban ihnen dadurch ihre afghanische Seele verkauften. Sie begingen eine Todsünde.

Noch war die Lage ruhig im Norden Afghanistans. Gedanken wie diese, die mir gerade durch den Kopf gingen, wurden verdrängt. Doch es sollte nicht lange dauern, da würden die Gotteskrieger von Pakistan aus eindringen. Immer dichter ans Feldlager herankommen. Erst im Verborgenen wie Maulwürfe. Unerkannt, im Schutze der Dunkelheit. Später immer offensiver. Flugblätter verteilen und jeden wissen lassen, dass diejenigen sterben werden, die den Ungläubigen helfen. Ihnen Informationen geben. Kontakte herstellen. Für sie tätig sind. Man wird Feldarbeiter finden, die mit sechzig Schüssen hingerichtet wurden, weil sie ihr Wissen mit den Deutschen teilten.

Aber all das war noch Zukunftsmusik. Wenn auch eine traurige. Eine dramatische Sinfonie, bei der das Böse den Taktstock schwingen wird. An den Abzug der Bundeswehr dachte zu dem Zeitpunkt keiner. Alles war in Aufbruchstimmung. Noch fühlten sich die Deutschen als Helfer. Sehnlichst erwartet. Herzlich willkommen geheißen. Man sprach von Missionen und war beseelt von den eigenen Visionen. Der Funke der Begeisterung sprang auch auf meine afghanischen Kollegen über. Für sie war die Arbeit bei den Deutschen mehr als nur ein gutbezahlter Job. Sie wollten dabei sein, ihr Stück dazu beitragen, wenn in Afghanistan demokratische Strukturen erwuchsen. »So wie damals, als du hier aufgewachsen bist«, sagte Samira. Sie liebte die Geschichten aus meiner Jugend. Konnte sie manchmal kaum glauben. »Du hast in Kabul wirklich einen kurzen Rock getragen?« Ungläubig schüttelte sie den Kopf. Schaute an sich herunter. Betrachtete ihren verhüllten Körper und seufzte: »Das möchte ich auch einmal.«

Fast schämte ich mich, dass ich dunklen Vorahnungen nachhing. Wie konnte ich pessimistisch sein? Aber was würde aus Samira, wenn der Traum vom freien Afghanistan platzen sollte? 2005 gab es noch keinen konkreten Plan, was mit den Einheimischen, die im Dienst der Deutschen standen, geschehen soll, wenn die Truppe einmal das Land verlässt. Vorerst überwog der Glaube an das Gute. An die Gerechtigkeit. An den Erfolg unserer Mission. Unter 89,5 FM sendeten wir rund um die Uhr ein Programm, das unterhalten und informieren sollte. Man konnte uns anfangs nur in einem Radius von fünfundsechzig Kilometern empfangen. Um möglichst vielen Menschen Zugang zu unseren Beiträgen zu verschaffen, verteilte OpInfo auch Radiogeräte in der Region. »Was wir machen, ist keine Propaganda, und wir hüten uns vor zu viel Werbung in eigener Sache. Im Vordergrund steht unsere Glaubwürdigkeit«, brachte es Major Osterloh auf den Punkt. Unser ziviler Kollege Karim Jaffri nickte zustimmend. Bislang habe er sich auch nie in seiner Themenwahl eingeschränkt gefühlt. Es gebe draußen sogar viel Lob für unsere Berichterstattung, freute er sich.

»Das letzte Wort hat natürlich immer der Kommandeur. Er muss schließlich auch hinterher für alles geradestehen. Aber er vertraut uns hinsichtlich der Einschätzung der aktuellen Lage«, erklärte mir mein Vorgesetzter. Ich konnte es daher kaum erwarten, mit meiner Arbeit anzufangen.

Anders als in Deutschland gehören in Afghanistan zu jeder Berichterstattung Gedichte. Mit romantischer Poesie hat das in der Regel jedoch nur wenig gemein. Wir Afghanen sind ein Volk, das eine blumige Sprache liebt. Daher verpacken wir selbst Kritik in orientalisches Parlando. Ich liebte diese Form der fast schon musikalischen Kommunikation. Sie erinnerte mich an das, was mich mein Vater gelehrt hatte: »Du darfst deine Meinung vertreten und sogar andere kritisieren, aber lasse ihnen stets ihre Würde.« Ein paar Tage musste ich mich allerdings noch gedulden, bevor ich endlich auf Sendung gehen konnte. Meine Begrüßungsansprache las ich später Wali am Telefon vor.

»Ich hab ganz vergessen, wie gut du schreiben kannst«, platzte es aus ihm heraus.

»Ich auch«, flüsterte ich kaum hörbar.

Auf Umwegen hatte sich mein Lebenskreis geschlossen. Wer mich nicht kannte, konnte die Veränderung, die mit mir vorging, nicht spüren. Die, die mich liebten, bemerkten sie sofort. »Kind, du siehst so glücklich aus«, fand meine Mutter. Gemeinsam mit meinem ältesten Bruder Ahmad und dessen Frau Fatema besuchte sie mich im Camp. Sie hatte sich gegen ihren Sohn durchgesetzt, der ihr die vier Stunden lange Fahrt durch die Berge nicht zumuten wollte. »Entweder nimmst du mich mit, oder ich rufe mir ein Taxi. Aber ich fahre auf jeden Fall«, hatte sie ihm gedroht.

Nun saß sie im OpInfo-Büro und wies meinen Bruder und meine Schwägerin an, das Auto auszupacken. Eine Kiste nach der nächsten schleppten sie herein. Meine Kollegen staunten nicht schlecht. Chutneys, Koriandersoße, Trockenobst, Kekse und Kuchen kamen zum Vorschein. »Glaubt deine Mutter, dass wir dich hier verhungern lassen«, raunte mir eine Kameradin leise zu. Mama sah sie streng an. Ich lachte. Niemand durfte die Gastfreundschaft und Großzügigkeit von Sahibjan Alekozei hinterfragen.

Bislang hatte ich nur im bescheidenen Umfang für unser Team gekocht, doch nun stand vor ihnen das ganze kulinarische Füllhorn meiner Heimat. Es war buchstäblich eine Völkerverständigung über den Tellerrand hinweg. Meine Kameraden lernten beim gemeinsamen Essen die Gepflogenheiten meiner Heimat besser kennen, aber auch die menschliche Wärme, die so sehr ein Teil unseres Wesens ist. Für mich war der Besuch meiner Familie aber noch in anderer Hinsicht wichtig. Ich konnte meine Lieben in die Arme schließen und ihnen erklären, was die Bundeswehr gerade in der Kunduz-Region aufbaute. Sie sollten wissen, dass die Soldaten nicht als Besatzer wie einst die Russen gekommen waren, sondern sich uneigennützig für den Aufbau einsetzen. In einem Land, von dem sie vorher kaum etwas wussten. Doch viele meiner Kameraden verliebten sich spontan in das Fleckchen Erde, dem man ansah, was es durchlitten hatte, und dessen einstige Pracht man immer noch erahnen konnte. Sie machten es sich zur Aufgabe, ähnlich wie im Märchen vom Dornröschen, meine Heimat wachzuküssen. Für viele war Afghanistan in diesen Tagen wie eine schlafende Schönheit, die nach Jahrzehnten der Kriege und Verwüstungen endlich aufgeweckt werden sollte, um ein Leben in Frieden und Freiheit zu beginnen.

Mein Bruder Ahmad sah sich alles ganz genau an. Meine Unterkunft. Die Provisorien, mit denen wir am Anfang zu kämpfen hatten. Bemerkte den Enthusiasmus der Soldaten. Die Herzlichkeit im Umgang mit den Einheimischen. Registrierte aber auch die bescheidene Zweckmäßigkeit unserer Rundfunkanstalt. Die Radios, die sich an den Wänden stapelten und darauf warteten, ausgeliefert zu werden. Später nahm er mich zur Seite: »Soraya, wofür bist du hergekommen? Was glaubst du, hier zu finden?«

In seiner Stimme schwangen Sorge und Unverständnis mit. Er selbst hatte aus Pflichtgefühl in Kabul ausgehalten. Mehr noch. Er hatte ausgeharrt. Unser Vater hatte ja stets gehofft, dass wir Kinder zurückkehren würden. Doch Krieg und Taliban-Herrschaft hatten uns inzwischen alle nach Deutschland verschlagen. Nur Ahmad nicht. Er war geblieben. Kümmerte sich um unsere Mutter und war als Regierungsbeamter in die Fußstapfen unseres Vaters getreten. Ein angesehener Mann zwar, aber auch einer, der darunter litt, dass wir keine Familie im klassischen afghanischen Sinne mehr waren. Allerdings hatte er akzeptiert, dass wir geflohen waren. Gönnte uns die Sicherheit, in der wir leben durften, während seine Welt in Trümmer gelegt wurde. Sparte aber nicht mit Kritik, wenn wir seiner Meinung nach den Luxus unseres privilegierten Lebens nicht zu schätzen wussten.

Und nun stand seine kleine Schwester vor ihm. In Uniform. Noch dazu als deutscher Offizier. Eine einstige Vertriebene kehrte mit erhobenem Kopf zurück. Es musste für ihn alles so leicht ausgesehen haben. Als ob es mir in den Schoß gefallen wäre. In seinen Augen sah ich den Schmerz. Wie selbstgerecht musste ich ihm vorkommen. Er hatte eine Erklärung verdient, ähnlich wie meine Kollegin bei der Post. »Das ist meine Art, mich bei unserem Land dafür zu entschuldigen, dass ich es im Stich gelassen habe. Auf diese Weise kann ich etwas Gutes tun und helfe zugleich meinen deutschen Kameraden. Das wiederum bin ich Deutschland schuldig. Ich möchte etwas von dem zurückgeben, was man mir dort ermöglicht hat.« Unsere Blicke kreuzten sich. Ahmad nickte kaum merklich. Damit hatte ich seinen Segen. Das Ganze sollte nie wieder Thema zwischen uns sein.

Wie sehr mich mein Bruder verstanden hatte, wurde mir bei einem Besuch in Kabul bewusst. Mit unserem Radioteam und einigen anderen Kameraden fuhren wir eines Tages in die Hauptstadt. Mit dabei war auch Kerstin. Sie trug den Dienstgrad eines Hauptmanns und war Dolmetscherin. Ihre Stimme habe ich noch im Ohr. Sie sprach Dari mit einem Akzent, den sie an der Sprachenschule der Bundeswehr gelernt hatte.

An diesem Tag war sie ungewöhnlich still. Leise verriet sie mir: »Es ist mein vierzigster Geburtstag, und ich komme mir heute so unendlich einsam vor.« Ich nickte, konnte ich mich doch gut an meine ersten Geburtstage fernab der Heimat erinnern. Auch wenn Wali mich seinerzeit im Arm hielt, vermisste ich meine Eltern und Geschwister an diesem Tag. In diesem Jahr war es anders. Im Mai war ich fünfzig Jahre alt geworden. Dieses Mal hatte mich die Sonne Afghanistans geküsst, und mir fehlte mein Mann. »Komm doch mit zu meiner Familie«, schlug ich ihr daher vor. Denn ich hatte die Erlaubnis erhalten, sie zu besuchen. Eine Geste, die ich meinen Vorgesetzten hoch anrechnete.

Mein Elternhaus erschien mir an diesem Tag besonders einladend. Einmal zeigen zu dürfen, wo ich aufgewachsen war, stimmte mich glücklich. Nicht in einer Lehmhütte mit einer Burka vor dem Gesicht, sondern ganz ähnlich wie europäische Frauen. Meine Mutter strahlte, als sie mich sah. Lachend drückte sie mich an ihre Brust. Übersäte mein Gesicht mit Küssen. Leise flüsterte ich ihr zu: »Meine Freundin hat heute Geburtstag.« Über meine Schulter hinweg blickte sie meine Kameradin an. »Das muss doch gefeiert werden«, sagte sie und schloss meine Kameradin ebenfalls in ihre Arme.

»Wie heißt deine Freundin denn mit Vornamen«, wollte Ahmad später von mir wissen. So neugierig kannte ich ihn gar nicht. Lang und breit erklärte ich ihm, dass es in Deutschland nicht üblich sei, jemanden so mir nichts, dir nichts mit dem Vornamen anzusprechen. Mit einem »Dann eben nicht« ließ er mich schließlich stehen. Meine Mutter konnte sich kaum ein Schmunzeln verkneifen. Zu sehr erinnerte sie das an unsere Kindheit. Ständig hatten wir beide diskutiert. Ständig beschwerte sich einer über den anderen bei unseren Eltern. Türen knallten. Tränen flossen. Pubertät am Hindukusch.

Doch offensichtlich war mein großer Bruder erwachsener als ich. Als er Kerstin am Nachmittag auf den Balkon bat, erwartete sie dort nicht nur der Blick auf Kabul, sondern auch eine riesige Geburtstagstorte mit der Aufschrift »Herzlichen Glückwunsch verehrter Gast«. Deshalb wollte er also den Vornamen wissen. Als ich ihr anschließend die Hintergründe erzählte, brach sie in schallendes Gelächter aus. Später, auf dem Rückweg nach Kunduz, drehte sie sich mir plötzlich zu: »Jetzt erst spüre ich, dass ich wirklich im Einsatz bin.« Verdutzt sah ich sie an. »Wenn du ständig im Camp bist, weißt du gar nicht so richtig, wo du deinen Dienst versiehst. Aber der heutige Tag war anders. Ich durfte eine afghanische Familie kennenlernen. Das war das schönste Geburtstagsgeschenk überhaupt.«

Freundschaft in Flecktarn

»Ein Freund, ein guter Freund, das ist das Schönste, was es gibt auf der Welt. Ein Freund bleibt immer Freund, und wenn die ganze Welt zusammenfällt.« Wenn ich diese Zeilen höre, meist gesungen von den Comedian Harmonists, muss ich immer an eine Kameradin denken. Bekanntlich gibt es die Liebe auf den ersten Blick. Das Gleiche gilt auch für die Freundschaft. So war es jedenfalls bei Hilke und mir. Sie versah damals ihren Dienst als Kapitänleutnant beim OpInfo-Zug. Eines Tages, als ich gerade meine Moderation beendet hatte, kam sie zu mir: »Hast du Lust, mit uns rauszufahren?« Natürlich hatte ich Lust. Was für eine Frage?

Durch sie lernte ich die andere Seite von Kunduz kennen. Das Waisenhaus und auch das örtliche Krankenhaus. Was ich dort erlebte, floss in meine Moderationen ein. Das Leben und Leiden der Kinder. Aber ebenso die Verzweiflung der Eltern, die ihre kranken Söhne und Töchter verbotenerweise vor der Tür des PRT-Rettungszentrums ablegten, in der Hoffnung, dass man ihnen dort helfen würde. In meinen Sendungen versuchte ich meine Landsleute darauf aufmerksam zu machen, dass sie zuerst ins örtliche Krankenhaus zu gehen hatten. Erzählte, dass dort Bundeswehrärzte aushelfen würden. Experten, die zur Not die Kinder mit ins Camp nehmen würden, um sie dort zu kurieren.

Es wurde zur Regel, dass ich jeden Freitag die Geschichte

Es war einmal Afghanistan – ich 1973 am Kargha-Staudamm in Kabul

Familienbande – gemeinsam mit meinen zukünftigen Schwiegereltern und ihren Kindern in deren Garten in Kabul

Tausendundeine Nacht – Wali und ich während unserer Verlobungszeit

Ein inniger Moment mit meiner Mutter

Blühende
Heimat – in
einem der
vielen wun-
derschönen
Parks der
Hauptstadt

Mein Leben an
der Seite von
Wali beginnt

Studentenliebe in
Bonn ...

... und Studenten-
leben in Kabul

Mein erster Job
nach der Flucht –
Moderatorin bei der
Deutschen Welle

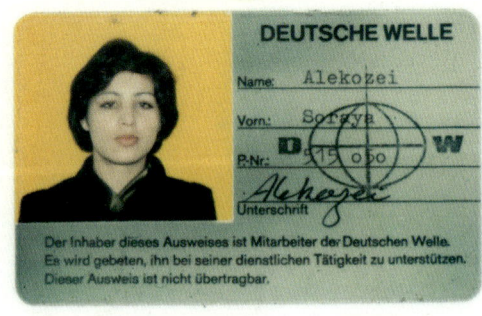

Unsere Familie ist komplett – Mitte der Achtziger Jahre mit unseren Söhnen Lahib und Walid

Politisches Engagement – Wir kämpfen vor dem UN-Gebäude in Genf für unsere Heimat

2002 starte ich meine sozialen Projekte in Kabul

Mein Arbeitgeber, die Deutsche Post, unterstützte mich

So frei wünsche ich mir mein Land …

… dafür zog ich 2004 eine deutsche Uniform an

Mein erster
Einsatz 2005
in Kunduz:
Ich war die
»Stimme der
Freiheit«

Einulah –
mein afghani-
sches Paten-
kind

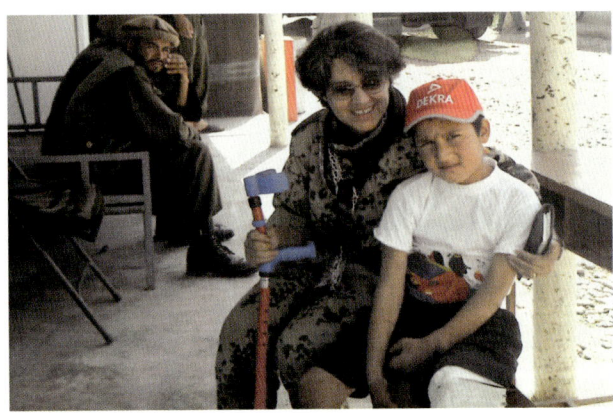

An der Seite
von Brigadege-
neral Markus
Kneip im Palast
von Gouver-
neur Atta Noor

Blick von Norden über den Kunduz Fluss auf die Ausläufer der Stadt

Meine Schützlinge im Waisenhaus Kunduz

Mit einer OpInfo-Kameradin bei unserem wöchentlichen Treffen mit afghanischen Frauen

Alltag auf den Straßen in Kunduz

Unterwegs mit Kommandeur Kneip

Ein besonderer Tag – Geschenke für die Kinder im Waisenhaus

Gemeinsam mit General Kneip und Hadji auf dem Bazar im Camp

Kulinarischer Reichtum meiner Heimat

Diese Waisenkinder berührten mein Herz

Tragödie – dieser Junge starb später beim Brand des Waisenhauses

بشهر زیبای تالقان خوش امــدیــد

WELCOME TO TALIQAN
BEAUTIFUL CITY

Schicksalsort
Taloqan

Diese Überbleibsel werden mich immer an
den Anschlag erinnern

Mühsame erste
Schritte in der
Reha …

… ich hoffe, sie bringen mich eines Tages zu unserem Haus am
Kabuler Staudamm

Mein Leben danach – vom Einsatz gezeichnet, aber ohne Hass

von einem kranken Kind erzählte. »Warum denn nicht am Wochenende oder an einem anderen Wochentag?«, fragten meine Kameraden verwundert. Die Antwort lag auf der Hand. Die Afghanen hatten ihren freien Tag und versammelten sich deshalb gern vor dem Radio. Und inzwischen hatte sich auch herumgesprochen, dass eine Landsmännin im Dienste der Bundeswehr Reportagen machte, die sie hören wollten. Ohne es zu ahnen, erlangte ich eine gewisse Berühmtheit. Wildfremde Menschen umarmten mich plötzlich auf der Straße. Manche schickten mir Blumen ins PRT. Soraya Alekozei war für sie die »Stimme der Freiheit«. Ich hatte mir den Respekt meiner Landsleute erarbeitet. Sie belohnten mich dafür mit Vertrauen. Niemals wollte ich sie enttäuschen. Wachrütteln – ja. Ihnen Hilfe zur Selbsthilfe geben – ja. Aber dabei wollte ich, dass man ihnen stets auf Augenhöhe begegnete.

Manchmal stand ich um vier Uhr morgens auf. Schlich mich leise aus unserer Unterkunft und setzte mich auf die kleine Holzterrasse vor unserer Hütte. Im Feldlager war es dann ganz still. Frühmorgens lag der sanfte Duft von Rosen über dem noch feuchten Gras. Beruhigend, betörend und doch schwermütig zugleich. Ich fing an zu schreiben, es wurde schon hell, und während die Buchstaben Seite um Seite füllten, liefen mir die Tränen übers Gesicht. »Warum berichtest du immer über so traurige Dinge?«, wollte einmal jemand von mir wissen. »Weil sie erzählt werden müssen«, gab ich zurück. Meine Zuhörer sollten wissen, dass ich genau hinsah. Dass ich mich nicht im Rosengarten versteckte, sondern zu den Menschen ging. Aber auch, dass ich eine von ihnen war. Eine, die das Glück gehabt hatte, all dem zu entfliehen, was für sie zum Alltag geworden war. Eine, die ihre Heimat trotzdem nicht vergessen hatte.

Im Laufe der Zeit wurde ich immer sensibler für die Geschichte hinter der Geschichte.

Ich wollte meine Mitmenschen zum Weinen bringen. Empfindsamkeit war etwas, was in meiner Heimat verschüttet war. Dieses Gefühl ist bei vielen mit dem Glauben auf einen baldigen Frieden begraben worden. Unvorstellbar, aber eine ganze Generation kannte nur Krieg. Sog Verrohung quasi mit der Muttermilch auf. Egoismus wurde dadurch für sie zur Überlebensstrategie. Friss oder stirb. Jeder musste sich selbst der Nächste sein. Danach lebte und handelte ein Volk, das sich einst durch Gastfreundschaft und Herzlichkeit ausgezeichnet hatte. Aber ich war mir sicher, unter der Härte und Gleichgültigkeit ruhte weiterhin die sanftmütige afghanische Seele. Und Tränen würden sie wieder freilegen.

Es muss so etwas wie Fügung gewesen sein, dass ich bei meinem ersten Einsatz Einulah kennenlernte. Er war ein fünfjähriger Knirps mit dem Gesicht eines alten Mannes. Sein Vater war im Bombenregen der Amerikaner gefallen. Seine Mutter starb wenig später vor Kummer und Leid. Ein Nachbar nahm den Kleinen und seine vier Geschwister bei sich auf. Geld hatten sie keines – nur Liebe. Bei einer Minenexplosion in seinem Dorf wurde Einulah schwer verletzt, besonders seine Beine. Im Ort konnte er nur notdürftig verarztet werden. Hitze, Staub und schlechte Ernährung taten ihr Übriges. Die Wunden verheilen kaum. Ein Jahr später wusste der Nachbar nicht mehr ein noch aus und legte ihn in seiner Not vor der Tür des Krankenhauses in Kunduz ab. Dort operierten an diesem Tag auch Bundeswehrärzte, um die einheimischen Kollegen zu unterstützen.

Der Blick in sein kleines Gesichtchen ging den deutschen Medizinern unter die Haut. Sie sahen große braune Augen, aus denen jede Lebensfreude verschwunden war. Die Schmerzen waren inzwischen zu seinem ständigen Begleiter geworden. Er war zu jung, um sich daran zu erinnern, wie es war, ein Kind zu sein. Ein afghanisches Sprichwort sagt: »Zwischen Lachen und Spielen werden die Seelen gesund.« Einulah hatte das nie erfahren. Die Ärzte nahmen ihn mit zu uns ins Rettungszentrum, um ihn dort zu versorgen. Ich hatte mir angewöhnt, da zu sein, wenn die Jungen und Mädchen aus ihrer Narkose aufwachten. Es sollte jemand in ihrer Nähe sein, der ihre Sprache verstand, der sanft mit ihnen redete, wenn sie Angst hatten.

Normalerweise riefen die kleinen Patienten »Mama« oder »Papa«, wenn sie erwachten. Einulah seufzte nur leise: »Gott, mein Gott, was habe ich getan, dass ich so leiden muss?« Ein Fünfjähriger, der sich selbst aufgegeben hatte. Seine Seelenqualen raubten mir fast den Verstand. Zärtlich nahm ich ihn in den Arm. Wiegte ihn sanft im Takt meiner Tränen. Ich merkte nicht, dass der Leiter des Rettungszentrums, Oberstarzt Dr. Egon Walde, die Tür öffnete und zu mir trat. Er muss uns eine Weile beobachtet haben, bevor er sich leise räusperte. Ich zuckte zusammen, sah ihn an. »Mach dir keine Sorgen. Ich werde mich mit dir um ihn kümmern«, versprach er. Und er hielt Wort. Im Lazarett sammelte er Geld, um es Einulahs Pflegevater zu geben. Genügend Lebensmittel sollten im Haus sein, wenn der Junge heimkehrte. Schon damals wusste ich, wenn Walde da ist, wird alles gut. Dass später einmal mein Schicksal von seinen fähigen Chirurgenhänden abhängen sollte, ahnte ich 2005 noch nicht.

Einulah blieb zwei Monate bei uns. Tagsüber nahm ich ihn mit zum Radiosender. Er saß dort still in der Ecke und spielte. Der Kleine hatte aber nicht nur mich erobert, andere Soldaten hatten ihn auch liebgewonnen. Was sollte aus ihm werden, wenn er das PRT verlassen musste? Dieses Schicksal teilte er mit all unseren kleinen Patienten. Bei uns lernten sie ein Leben kennen, was es in ihrer Realität nicht gab. Wir zeigten ihnen das Paradies – und mussten sie, kaum dass sie sich daran gewöhnt hatten, wieder daraus vertreiben. Das war nicht leicht. Für keinen von uns.

Für mich war Einulah so etwas wie mein kleiner afghanischer Sohn geworden. Er nannte mich inzwischen »meine deutsche Mama«. Offiziell adoptieren konnte ich ihn nicht. Daher machte ich ihn zum Kind meines Herzens. Unterstütze ihn und seine Familie. Ali, ein Kollege aus dem Radio, half mir dabei, verwaltete meine Spende. Legte sogar etwas für den Kleinen auf die hohe Kante. Als er merkte, dass Einulahs Beine zwar wiederhergestellt waren, aber er selbst noch zu schwach, um den Weg von seinem Dorf zur Schule bewältigen zu können, kaufte er ihm von den Ersparnissen einen Esel. Damit konnte der Junge zur Schule reiten. Wann immer ich in den nächsten Jahren in Kunduz sein sollte, sorgte Ali dafür, dass Einulah und ich uns sahen. »Danke, mein Freund« ist etwas, was ich ihm nicht oft genug sagen konnte.

Dieses Erlebnis machte mir Mut. Ich war mir sicher, dass die anderen Soldaten und Bundeswehrmitarbeiter afghanischen Ursprungs genauso wie Ali, genauso wie ich dachten und fühlten. Wie seinerzeit bei meinem Straßenkinderprojekt preschte ich vor. Blauäugig und voller Begeisterung. Sie alle hatten doch gesehen, wie das Lachen in Einulahs Leben zurückgekehrt war. Was sollte sie also davon abhalten, anderen Kindern das Gleiche zu ermöglichen? Wir konnten Söhnen und Töchtern des Hindukuschs eine Zukunft geben. Nicht allen. Aber doch einigen. Vielleicht würden andere Nationen unserem Beispiel folgen. All das erzählte ich ihnen. Meine Wangen glühten. Meine Stimme vibrierte. Der Funke musste doch überspringen. Erwartungsvoll sah ich sie an. Sie lachten mich aus. »Du bist verrückt«, erklärte mir ein afghanisch-stämmiger Sprachmittler. »Warum gehst du überhaupt in den Einsatz, wenn du dein Geld sowieso hierlassen willst?« Ein Schlag ins Gesicht hätte nicht ernüchternder sein können. Erneut stellte ich fest, dass der Krieg den Menschen die Empathie rauben konnte. Nicht nur jenen, die unmittelbar unter ihm gelitten haben, sondern auch denen, die mit heiler Haut davongekommen waren.

Hilke spürte meine Enttäuschung. Im OpInfo-Büro kochte sie mir einen Tee. Legte tröstend den Arm um mich: »Weine nicht, Soraya.« Ich vergrub meinen Kopf in meinen Armen. »Du verstehst das nicht. Ich schäme mich so für sie«, schluchzte ich. Dass man damals mein Straßenkinderprojekt in Deutschland nicht verstehen wollte, hatte mich zwar hart getroffen, aber ich konnte es noch nachvollziehen. Zumindest irgendwie. Keiner der Exil-Afghanen hatte das Leid des Landes in den letzten Jahren schließlich hautnah miterlebt. Ganz anders war das hier mit meinen Sprachmittler-Kameraden. Sie erfuhren Tag für Tag, was Krieg und Verzweiflung aus unserer Heimat gemacht hatten. Niemals zuvor war mir so deutlich geworden: Nächstenliebe endet dann, wenn es um das eigene Geld geht.

»Und jetzt hörst du auf zu heulen und schaust mal, was dahinten steht«, sagte Hilke. Halbherzig drehte ich mich um. An der Wand stapelten sich Kartons. »Dein Team Hotel war fleißig.« Sie lachte. Es war dieses tiefe, kehlige Lachen, in das sich regelmäßig mädchenhafte Gluckser mischten, das ich an ihr so mochte. Es war so ansteckend ehrlich. Plötzlich musste auch ich lachen. »Ach, Wali«, stieß ich hervor. Mein Mann hatte säuberlich alle abgegebenen Brillen und Hörgeräte verpackt und mir über die Feldpost geschickt.

Hilke wusste, was mir wichtig war. Kurze Wege. Wenig Bürokratie. Eines Tages fuhren wir zum örtlichen Waisenhaus. Ich weiß nicht, warum, aber beim Anblick des baufälligen Gebäudes lief mir ein Schauer über den Rücken. Wie eine böse Vorahnung. »So sollten Kinder nicht aufwachsen müssen«, murmelte ich. Es war zwar ein sauberes Haus, aber eines ohne Seele. Zu steril. Wir beobachteten ein kleines Mädchen, das still in der Ecke saß, während alle anderen spielten. Sie hatte etwas Sanftes, Zartes. Fast wie ein kleines Reh. »Was ist mit ihr?«, wollte ich wissen. »Sie hat heute kein Essen erhalten, weil sie zu spät aus der Schule zurückkehrte«, verrieten uns die anderen. Kein Einzelfall. Wütend stürmte Hilke in die Küche. Alles blitzblank. Alle Vorratsdosen leer. Nicht einmal eine Scheibe Brot konnten wir finden. Für den Koch war das normal. »Wer zu spät kommt, den bestraft das Leben.« Niemand hatte den Einfall gehabt, für Kinder, die die gemeinsame Mahlzeit verpasst hatten, etwas zurückzulegen.

Fortan schauten wir genau hin, wenn wir die Waisen besuchten. Langsam fassten sie Vertrauen zu uns. So erfuhren wir, dass es so gut wie nie frisches Obst gab. »Das kann doch nicht sein. Wir leben hier in der fruchtbarsten Region des ganzen Landes«, ereiferte sich meine Kameradin. Zukünftig hatten wir bei unseren Besuchen Äpfel, Pfirsiche, Melonen oder Aprikosen dabei. Wir achteten allerdings darauf, dass die Jungen und Mädchen es sofort aßen. Zu groß war unsere Angst, dass sich die Mitarbeiter des Waisenhauses daran bedienen würden. Korruption, das hatte ich inzwischen gelernt, macht auch vor Kindern nicht halt.

Noch etwas wurde mir durch den Einsatz klar: Freunde sind die Familie fürs Leben. In jenen Tagen am Hindukusch fühlte ich die Geborgenheit, die echte Freundschaft geben kann. Nicht nur durch Hilke, sondern ebenso durch Martin Osterloh. Er nannte mich »meine afghanische Schwester«. Und genauso meinte er es auch.

Ich spürte sofort, dass etwas nicht in Ordnung ist, als er an einem Nachmittag im April zu mir ins Büro trat. Das Leuchten aus seinen Augen war verschwunden. Sein Gang schwer und langsam. Jeder Schritt eine Qual. Er sah mich ernst an. »Soraya, dein Bruder Farid hat in Faizabad einen Unfall gehabt.« Weiter kam er nicht. Ich sprang von meinem Stuhl auf. Fragen sprudelten aus mir heraus. »Geht es ihm gut? Wo ist er? Kann ich ihn sehen?« Martin schluckte. »Er ist verletzt, aber nicht lebensgefährlich. Sie bringen ihn und seine Kameraden nach Termez. Von dort aus will man sie nach Deutschland ausfliegen.« Alles Blut wich aus meinem Gesicht. Ich wusste: Werden Soldaten nach Hause gebracht, sind die Verletzungen keine Bagatelle. Schließlich gab es gut ausgebildete Ärzte in den Rettungszentren der PRT. »Ich muss zu ihm.« Immerhin hatte ich Farid überzeugt, ebenso als Sprachmittler für die Bundeswehr zu arbeiten.

»Es ist schon alles arrangiert«, erwiderte Martin. »Du kannst nach Termez fliegen.«

Mein Atem beruhigte sich langsam wieder.

Auf dem Weg zum Flieger erzählte Martin, was passiert war. Zusammen mit anderen Soldaten hatte mein Bruder in den Bergen Antennen kontrolliert, die für die Satellitenkommunikation im Camp benötigt wurden. Der Weg war schlecht und schmal gewesen. Ein Trampelpfad für Ziegenhirten. Auf dem Rückweg geschah es. Ihr Wagen kam von der Spur ab, überschlug sich. Es gab Verletzte, zum Glück aber keine Toten.

Der Flug nach Usbekistan erschien mir unendlich lang. Dreißig Minuten können eine Ewigkeit sein, wenn man Angst um den eigenen Bruder hat. Bei der Landung in Termez warete bereits ein Soldat auf mich und brachte mich zu Farid ins dortige Rettungszentrum. Es waren nicht die Maschinen, an denen er hing, die mir zuerst auffielen, sondern seine Gesichtsfarbe. Seine Haut wirkte fahl. Fast bläulich. Aber er war bei Bewusstsein und versuchte zu lächeln.

Von seinem Arzt erfuhr ich, dass seine Lunge durch den Unfall zwar Schaden genommen hatte, aber sein Zustand nicht als lebensbedrohlich eingestuft wurde. Wenig später teilte er mir mit, Farid würde mit dem MedEvac-Airbus nach Deutschland gebracht werden. Das Lazarettflugzeug der Bundeswehr ist eine fliegende Intensivstation mit bis zu sechs Betten. Das rettete ihm das Leben. Mein Bruder ist heute wieder einsatzfähig. Er war dem Tod buchstäblich von der Schippe gesprungen.

Viele sagen, der Tod sei Teil des Lebens. Ich glaube jedoch, solange wir leben, sterben wir viele Tode. Sie sind wie bösartige Splitter, die sich in die Seele bohren. Dort Narben hinterlassen. Doch es fühlt sich anders an, wenn man Uniform trägt. Als Soldat ist man nie allein. Kameradschaft bedeutet: einer für alle, alle für einen. Stirbt einer aus unseren Reihen, reißt er einen Krater in unser Herz. So tief, dass nur Kameradschaft uns hilft, diese Qualen zu minimieren. Meinen ersten Soldatentod starb ich am 25. Juni 2005. Es wird nicht mein letzter sein. An diesem Tag kamen der siebenunddreißigjährige Hauptfeldwebel Andreas Heine und der elf Jahre jüngere Oberfeldwebel Christian Schlotterhose sowie Dutzende afghanische Arbeiter und Zivilisten in Rustaq, etwa

120 Kilometer nordöstlich von Kunduz, ums Leben. Nichts deutete anfangs auf einen Anschlag hin. Unsere Soldaten überwachten, wie die konfiszierten Waffen und die Munition auf einen Laster geladen wurden. Eine 107-Millimeter-Rakete explodierte plötzlich. Augenzeugen berichten später, Christian Schlotterhose fiel, weil er seine Deckung verlassen hatte, um zu helfen. Bei einer weiteren Detonation wurde er getötet.

Zuerst war es nur eine Nachricht. »Es gab einen Vorfall in Rustaq.« Mehr nicht. Nach und nach sickerten Details durch. Von Toten und Verletzten war die Rede. In diesem Moment fielen alle in unserem Camp in einen Schockzustand. Plötzlich bewegte sich fast jeder wie in Zeitlupe. Die Stimmen klangen hohl und seltsam blechern. Selbst das Licht wirkte verwaschen und fahl. Das Schlimmste war die Stille, die danach einsetzte. Aus unserem Rosengarten war ein Friedhof geworden.

Auch für Trauerfeiern gibt es in der Bundeswehr Regularien. Festgelegt in der Zentralen Dienstvorschrift. Die Monotonie der Bürokratie wurde für uns zum Halt. Lenkte uns ab. Nur funktionieren. Sich nicht mit Fragen quälen. Das Kopfkino ausstellen. Tod ist nicht gleich Tod. Einen gefallenen Kameraden zu betrauern ist etwas, was sich mit normaler Trauer nicht beschreiben lässt. Es ist viel mehr. Das Lied »Ich hatt' einen Kameraden« hörte ich an diesem Tag zum ersten Mal.

Ich hatt' einen Kameraden,
Einen bessern findst du nit.
Die Trommel schlug zum Streite,
Er ging an meiner Seite
Im gleichen Schritt und Tritt.

Eine Kugel kam geflogen:
Gilt sie mir oder gilt sie dir?
Ihn hat es weggerissen,
Er liegt vor meinen Füßen,
Als wär's ein Stück von mir.
Will mir die Hand noch reichen,
Derweil ich eben lad'.
Kann dir die Hand nicht geben,
Bleib du im ew'gen Leben,
Mein guter Kamerad!

Das Lied ist fester Bestandteil des Zeremoniells und sagt mehr aus als jede Rede. Denn es hält uns die eigene Sterblichkeit vor Augen, aber auch die Launenhaftigkeit des Schicksals. Ich atmete jedes Wort ein. Es half mir, nicht an meinem Kummer zu ersticken. Keine anderen Zeilen bringen mehr zum Ausdruck, was in einem Soldaten vorgeht, wenn der Sarg eines Kameraden vorbeigetragen wird. Wenn man weiß, wer unter der schwarz-rot-goldenen Bundesdienstflagge ruht. Dass der Gefechtshelm genau dort auf dem Zinksarg liegt, wo das Gesicht des Gefallenen ist. Ein letzter Gruß von uns an ihn. Auf seinem Weg nach Hause wird ihn unser Versprechen begleiten: »Wir werden dich nie vergessen.«

Später stand ich lange vor dem Kondolenzbuch. Still blätterte ich es um. »Warum?« Diese Frage fand ich auf vielen Seiten. »Warum?« Das kann vieles bedeuten: »Warum mussten ausgerechnet die beiden sterben?« Aber auch: »Warum sind wir überhaupt hier?« Viele Soldaten fragten sich das, dabei wussten wir damals noch gar nicht, dass es sich um einen heimtückischen Anschlag handelte. Lange Zeit gingen wir von einem tragischen Unglücksfall aus. Um 15.55 Uhr, so rekonstruierten die Militärermittler Wochen später, hatte eine Rakete einen Munitionsbrand ausgelöst, der erst nach Stunden gelöscht werden konnte. Dabei entstanden weitere Explosionen.

Doch auch ohne dieses Wissen brodelte es in uns. Viele dachten über die Sinnhaftigkeit ihres Einsatzes nach. Waren verbittert und enttäuscht, dass sie nicht mehr bewegen konnten. Schämten sich, wenn sie quasi vor den Attentätern weglaufen mussten, weil sie sich seinerzeit noch nicht wehren durften. Manche Kameraden waren so wütend und verzweifelt, dass sie in ihrer Not gegen die blanken Wände schlugen. Ich habe in diesen Tagen viele blutige Hände gesehen und Gesichter wie aus Stein gemeißelt.

Der Krieg war in unser PRT eingezogen. Unsere Soldaten waren Gefallene. Zumindest für uns. Offiziell waren sie einfach nur Tote. Für all jene, die sie als Kameraden betrauerten, ein Schlag ins Gesicht. Aber es sollte noch fünf lange Jahre dauern, bis der damalige Verteidigungsminister Karl-Theodor zu Guttenberg das Tabu bricht: »Ich verstehe jeden, der sagt, in Afghanistan ist Krieg.« Denn entgegen der Tradition seiner Amtsvorgänger sprach er im Mai 2010 im Zusammenhang mit dem Einsatz in Afghanistan erstmals von Krieg. Dieses Eingeständnis machte niemanden wieder lebendig, doch es gab denen, die ihr Leben für die Freiheit am Hindukusch ließen, ihre soldatische Würde zurück. In der Truppe, aber auch in der Öffentlichkeit, die den Einsatz plötzlich mit anderen Augen wahrnahm. Die Leistung der Bundeswehr anerkannte. Aber sich auch immer häufiger fragte, warum schicken wir unsere Männer und Frauen in den Krieg? Sind die Fortschritte am Hindukusch es wert, dass wir Soldaten in Zinksärgen mit militärischen Ehren in Empfang nehmen?

Doch das Leben im Feldlager musste weitergehen. Nicht

anders meine Radiosendungen. Meine erste nach dem Anschlag fiel mir besonders schwer. Einerseits trauerte ich um meine Kameraden, andererseits musste ich trösten. Schließlich waren unter den Opfern auch Afghanen. Einige der Verletzten wurden auch in unserem Rettungszentrum behandelt. Und es waren gerade ihre dankbaren Augen, die uns in jenen schweren Tagen Kraft gaben. Es war fast so, als ob der Schmerz uns vereinte.

Im Spätsommer flog ich wieder heim. Und mit mir meine Gedanken an die Gefallenen. Einer der beiden hätte ebenfalls auf dem Rückflug sein sollen. Ich stellte mir vor, wie seine Witwe in diesem Moment zu Hause saß. Vielleicht hielt sie einen Kalender in der Hand, in dem das Datum der Rückkehr ihres Mannes aus dem Einsatz dick angestrichen war. Und wieder war es da – das Warum. Aber die Antwort musste ihr das Schicksal verwehren. Auch ich sollte sie fortan suchen. Denn mit dem gewaltsamen Tod meiner Kameraden kamen auch meine eigenen Zweifel. In jenem Sommer 2005 begann das langsame Sterben meiner Hoffnung. Jener sehnsüchtigen, beinah kindlichen Vorstellung, dass es irgendwo doch noch das Afghanistan meiner Jugend geben könnte. Meine Träume starben heimlich, still und leise. Beinah schleichend. Anfangs bemerkte ich es gar nicht.

An der Seite des Generals

In Bonn ging das Leben wie gewohnt weiter. Aus der Radiomoderatorin in Flecktarn wurde die Postmitarbeiterin in gelb-blauer Uniform. Einer meiner Kollegen diente als Feldwebel bei der Feldpost, und jedes Mal, wenn er mich sah, begrüßte er mich mit »die Frau Leutnant«. Wie bei so vielen Witzen nutzte sich der Gag jedoch mit der Zeit ab. Und manchmal war mir seine Anrede regelrecht peinlich. Weiter trudelten kistenweise Brillen ein, mein Arbeitgeber unterstützte mich dabei großzügig und rührte mächtig die Werbetrommel. Nicht zuletzt deshalb sprachen mich ständig Kunden der Post auf mein Projekt an. In diesen Momenten fühlte ich mich Afghanistan sehr nah. Die leuchtenden Augen meiner Landsleute konnte ich förmlich vor mir sehen, wenn sie zum ersten Mal seit Jahren wieder eine vernünftige Brille aufsetzen konnten. Im wahrsten Sinne des Wortes eröffneten wir ihnen damit eine neue Welt.

Nicht wenige wollten von mir wissen, ob ich noch einmal als Bundeswehr-Offizier nach Afghanistan gehen würde. Ich nickte. Der Termin stand bereits fest. Im Frühjahr 2006 sollte es losgehen. Dieses Mal für sieben Monate nach Mazar-e Sharif (MES). Im November 2005 war ich zum Oberleutnant befördert worden. Wali sagte: »Wenn du so weitermachst, holst du bald meinen Vater ein.« Mir gefiel der Gedanke. Immerhin führte mein Schwiegervater den Rang eines Obersts. »Irgendwann müsst ihr alle vor mir strammstehen«, erwiderte ich.

Mit der Bundeswehr war eine neue oder besser gesagt meine alte Berufung in mein Leben zurückgekehrt. Ich hatte eine Aufgabe gefunden, die mich erfüllte. Hatte das Gefühl, etwas in meiner Heimat ändern zu können. Mit meiner Stimme wollte ich einen Beitrag dazu leisten, dass beide Völker sich besser verstanden. Sich annäherten. Nicht zwangsläufig auf der großen politischen Bühne, sondern auf der kleinen menschlichen.

Bevor ich jedoch in meinen zweiten Einsatz flog, suchte ich erneut Franziska Hoppmann auf. Die Ordensschwester war jetzt bereits über achtzig Jahre alt, dennoch verfolgte sie interessiert die Nachrichten. Ohne dass ich etwas sagen musste, spürte sie, dass ich schwer an dem Tod meiner Kameraden zu tragen hatte. Ihre Augen waren schon vom Alter getrübt, aber ihr Blick war wach, und ich hatte das Gefühl, dass sie mir in die Seele schauen konnte. Ihre Verbindung zu Gott gab mir Kraft. Für uns bestand nie ein Unterschied zwischen ihrem und meinem Glauben. Wie gern hätte ich ihr meine Heimat gezeigt. Sie wusste um meine Zerrissenheit. Und wie unendlich schwer es mir fiel, zu akzeptieren, dass mein Zuhause nur noch im Reich meiner Erinnerungen weiterlebte. Durch sie lernte ich aber, nicht länger gegen die Geister meiner Sehnsüchte anzukämpfen, sondern mir neue Träume zu schaffen.

Würde man mich daher heute nach meiner Lieblingsstadt am Hindukusch fragen, müsste ich nicht lange überlegen. Da das Kabul meiner Kindheit für mich zu den Kriegsopfern meiner Heimat gehörte, ist es Mazar-e Sharif, die Hauptstadt der Provinz Balkh. Mit rund 320 000 Einwohnern eine der bevölkerungsreichsten Städte Afghanistans.

Und ein Ort mit einer geradezu märchenhaften Aura, die an die Geschichten aus *Tausendundeiner Nacht* erinnert. Sein Wahrzeichen ist die Grabmoschee des Kalifen Ali. Bekannt wurde sie unter dem Namen »Blaue Moschee«, da ihre Wände vollständig mit blauglasierten Kacheln verkleidet sind. Ein Gebäude von zeitloser Schönheit und Würde. Wer einmal gesehen hat, wie sich das Licht in ihnen spiegelt, verspürt einen tiefen Frieden in sich. Nicht zuletzt deshalb zählt sie zu den wichtigsten Heiligtümern und Kunstschätzen der islamischen Welt. Ich liebte die Stadt, die ich erst durch die Bundeswehr kennenlernte, aber noch aus einem anderen Grund. Sie ist für mich ein Symbol der Zuversicht. Nach dem Sturz der Taliban im Jahr 2001 wurden dort wieder die Universität, das Medizinische Institut, die Pädagogische Hochschule und zahlreiche Schulen eröffnet. Und manchmal, wenn ich während einer Fahrt durch Mazar-e Sharif meine Augen schloss, meinte ich den alten Zauber Kabuls zu spüren.

Das dortige Feldlager »Camp Marmal« war der größte Bundeswehrstandort der Deutschen in Afghanistan. Er verdankt seinen Namen dem Marmal-Gebirge, einem Ausläufer des Hindukuschs, an dessen Fuße er liegt. Das Camp erstreckte sich in einer wüstenähnlichen Gegend über 300 Hektar Fläche, die Osterweiterung durch die Amerikaner nicht mitgerechnet.

Als ich im Frühling 2006 dort ankam, war das Feldlager noch kein Jahr alt. Es war ein Mikrokosmos. Ausgestattet mit allen Dingen des täglichen Lebens. Man konnte sogar in einem Restaurant essen oder über einen Basar bummeln. Im April hatte Brigadegeneral Markus Kneip dort das Kommando als Regional Area Coordinator North (RAC North) übernommen. Sechs Wochen später stellte die Bundeswehr mit dem damals Fünfzigjährigen den ersten Regional Commander North (RC North) der Internationalen Sicherheitsunterstützungstruppe, besser bekannt als Schutztruppe (International Security Assistance Force, kurz ISAF). Damit übernahm die Bundesrepublik rund vier Jahre nach Beginn ihres Einsatzes in Afghanistan erstmalig das Kommando über die ISAF-Kräfte im Norden des Landes. Sicherheit und Wiederaufbau unter NATO-Führung, so lautete das Vorgehen. Es war eine spannende Zeit. Überall herrschte Aufbruchstimmung. Im Kabuler Camp Warehouse hatte man kurz zuvor mit der Schwerpunktverlagerung der deutschen Afghanistanmission nach Mazar-e Sharif begonnen. Damit setzten die Deutschen ein klares Zeichen für ihr Engagement im Norden. Später einmal werden rund 2800 Bundeswehrsoldaten im Camp Marmal ihren Dienst versehen. Eine vergleichbare Anzahl sollen die anderen Streitkräfte stellen, zu denen neben Amerikanern, Norwegern und Kroaten mehr als ein Dutzend weitere Nationen zählen.

Im Camp Marmal treffen die Soldaten auf eine künstlich geschaffene Welt mitten im Wüstensand. Buchstäblich aus dem Boden gestampft. Den widrigen Lebensumständen zum Trotz. Nicht nur Hitze und Sandstürme sind ihre Feinde. Auch die Sandmücke gehört dazu. Gerade einmal ein bis zwei Millimeter misst das Insekt, das die gefährliche Infektionskrankheit Leishmaniose überträgt. Im Volksmund wird diese Krankheit auch Orientbeule genannt. Dabei reicht das Krankheitsbild je nach Erregertyp vom narbenbildenden Hautgeschwür bis hin zum massiven Angriff auf die inneren Organe. Manche kennen die Erkrankung von Hunden, die aus Südeuropa nach Deutschland gebracht werden. Ihre Ausbreitung ist vergleichbar mit einer heimtückischen Seuche. In Afghanistan zeigt sich die Leishmaniose hauptsächlich an der Haut. Etwa vier Prozent der Bevölkerung sollen nach Schätzungen der Weltgesundheitsorganisation (WHO) daran erkrankt sein.

Ausgerechnet in Mazar-e Sharif kommt sie besonders häufig vor. Schuld daran sind die Rennmäuse. Sie dienen der Sandmücke als Wirtstier. In keiner anderen Region meiner Heimat wurde bislang eine so hohe Dichte dieser Nager beobachtet wie hier. Den örtlichen Behörden war das schon lange bekannt gewesen. Den niederländischen Soldaten, die dort 2005 als Erste in dem neuen Feldlager untergebracht wurden, hingegen nicht. Niemand hatte sie gewarnt. Von den 850 Niederländern erkrankten 180. Alles wurde dokumentiert. Es gibt daher Fotos. Grauenhafte Abbildungen von tiefen Hautkratern, dort, wo das Gewebe dauerhaft zerstört ist. Sie sind ein abschreckendes Beispiel für jeden Soldaten, der sich nicht an die Schutzvorschriften halten will. Dazu gehört ein korrektes Tragen der dauerhaft mückenabweisenden, also imprägnierten Tropenuniform, das Einreiben der unbedeckten Haut mit entsprechenden Insektenschutzmitteln und die Vermeidung sportlicher Aktivitäten außerhalb sanierter Lagerbereiche. Gerade bei Einsetzen der Dämmerung sind die Parasiten besonders aktiv.

Nach den Hiobsbotschaften der Niederländer reagierte die Bundeswehr sofort. Die Schutzmaßnahmen reichten vom Abtragen der oberen Erdschicht über das Ausschottern und Verdichten des Bodens bis zum Bau einer 2,5 Meter hohen Lagermauer. Hintergund dafür war das Flugverhalten der Sandmücke. Sie kann nämlich nicht höher als 1,50 Meter und nicht weiter als hundert Meter fliegen. Deshalb legte man einen bewuchsfreien, etwa hundert Meter breiten Streifen rund um das Lager an. So verhinderte man die Ansiedlung neuer Rennmäuse. Manch einem mag es vorkommen, als hätte man angesichts dieser umfangreichen Vorkehrungen mit Kanonen auf Spatzen geschossen. Aber der Erfolg gab den Deutschen recht. Auf 1200 im Camp Marmal stationierte Soldaten soll laut medizinischen Gutachten in den vergangenen Jahren gerade mal eine Infektion gekommen sein. Daran musste ich immer denken, wenn ich das Mückenschutzmittel großzügig auf meiner Haut verteilte und mir wünschte, es würde besser riechen.

2006 war ich ursprünglich abermals für das Radioprogramm eingeplant gewesen, und Hilke und Martin von OpInfo sollten laut Plan ebenfalls wieder mit dabei sein. »Das ist ja fast wie ein Klassentreffen«, sagte Martin, nachdem er davon erfahren hatte. Im Kopf hatte ich bereits Ideen für neue Geschichten. Ich konnte es kaum erwarten, endlich anzufangen. Mich inspirieren zu lassen. Von der Stadt. Den Menschen. Unserem militärischen Auftrag. Umso überraschter war ich, als man mich nach meiner Ankunft sofort zum Büro von General Kneip brachte. »Der Kommandeur will Sie sofort sprechen«, hatte der Soldat gesagt, der mich zu ihm führte. Im ersten Moment war ich überrascht. Vielleicht will er mit mir vorab über mein Programm reden, überlegte ich. Zweifel krochen in mir hoch. Was ist, wenn er mir keine freie Hand lässt? Wenn ich nur noch fachlich, sachlich berichten darf? Nüchterne Tatsachen? Werde ich lediglich das Sprachrohr der Truppe sein? Als ich endlich vor Kneips Tür stand, war mir ganz flau im Magen.

»Keine Sorge, Sie sollen seine neue Sprachmittlerin werden«, beruhigte mich einer seiner Mitarbeiter, dem ich meine Bedenken kurz mitteilte, bevor er mich in den Raum schob.

Brigadegeneral Kneip sah mich freundlich und interessiert an. Erkundigte sich nach meinem Flug. Dann meinte er: »Sie haben es sicher schon gehört, ich brauche eine Sprachmittlerin. Trauen Sie sich das zu?« Ich schluckte. Einmal. Zweimal. Dreimal. Auf keinen Fall wollte ich diesem hochgewachsenen Mann, der, so kam es mir in diesem Moment jedenfalls vor, ungefähr doppelt so groß war wie ich selbst, mit dünnem Stimmchen antworten. »Ich denke schon«, sagte ich deshalb bestimmt. Er nickte, fuhr sich mit der Hand durch die kurzen grauen Haare und lächelte mich dabei verschmitzt an: »Ich habe schon viel von Ihnen gehört und auch nichts anderes erwartet.«

Markus Kneip erklärte, was mich in den kommenden Monaten erwarten würde. Viel Arbeit. Viele Reisen. Aber ebenso Begegnungen mit interessanten Menschen. Aus jeder gesellschaftlichen Schicht. Mullahs und ehemalige Warlords, Dorfälteste und Gouverneure. Das bedeutete in meiner Kultur vor allem eines: Reden. Reden. Reden. Alles sollte ich simultan übersetzen, dazu meist in ein Mikrofon sprechen. Einmal durchatmen. Die Augen schließen. Die Schultern straffen. Ich nickte. Das Mikrofon würde mir Halt geben. Schließlich war es ein alter Bekannter aus Radiozeiten. Auch dort gab es für das gesprochene Wort keine zweite Chance.

»Haben Sie noch Fragen?« Der General sah mich direkt an.

»Nein, aber eine Bitte«, sagte ich. Verwundert blickte er mich an. »Wissen Sie«, fuhr ich unbeirrt fort, »im heutigen Afghanistan gehört es sich nicht, wenn bei Frauen, selbst wenn sie Hosen tragen, die Form der Oberschenkel zu erkennen ist. Ich möchte daher meine Feldblusen verlängern lassen.« Außerdem wollte ich weiterhin meinen weißen Schal tragen. Mein Markenzeichen.

»Sie werden schon wissen, was richtig ist«, entgegnete Kneip.

Von diesem Moment an war mir klar: Wir würden wunderbar zusammenarbeiten.

Ich sollte recht behalten. »Lesen Sie das bitte und teilen Sie mir dazu Ihre Meinung mit – und seien Sie ehrlich«, sagte der Kommandeur eines Tages. Er drückte mir einen Kondolenzbrief in die Hand. Der Vater von Atta Noor war gestorben. Der General wollte dem Gouverneur sein Beileid ausdrücken. Eine Geste, die Respekt, aber auch ehrliches menschliches Interesse ausdrückte. Für mich war das eine Bewährungsprobe. Durfte ich einen Vorgesetzten kritisieren, selbst wenn er darum bat? Ich holte tief Luft, bevor ich sagte: »Das gefällt mir nicht. Es ist alles so leblos.« Er zuckte mit den Schultern: »Das hatte ich befürchtet. Mit der blumigen Sprache Afghanistans tue ich mich schwer.« Und so übersetzte ich seine Worte in meine Welt. Am Ende waren wir beide zufrieden. Er, weil er wusste, dass er stets Ehrlichkeit von mir erwarten durfte. Und ich, weil ich sein Vertrauen nicht enttäuscht hatte.

Als Dolmetscherin des ISAF-Kommandeurs lebt man buchstäblich das Leben des anderen. Der Tagesrhythmus von Markus Kneip wurde zu meinem. Kneips engster Mitarbeiter war Major Thomas Tholi, schnell wuchsen wir zu einem Team zusammen. Hatte ich am Anfang noch bedauert, nicht mehr für den Radiosender »Sada-e Azadi« zu arbeiten, so wurde ich dennoch, vielleicht sogar weitaus mehr, die »Stimme der Freiheit«. Nur eben auf andere Weise.

Besonders in Erinnerung ist mir ein Moment zu Beginn meiner Dolmetschertätigkeit geblieben. Auf einer Veranstaltung mit hochrangigen deutschen und einheimischen

Militärs sowie Würdenträgern, die wie die meisten aus dieser Zeit einer strengen Geheimhaltung unterlagen, sprach mein Chef zum Abschluss ein sogenanntes Soldatengebet. Ich übersetzte es auf Dari: »Es gibt einen Gott, zu dem beten alle Menschen.« Diesen Satz werde ich nie vergessen und auch nicht den Augenblick, als der ganze Saal am Schluss leise »Amen« sagte. Es herrschte ein Gefühl der Geborgenheit durch eine höhere Macht, ein gegenseitiges Tolerieren des jeweiligen Glaubens, das Muslime und Christen plötzlich verband. Viele sahen sich an, erkannten die Gemeinsamkeiten. Liebe, Barmherzigkeit und Respekt. So weit war man gar nicht voneinander entfernt. »Friede auf Erden und den Menschen ein Wohlgefallen« – das, was dieser Bibelvers aussagt, war das, was wir alle wollten. Darum war die Bundeswehr am Hindukusch, und darum lauschten die afghanischen Militärs und Politiker an jenem Tag einem deutschen General. Ein Hoffnungsschimmer, der die dunklen Schatten aufhellte, die uns manchmal an der Sinnhaftigkeit unseres Tuns zweifeln ließen. In Situationen, in denen einem die Hände gebunden waren. Als Soldat, aber auch als Mensch. Wo man Willkür und Ungerechtigkeit hinnehmen und ohnmächtig akzeptieren musste, dass man nichts ändern konnte.

Solche Momente waren mir nicht fremd. Wann immer es meine Zeit erlaubte, nahm mich Hilke abermals mit nach draußen. Zu den einfachen Menschen. Und zu denen, die das Leben verstoßen hatte. Nie werde ich den Gestank vergessen, der mir entgegenschlug, als wir das Frauengefängnis von Mazar-e Sharif besuchten. Es war nicht einmal der typische Geruch, wenn zu viele Menschen unter schlechten hygienischen Bedingungen und auf engstem Raum hausten und der einem den Atem nehmen konnte. Es war die Bösartigkeit, die aus Menschenverachtung geboren wird, die mich nach Luft schnappen ließ.

Hohe Mauern. Scharfkantige Ziegel, die mit Stacheldraht durchwirkt waren. Ein Innenhof. Kahl. Staubig. Wie Narben zogen sich breite Risse durch den bröckelnden Beton. Dahinter befand sich ein zweiter Hof. Notdürftig verdeckt sah ich Toiletten. Es roch nach Fäkalien. Vermischte sich mit dem Essensgeruch, der uns von den offenen Kochstellen entgegenwaberte. Irgendwer hatte Leinen kreuz und quer gespannt. Wäsche, grau und dünn vom ständigen Tragen, war dort zum Trocknen aufgehängt. Brettharte Baumwolllumpen, die später magere Körper umhüllen sollten. An der einen Seite des Hofs entdeckte ich einen Raum. Matten und Schlafstellen lagen auf dem schmutzigen Estrich.

Neunzehn Frauen und ihre Kinder waren in dieser Zelle zusammengepfercht. Im Winter regnete es durch das löchrige Dach, im Sommer fielen Insekten auf die Inhaftierten hinab. Bis auf eine Insassin beteuerten alle ihre Unschuld. Sie saßen dort, weil sie die Männer nicht hatten heiraten wollen, die man für sie ausgesucht hatte. Manche waren weggelaufen und eingefangen worden wie Tiere. Andere hatten erst ihre Ehemänner verloren und danach ihr gesamtes Hab und Gut, weil die Verwandtschaft nicht mit ihnen teilen wollte. Die einfachste Methode, die ungeliebte Erbin loszuwerden, bestand darin, ihr vorzuwerfen, den eigenen Mann umgebracht zu haben. Es gab nur Kläger. Keinen Rechtsbeistand, der diesen Titel auch nur annähernd verdient hätte. Und Justitia? Die war in jenen Zeiten nicht nur blind, sondern ebenfalls taub. Niemand wollte sich die Beweggründe für die Taten anhören. Das Urteil stand ohnehin fest. Die religiösen Fundamentalisten gewannen sogar hier zunehmend an Einfluss.

»Ja, ich habe meine Schwiegermutter und meinen Schwager getötet, und ich würde es wieder tun«, verriet uns jene Gefangene, die ihre Schuld nicht abgestritten hatte. Ihr Name lautete Ayla. Sie war eine Frau mittleren Alters. Ausgemergelt kauerte sie auf dem nackten Steinboden. Ihre einstige Schönheit konnte man noch erahnen. Leise erzählte sie uns ihre Geschichte. Vom guten Leben, das sie und ihre Familie geführt hatten, als ihr Mann noch lebte. Von der Liebe, die sie umgeben hatte. »Doch dann starb er plötzlich, und alles wurde anders«, seufzte sie. Ihr Schwager hatte ihre Situation ausnutzen wollen. Doch es war nicht nur das Erbe, das ihn reizte. »Er wollte meinen Körper und hat sich auch an meine Kinder herangemacht.« Die Familie ihres verstorbenen Mannes hatte weggesehen. Keiner stand der Witwe und den Halbwaisen zur Seite. Nicht einmal ihre eigene Großmutter. »Ich beschloss, beide zu vergiften, bevor Schlimmeres passieren würde.«

Die Worte brachen völlig emotionslos aus ihr heraus. Es war nicht einmal Kälte, die in ihrer Stimme lag und die mich aufhorchen ließ. Sie klang eher leer. Zerbrochen an der Ungerechtigkeit ihres Schicksals, das sie gezwungen hatte zu töten, um zu überleben. Ihr Blick wurde erst wieder sanft, als sie in Richtung ihrer beiden Töchter blickte, die in einer Ecke des Raumes spielten: »Für sie würde ich es wieder tun.« Ich nahm sie in den Arm. Strich ihr über den Kopf. Sie war eine Mörderin, doch eine, die das Wichtigste in ihrem Leben verteidigt hatte. In diesem Moment rannte eine ihrer Töchter auf sie zu. Schmiegte sich an sie. Ayla und ich schauten uns an. Sie spürte, dass ich sie verstand.

Als sich später das Gefängnistor hinter uns schloss, arbeitete es in mir.

»Wo sind die Hilfsorganisationen? Warum schaut keiner

hin?«, fragte ich Hilke. Mittlerweile war mir klargeworden, dass ich in solchen Fällen keine Unterstützung von meinen eigenen Landsleuten erwarten konnte. Der scheinbar nie enden wollende Kriegszustand in Afghanistan hatte zu einer kollektiven Verrohung geführt.

Meine Kameradin zuckte mit den Schultern. »Soraya, ich habe es aufgegeben, mich darüber aufzuregen, wir müssen andere Möglichkeiten finden.«

Es stimmte, was Hilke gesagt hatte. »Und nun?«

Ein vielsagendes Lächeln umspielte ihre Lippen: »Kleiner Dienstweg.«

Das bedeutete, wir würden uns auf unsere Art um die Frauen kümmern. Unbürokratisch und vor allem schnell.

Zurück im Camp, rief ich sofort Wali an.

»Kannst du bitte gebrauchte Kinderschuhe besorgen«, sagte ich statt einer Begrüßung.

»Schatz, ich freue mich auch, deine Stimme zu hören.« Ich konnte geradezu »sehen«, wie er leise schmunzelte. Dann stellte ich mir vor, wie er sich grünen Tee in ein Glas einschenkte und dabei dort auf der Couch saß, wo ich jetzt eigentlich hätte neben ihm sitzen müssen. Doch ich war weit weg, aber dennoch waren wir uns nah. Und ich konnte darauf bauen, dass er mich unterstützen würde. Ohne auf seine Bemerkung einzugehen, fuhr ich fort: »Frag doch bitte Manila, ob sie dir nicht Sachen aus ihrem Secondhand-Laden für die Frauen mitgeben kann.« Wenig später trafen bereits die ersten Pakete aus dem Geschäft meiner Freundin ein. Sie stand mir sehr nahe. Wir hatten zusammen die Schule besucht, zur gleichen Zeit unser Abitur gemacht und waren beide später nach Deutschland geflohen. Ich liebte sie wie eine Schwester.

Hilke wurde nicht müde, das Frauengefängnis wieder

und wieder unangemeldet zu besuchen. Mal mit Paketen, mal ohne. Einen Grund fand sie immer. Die Leitung der Vollzugsanstalt sollte merken, dass jemand genau hinschaute. Dass sie den Dienstgrad eines Kapitänleutnants trug, verschaffte ihr dabei den nötigen Respekt. Die Frau mit den goldenen Haaren beeindruckte die Wärter. Nie war sie überheblich oder respektlos, aber stets aufmerksam und resolut. Wenn es mir möglich war, begleitete ich sie. Gleichzeitig nutzte sie alle OpInfo-Kanäle, um auf das Leid der Insassen aufmerksam zu machen.

Es mag sich vielleicht merkwürdig anhören, aber in vielen von uns brachte der Einsatz unsere guten Seiten zum Vorschein. Vor allem die Schicksale der Kinder bewegten die Soldaten. Und darunter nicht nur diejenigen, die bereits Eltern waren. Niemals werde ich einen jungen Kameraden vergessen, der sich für den guten Zweck eine Glatze rasieren ließ. Seine Freunde hatten gewettet, dass er sich niemals von seiner dicken blonden Mähne trennen würde. Doch eine Schule brauchte Stühle, und der junge Feldwebel beschloss, »wenn dadurch genügend Geld zusammenkommt, mach ich's«. Als die notwendige Summe von rund 400 Euro erreicht war, fielen die ersten seiner Locken. »Meine Freundin bringt mich um«, stöhnte er mit Blick auf den immer größer werdenden Berg Haare am Boden. »Das wirst du jetzt brauchen«, sagte der Friseur am Ende zu ihm und drückte ihm eine Tube Sonnencreme in die Hand. Vorsichtig strich er sich über den Kopf. Blitzartig zog er die Hand wieder zurück. »Es war ein Gefühl wie tausend Nadelstiche«, verriet er.

»Deine Haare werden hinterher schöner sein als vorher«, versuchte ich ihn zu trösten. Fragend schaute er mich an. »In Afghanistan wird jedem Kind einmal in seinem Leben der Kopf kahl rasiert, damit die Haare kräftiger nachwachsen.«

»Und? Hat es bei dir geholfen?«

Lachend fuhr ich mir mit den Fingern durch meinen dichten Bob. »Ich denke schon.« Dass man mir aber noch drei weitere Male den Kopf rasieren würde, wusste ich 2006 nicht. Eines Tages sollten mir Ärzte ein langes Kantholz aus meinem Gehirn ziehen. OP-Schwestern würden mein Gesicht halten, und eine scharfe Klinge würde über meine Schädeldecke schaben. Oder über das, was davon übrig geblieben war. Titan würde den zerstörten Knochen ersetzen, und auf dem kaltem Metall würde dennoch kräftiges graues Haar sprießen.

In Mazar-e Sharif ging es aber um ganz andere Dinge, die ich wachsen sehen wollte. Bäume zum Beispiel, in deren Schatten sich zukünftige Generationen niederlassen sollten. Bäume mit großen, kräftigen Stämmen, an die man sich anlehnen konnte, wenn man müde und erschöpft war, wenn man in ihrem Schutz ein Buch lesen wollte. In Afghanistan ist es eine alte Tradition, Bäume zu verschenken. Wir nennen sie »Spendebäume«. Wer reich war, baute eine Moschee und übergab sie der Allgemeinheit. Die weniger Begüterten entschieden sich für Bäume. In der Regel Obstbäume. Man sollte unter ihnen verweilen, die Früchte verzehren und Kraft tanken. Sollte man diese Tradition nicht auch durch unser Feldlager wiederbeleben? »Wäre es nicht wunderbar, wenn wir Bäume für einen Frauengarten kaufen würden?« Das schlug ich daher eines Tages General Kneip vor. Geduldig hörte er meinen näheren Ausführungen zu, und am Ende von ihnen nickte er: »Dann machen Sie mal.«

Ich fing an zu planen. Fertigte Plakate und Urkunden an, um die Werbetrommel für die Baumaktion zu rühren. Bei unserer Feier am 3. Oktober 2006, am Tag der Deutschen Einheit, hatte ich mich am Getränkestand mit Baumsetzlingen umgeben. Jedem Soldaten standen kostenlos Getränke im Wert von fünf Euro zu. Meine Aufgabe bestand darin, die Gutscheine zu verteilen. »Von den fünf Euro könnt ihr aber auch einen Baum für den geplanten Frauengarten in der Stadt kaufen«, erklärte ich meinen Kameraden und zeigte auf die kleinen Obstbäume, mit denen ich den Stand dekoriert hatte. 99 Prozent von ihnen suchten sich einen Pfirsich-, Apfel- oder Kirschbaum aus und schrieben nach ihrer Wahl ihre Personenkennziffer auf. Die sogenannte PK sollte später auf einer kleinen Metallplatte an dem jeweiligen Baum im Frauengarten angebracht werden. Das Projekt war ein riesiger Erfolg. Die anwesenden hohen einheimischen Militärs und Würdenträger lobten die Aktion. Sogar das afghanische Fernsehen berichtete darüber. Wann immer ich heute das Rascheln der Blätter im Wind höre, denke ich an den kleinen Garten Eden am Hindukusch.

Nah am Zentrum der Macht

Als Regionalkommandeur Nord unterstanden Markus Kneip neun Provinzen. Wo auch immer er hinging, war ich an seiner Seite – und lernte meine Heimat kennen. Dachte ich früher, der Stausee in der Nähe von Kabul wäre einer der schönsten Orte überhaupt, wurde ich bald eines Besseren belehrt. Heute sind es für mich die Gebirge rund um Faizabad. Selbst im Sommer liegt auf den Gipfeln noch Schnee. In der Mitte glänzt schwarzer Granit, der je nach Sonneneinstrahlung rot glüht, während die Täler in üppiges Grün getaucht sind.

Häufig waren wir mit dem Hubschrauber unterwegs. Die Landschaft Afghanistans erschien mir unglaublich abwechslungsreich. Scharfkantige Gebirgsketten wechselten sich ab mit sanft geschwungenen Tälern. Flussläufe hinterließen ihre Signatur am Boden, und der Wind schrieb Gedichte in den Wüstensand. Als Stadtkind aus Kabul kam ich aus dem Staunen nicht mehr heraus. Mir fehlten in meiner Jugend die Berührungspunkte mit dem Leben außerhalb der Hauptstadt. Ich war in einer Oase des afghanischen Bildungsbürgertums aufgewachsen. Die Sorgen und Nöte der Landbevölkerung kannte ich nur vom Hörensagen. Vieles war daher für mich genauso neu wie für meine deutschen Kameraden.

Eines Tages nahmen mich meine Kameraden von OpInfo mit in die Wüste. Ich sollte für sie dolmetschen. Wie immer ging es um Informationen. Gleichzeitig wollte die Bundeswehr, indem sie sich auf den Straßen zeigte, Vorurteile ab- und Vertrauen aufbauen. Jeder sollte sehen, dass sich die Deutschen für Land und Leute interessierten. Wir fuhren durch die unendlichen Weiten, die nur aus Sand und Sonne zu bestehen schienen. Immer wieder trafen wir auf Nomaden, sogenannte Kuchis. Trotz erkennbarer Armut strahlten sie eine Würde aus, die uns unwillkürlich Hochachtung abverlangte. Ihre Heimat war überall, während ich meine weiterhin suchte.

Wasser ist Leben. Nie wurde mir das so bewusst wie auf jener Fahrt. Es war so heiß, dass selbst der Schweiß sofort verdunstete. »Ihr müsst den Flüssigkeitsverlust ständig ausgleichen«, hatte man uns vorab eingebläut. Unser Jeep war vollgepackt mit Wasserflaschen. Den Nomaden sowie den Bewohnern der Wüstendörfer mussten wir wie rollende Oasen vorgekommen sein. Für diese Menschen war der Besitz einer Wasserflasche der Inbegriff von Reichtum. Ich schämte mich, vor ihren Augen zu trinken. Meinen Kameraden ging es genauso. »Wir haben so viel und sie so wenig«, raunte mir ein junger Unteroffizier zu. Dass die Menschen weder bettelten noch über ihr Schicksal jammerten, rang ihm Bewunderung ab.

Später einmal würde ich Wali von dieser Begegnung erzählen. Er kannte jeden Winkel unseres Landes. Bevor er sein Studium in Deutschland begonnen hatte, war er als Agraringenieur in Afghanistan tätig gewesen. Unzählige Schnappschüsse gab es aus dieser Zeit. Auch aus der Wüste. Ich hatte sie genau vor Augen. Nahezu identische Fotos hätte aber auch ich in diesem Moment aufnehmen können. »Hier ist die Zeit stehengeblieben«, sagte ich zu einer Kameradin, die neben mir stand. Sie nickte. Ich glaubte zu ahnen, was ihr für Fragen durch den Kopf gingen: Werden wir durch unsere Anwesenheit in Afghanistan etwas ändern? Wird sich die Situation verbessern? Wollen die Menschen das überhaupt? Oder waren sie vielleicht ganz zufrieden, bis wir kamen und Bedürfnisse nach unseren Standards weckten?

Mit der rechten Hand beschattete sie ihre Augen, mit der linken zeigte sie auf eine kleine Gruppe einheimischer Bewohner, die mit unserer afghanischen Ortskraft diskutierten: »Schau dir bloß einmal die Gesichter an. Diese stolze Körperhaltung. Sie strahlen so eine Ruhe aus.« Ich nickte. Dieses Bild war so ganz anders als jenes, das man sonst stets von meinen Landsleuten im Kopf hatte. Das waren keine Kalaschnikows schwingenden Gotteskrieger. Keine Selbstmordattentäter. Sondern Menschen, die das Leben achteten. Nicht zuletzt deshalb, weil sie es jeden Tag aufs Neue der Wüste abringen mussten.

Wie sehr unterschied sich dieser Abstecher von meinem sonstigen Alltag. Als Übersetzerin des Generals hatte ich so manchen Kontakt zu Prominenten. Deutsche und afghanische Politiker gaben sich bei ihm buchstäblich die Klinke in die Hand. Ebenso oft lud man den Kommandeur zu sich ein. Markus Kneip war ein gerngesehener Gast. Einer meiner ersten Termine war ein Treffen mit dem Gouverneur der Provinz Balkh, Atta Mohammad Noor. Wir trafen uns in dessen Residenz in Mazar-e Sharif. Ein luxuriöser Ort. Orientalisch üppig. Glänzende Marmorböden und riesige Kronleuchter. Eher ein Palast als ein Amtssitz.

Über Atta ist viel geschrieben worden. Er war, wie viele Politiker im heutigen Afghanistan, einst ein Warlord gewesen, ein militärischer Anführer. Bereits mit sechzehn Jahren hatte er sich dem Aufstand der Mudschaheddin gegen die sowjetischen Besetzer angeschlossen. Er wurde während des Bürgerkriegs zu einem einflussreichen Kommandanten der Jamiat-e Islami, einer islamischen Gruppierung, und befehligte Hunderte von Männern. Als die Taliban später die Macht übernahmen, kämpfte er an der Seite von Mudschahid Ahmad Shah Massoud gegen die Gotteskrieger. Sein späterer Aufstieg in der Politik galt als kometenhaft. Inzwischen war der ehemalige Kriegsfürst Multimillionär.

Da wir in Bonn afghanisches Fernsehen empfangen konnten, hatte ich seine Karriere sehr genau verfolgt. Umso gespannter war ich, ihn persönlich zu treffen. Er war anders, als ich es erwartet hatte. Ein charismatischer Mann. Sehr schick. Sehr stolz. Vor allem sehr modern. Seinen Bart trug er gestutzt, fast ein Dreitagebart. Beinahe so, wie ihn auch meine Söhne favorisieren würden. Statt traditioneller Kleidung bevorzugte er einen Maßanzug. Die Uniform der Macher und Modernisierer. Atta war zu diesem Zeitpunkt Anfang vierzig. Von ihm ging die Ausstrahlung eines Menschen aus, der es gewöhnt war, Macht zu haben oder mit Mächtigen umzugehen. Das Gespräch zwischen ihm und Kneip verlief erfolgreich. Der Inhalt war nicht für die Öffentlichkeit bestimmt. Wie so vieles, was ich damals erlebte.

Nach zwei Stunden war alles gesagt. Eigentlich hätte man sich nur noch verabschieden müssen. Ein kurzer Austausch von Höflichkeiten. Ein kräftiger Händedruck. Der General sah jedoch, dass mich noch etwas beschäftigte.

»Frau Alekozei, ist noch etwas?«, fragte er.

Ich räusperte mich kurz. »Darf ich jenseits des Protokolls kurz mit dem Gouverneur privat sprechen?« Er gestattete es mir. Wollte nicht wissen, warum. So groß war sein Vertrauen.

Ich straffte die Schultern und blickte Atta an. »Dürfte

ich etwas Persönliches anmerken?« Der Gouverneur nickte. »Nach unserer und westlicher Tradition ist es üblich, dass man sich zur Begrüßung eines Gastes erhebt«, sagte ich. Irritiert schaute er mich an. Ich fuhr fort, um größtmögliche Höflichkeit bemüht: »Mich wundert, dass Sie das bei der Journalistin vorhin versäumt haben.« Stille. Eine gefühlte Ewigkeit lang. Dann brach der Gouverneur in schallendes Gelächter aus. Er war ein Mann, der Ehrlichkeit schätzte. Auch bei einer Frau. »Wollen Sie nicht für mich arbeiten. Eine interkulturelle Beraterin könnte ich gut gebrauchen, damit mir so etwas nicht wieder passiert.« Mit Blick auf Kneip fügte er hinzu: »Ich werde Ihnen mehr zahlen als die Deutschen.«

Mir wurde heiß. Meine Wangen glühten. Mein Hirn arbeitete auf Hochtouren. Was für ein Angebot! Fast ein unmoralisches. Und doch für den Bruchteil einer Sekunde verlockend. Mazar-e Sharif könnte das Kabul meiner Gegenwart werden. Eine weltoffene Metropole. Historie traf hier auf Wirtschaftswachstum. Das würde auch Wali gefallen. Meine Phantasie ging mit mir durch. Vor Aufregung waren meine Hände ganz feucht. Unauffällig wischte ich sie an meiner Hose ab. Deutsches Flecktarn. Robust und zuverlässig. So wie das Land, das mir vor dreißig Jahren Schutz geboten und auf dessen Fahne ich einen Eid geschworen hatte. Ich schüttelte den Kopf: »Danke, aber ich muss ablehnen.«

Langsam drehte ich mich zu meinem Kommandeur um. Er konnte mir meine Verwirrung ansehen.

»Was wollte Atta?«, fragte er.

»Er bot mir einen Job an. Und er ist der Meinung, er würde besser zahlen als die Bundeswehr.«

Nun konnte sich Kneip ein Grinsen nicht verkneifen:

»Sagen Sie ihm bitte, dass ich Sie nicht hergebe. Aber wenn Atta und ich zusammen auf Terminen sind und Sie nichts dagegen haben, können Sie gern für uns beide dolmetschen.«

Meine Beziehung zum Gouverneur blieb daher stets gut. Wenn wir uns bei offiziellen Veranstaltungen trafen, musste ich jedes Mal lächeln. Denn niemals wieder vergaß er aufzustehen, wenn er eine Frau begrüßte.

Im selben Jahr traf ich den damaligen afghanischen Präsidenten Hamed Karzai. Erst seit zwei Jahren war er Regierungspräsident. Er und Atta waren nicht unbedingt die dicksten Freunde. Später, bei der Präsidentenwahl 2009, sollte der Gouverneur offen Karzais politischen Gegner Abdullah Abdullah, einen einstigen Gefährten aus der Nordallianz, unterstützen.

Atta Mohammad Noor und Hamed Karzai. Zwei Herrscher, wie sie unterschiedlicher nicht sein konnten. Bei beiden war ihre Herkunft die Antriebsfeder ihres Tuns. Vieles wird klarer, wenn man weiß, woher sie kommen. Der Gouverneur stammte ursprünglich aus eher einfachen Verhältnissen. Sein Vater war ein Pelz- und Teppichhändler. Atta war demnach ein klassischer Aufsteiger. Ein Selfmademan. Unermesslich reich. Wenn man so will, trafen bei Karzai und Atta altes und neues Afghanistan, altes und neues Geld aufeinander. Denn der einstige Präsident entstammte einem Unterclan der Durrani, aus dem viele afghanische Könige hervorgingen.

Zur Begegnung mit Karzai kam es, weil in Baghlan eine Bundesstraße eröffnet werden sollte. Aus diesem Grund flog ich zusammen mit General Kneip im Sommer 2006 nach Kunduz. Dort wartete der Regierungspräsident auf uns. Wie immer trug er einen farbenfrohen seidenen Umhang, der Stoff schillerte in der gleißenden Sonne. Mit meinem vom vielen Waschen längst ausgeblichenen Flecktarn und meinem geliebten weißen Schal wirkte ich bestimmt farblos neben ihm. Wie so häufig war Karzai mit dem Umhang der Usbeken, der Lammfellmütze der Tadschiken und den Pluderhosen der Paschtunen gekleidet. Seine Art, Patriotismus im Vielvölkerstaat Afghanistan auszudrücken.

Gemeinsam setzten wir von Kunduz aus unseren Weg in der Transall fort. Es war nicht gerade die komfortabelste Art des Reisens, aber Karzai verzog keine Miene. Hin und wieder warf er mir besorgte Blicke zu. Ich fragte mich, ob man es mir ansah, dass ich nicht gern in der Transportmaschine flog. Nur ein einziges Mal hatte ich es genossen. Das war, als ich vorn im Cockpit sitzen durfte. Der Blick in den Himmel über dem Hindukusch war phantastisch. Die Freiheit über den Wolken grenzenlos. In diesem Augenblick wünschte ich mir sehnsüchtiger denn je, es wäre auch unterhalb der schützenden Wolkendecke so. Doch bei jeder Landung holte mich die harte Realität unmittelbar und unbarmherzig ein. Armut, Korruption und Gewalt waren allgegenwärtig. Typisch für ein von Besatzung und Krieg gebeuteltes Land. Frieden und Eigenständigkeit kommen einem dann geradezu unwirklich vor. Wie ein schöner Traum, aus dem man ungern erwacht und an dessen Inhalt man sich später nur noch schemenhaft erinnert.

Die Feierlichkeiten zur Straßeneröffnung sollten jedoch ein positives Signal sein. Dementsprechend gut war die Stimmung auf unserem Flug. Für ein Gespräch war es allerdings zu laut. Während die Propeller monoton dröhnten, hing ich meinen Gedanken nach. Hin und wieder lächelte ich in Richtung des Präsidenten. Er nickte mir zu. Ich empfand ihn als einen sehr höflichen Mann, sah in ihm einen

Menschen mit feinen, intelligenten Gesichtszügen. Seine Sanftmut wurde oft mit Schwäche verwechselt. Ob es tatsächlich so war, werden irgendwann einmal Historiker und Politologen beurteilen. Ich weiß nur, sein Interesse erschien mir ehrlich. »Sie machen unseren Frauen Mut«, gab er unumwunden zu, als wir einmal die Gelegenheit zu einem kurzen Gespräch hatten. Es beeindruckte ihn, dass eine Landsmännin in der Uniform eines deutschen Offiziers vor ihm saß. Jedoch sah er in mir nicht nur das Sprachrohr des Generals. Dafür hätte er mich auch gar nicht gebraucht. Mit meinem Kommandeur unterhielt er sich privat auf Englisch, das er dank seiner USA-Aufenthalte fließend sprach. Meine Übersetzungen benötigte man allein für die offiziellen Reden, damit die Gäste alles verstehen konnten.

Karzais Verhalten war von Fürsorge geprägt. Er erkundigte sich danach, ob ich etwas brauche, ob alles in Ordnung sei. In kleinen Pausen unterhielten wir uns über Privates. Ebenso wie seine Familie haben auch Teile meiner ihre Wurzeln in der Provinz Kandahar. Wir sprachen über Kabul, das Kabul meiner Kindheit. Der Regierungschef war nur zwei Jahre jünger als ich und hatte in dieser Stadt zur gleichen Zeit wie ich die Schulbank gedrückt. Nur, dass sich unsere Wege damals nie kreuzten.

Unwillkürlich fiel mir an der Seite von Karzai ein Zitat ein. Bertolt Brecht sagte einmal: »Der Mensch ist erst wirklich tot, wenn niemand mehr an ihn denkt.« Mit meiner verlorenen Heimat verhielt es sich genauso. Ich war froh, dass nicht nur ich mich an andere, glücklichere Tage in unserer Hauptstadt entsinnen konnte.

Zwischen den Welten

Ein altes afghanisches Sprichwort lautet: »Das Paradies liegt unter den Füßen der Mutter.« Aus diesem Grund ist der Muttertag bei uns ein besonderer Tag. Traditionell wird er am 16. Juni gefeiert. Kurz zuvor hatte sich eine Frauengruppe aus Mazar-e Sharif bei uns im Camp mit dem Kommandeur getroffen. »Wir brauchen Ihre Unterstützung«, sagte ihre Wortführerin und erklärte auch gleich, warum. Muttertag stünde vor der Tür und sie benötigten Geschenke. Bei ihnen sei es üblich, die »beste Mutter der Stadt« zu ehren, meist eine alleinerziehende Frau.

Der General war begeistert von der Idee und übernahm die Kosten. Ich sollte mich um die Präsente kümmern. Wir entschieden uns, den Frauen Stoff für eine komplette afghanische Tracht, bestehend aus Kleid, Hose und Kopftuch, zu schenken. Das kannte ich noch aus meiner eigenen Familie.

Bei der Feier selbst konnte Markus Kneip allerdings nicht dabei sein. Sein Pressesprecher vertrat ihn. Er sollte Kneips Wünsche übermitteln. Dafür hatte ich ihm die Rede auf Dari übersetzt und in Lautschrift aufgeschrieben. Nach den ersten Worten ging ein Raunen durch den Saal. Die Frauen starrten ihn begeistert an. Das hatte es zuvor noch nie gegeben. Mit dieser einfachen Geste hatte er ihre Seelen berührt. Deutsche und Afghanen kamen sich an diesem Tag auf eine unkonventionelle Art näher. Es war ein Moment spontaner Zuneigung.

Auch ich hielt eine kurze Ansprache und zitierte aus einem Gedicht mit dem Titel »Mutter Heimat«. Meine Stimme war klar und fest. Doch mein Puls stolperte bei jeder Silbe. Es war das erste Mal seit Jahren, dass ich Muttertag in Afghanistan feierte. Die Ironie des Schicksals war jedoch, dass ich weder bei meiner eigenen Mutter sein konnte noch meine Söhne bei mir. Zwischen all den Anwesenden entdeckte ich schließlich eine alte Dame, die Sahibjan verblüffend ähnlich sah. Ich nahm meinen ganzen Mut zusammen und erzählte ihr, wie sehr ich heute meine Mutter und meine Familie vermisste. Sie hat mich daraufhin so herzlich umarmt, wie Mama es nicht herzlicher hätte tun können.

Nicht immer schloss man mich ins Herz. Eines Tages suchte uns im Camp ein Mullah auf. Markus Kneip war der Kontakt zu den Glaubensvertretern wichtig. Wir mussten wissen, wie die Stimmung in der Bevölkerung war. Insbesondere zum Schutz aller Kameraden. Gerade jetzt, wo die Sicherheitslage kippte. Jeden Tag erhielt der Kommandeur Meldungen von Anschlägen. Mehr als jemals zuvor. »Keiner ist näher am Volk als die islamischen Geistlichen«, betonte er.

Mir war die Bedeutung des Treffens bekannt. Und auch meine Rolle dabei. *Dschilbab* (Kopftuch) oder nicht? Lange dachte ich über diese Frage nach. Nein, ich würde meinen Kopf nicht bedecken. Das habe ich nie getan. Hätten wir uns in einer Moschee getroffen, wäre es für mich selbstverständlich gewesen. Der Mullah trug wie üblich Turban und Umhang. Seine Uniform, wenn man so will. Ich begrüßte ihn freundlich, danach begann ich mit meiner Arbeit. Anders als die politischen Vertreter beachtete er mich kaum. Für ihn war ich nur ein Werkzeug. Ich verlieh seinen Worten Gehör.

»Wie viel ausländischen Einfluss verträgt die afghanische Volksseele?«, fragte er den General. Seine Sorge war groß. Er wollte unbedingt den Mann kennenlernen, der als ISAF-Kommandeur die Verantwortung für die nördlichen Provinzen trug. War er ein gläubiger Mensch? Hatte er Kinder? Würde er Afghanistan wie ein Vater betrachten? Es lieben, beschützen und ihm einen guten Start ins Leben ermöglichen? Kneip beantwortete seine Fragen. Als Soldat, Familienvater und katholischer Christ. Der Mullah lächelte. Mich hingegen sah er streng an. In seinem Blick lag unverhohlene Kritik. Seine Brauen zogen sich zu einem dicken Balken zusammen. Die Augen verengten sich. Fixierten ihr Ziel. Ich fühlte mich wie damals in der Schule, als der Geistliche mir nicht glauben wollte, als ich meinte, die Amerikaner wären auf dem Mond gelandet. Schließlich richtete er das Wort an mich.

»Du sprichst zwar unsere Sprache, aber bist du nicht eine Ungläubige?«

»Nein.«

»Warum hast du dann vergessen, dass man Gott stets zuerst begrüßt.«

Da ich mich nicht von ihm verunsichern lassen wollte, gab ich ihm unmissverständlich zu verstehen: »Habe ich nicht vor unserem Gespräch zuerst Allah mit *as-salamu 'alaikum* begrüßt?«

Er nickte, meinte dann jedoch: »Aber nicht im Gespräch mit dem General. Das war sehr unhöflich.«

»Ich habe übersetzt, was der Kommandeur gesagt hat. Und das war die traditionelle deutsche Begrüßung. Niemand war unhöflich.«

Mit dieser Antwort gab er sich letztlich zufrieden. Wenn auch zähneknirschend.

Später, wieder allein, griff ich zu einem Buch. In diesem hatte ich einmal Worte von Benazir Bhutto angestrichen, Pakistans erster Premierministerin. Sie gefielen mir, weil sie Mut machten. Deshalb wurde ich nicht müde, sie zu lesen, so auch jetzt, um meine Zweifel zu besiegen: »Die Leute glauben, ich sei schwach, weil ich eine Frau bin. Wissen sie nicht, dass ich eine muslimische Frau bin und dass Musliminnen ein Erbe besitzen, auf das sie stolz sein können? Ich habe die Geduld der Bibi Khadidscha, der Frau des Propheten, Friede sei mit ihm. Ich habe die Ausdauer der Bibi Zainab, der Schwester des Imams Husain. Und ich habe den Mut der Bibi Aisha, der jüngsten Frau des Propheten, die auf ihrem Kamel an der Spitze eines islamischen Heeres in den Kampf zog. Ich bin die Tochter des Märtyrers Zulfikar Ali Bhutto, die Schwester des Märtyrers Schah Nawaz Khan Bhutto, und ich bin eure Schwester. Ich fordere meine Gegner heraus, sich mir auf dem Schlachtfeld der Demokratie zu stellen.«

In diesen Zeilen suchte ich aber auch in jenen dunklen Tagen Trost, wenn deutsche Soldaten fielen und mich viele meiner Kameraden plötzlich zum ersten Mal als Afghanin wahrnahmen. Wenn sie mich mit anderen Augen sahen und in ihrer Trauer unfähig waren zu unterscheiden, ob ich Freund oder Feind war. Das Gefühl, zwischen den Welten zu schweben, sollte mich im Einsatz noch häufiger einholen. Darauf hatte mich niemand vorbereitet.

Das galt überhaupt für viele Situationen während dieser Zeit. »Sie werden für unseren Verteidigungsminister dolmetschen«, teilte mir mein Kommandeur eines Tages mit. Für mich eine Ehre und gleichzeitig eine Herausforderung, vor der mir graute. Dr. Franz Josef Jung besuchte Mitte Juli Camp Marmal. Der CDU-Politiker war zu diesem Zeitpunkt noch kein Jahr im Amt und hatte bereits erfahren müssen, dass sich am Hindukusch etwas zusammenbraute. Die Einschläge kamen näher und näher. Auch wenn die Bundeswehr im Sommer 2006 keine Toten zu beklagen hatte, lag eine böse Vorahnung wie ein Gewitter in der Luft. Keiner wusste, wann es sich entladen würde. Aber jedem war klar, dass es irgendwann passieren würde.

Die Sicherheitslage verschlechterte sich dramatisch. Im Juli 2006 meldete die Bundeswehr, im laufenden Jahr seien bereits mehr Attentate auf die deutschen ISAF-Truppen verübt worden als im ganzen Jahr 2005. Wir wurden immer häufiger zur Zielscheibe von Sprengstoff- und Raketenanschlägen. Intern sprach man schon von einer neuen Qualität der Gefährdung im bis dato als friedlich geltenden Nordafghanistan. Franz Josef Jung ordnete deshalb an, dass sich die deutschen Soldaten nur noch in gepanzerten Fahrzeugen bewegen durften.

Auf dem zweitägigen Besuchsprogramm des Verteidigungsministers standen neben Mazar-e Sharif auch die Wiederaufbauteams in Kunduz und Faizabad. Er wollte sich ein Bild über die sich kontinuierlich verschlechternde Situation machen. Auch jenseits des offiziellen Protokolls.

Als Jung sich das Camp ansah, wich ich ihm nicht von der Seite. Die Sonne brannte unerbittlich, als er aus dem Leitstand eines gewaltigen Krans den letzten Container eines Feldhauses setzte. Zu seinem Besuchsprogramm gehörte aber auch eine große Pressekonferenz, vor der ich mich fürchtete. Ich hatte entsetzliches Lampenfieber. Während alle über die Hitze stöhnten, liefen mir eiskalte Schauer über den Rücken. »O Gott, was ist, wenn ich versage?« Mir war vor Aufregung ganz übel. Thomas Tholi kam auf mich zu. »Soraya, was ist los?« Ich fühlte mich klein und elend. Was machte ich hier überhaupt? Ich, die Postangestellte aus Bonn, die bereits schlaflose Nächte hatte, wenn sie Geldautomaten befüllen sollte. Und nun das. Eine Liveschaltung zu allen Nachrichtensendern. Alle würden mir zuhören. Am liebsten wäre ich weggelaufen. Ich sehnte mich in diesem Moment nach meinen sozialen Projekten. Dort, wo ich mit einfachen Mitteln helfen konnte. Die Weltöffentlichkeit machte mir mit einem Mal Angst. »Ich habe noch nie für einen Minister übersetzt«, sagte ich Thomas Tholi. Er lachte. »Markus Kneip traut es dir zu, und das solltest du auch.«

Sein Zuspruch tat gut. Auf dem Weg zur Pressekonferenz hatte ich dennoch das Gefühl, Blei in den Stiefeln zu haben. Kaum war ich dort, setzte glücklicherweise die Professionalität ein. Minister Jung sagte freundlich: »Dann wollen wir mal.« Seine Worte waren direkt. Er lobte die Soldaten. Ihren Einsatz. Militärisch, aber auch humanitär. Ich übersetzte simultan. Mir gefiel, was ich hörte. Vor allem verschwieg er die Missstände nicht. Seinen Worten war anzumerken, dass er sehr genau hingesehen und zugehört hatte. Es war eine ehrliche Rede. Und so waren auch seine Antworten auf die Fragen der Journalisten.

Am Ende fühlte ich mich zwar ausgelaugt, aber glücklich. Wieder war ich über mich hinausgewachsen. Hatte eine weitere Hürde genommen. Ich war mit mir zufrieden. Der Minister ebenfalls. Und als ich mich auf den Rückweg in mein Büro machte, war kein Blei mehr in meinen Stiefeln. Dafür aber Wasser. Ich hatte vor Nervosität so geschwitzt, dass meine Stiefel randvoll waren. Kopfschüttelnd zog ich sie aus. Kippte den Inhalt in den Wüstensand. Augenblicklich verdunstete er. So wie sich auch meine Ängste vor diesem Tag plötzlich im Nichts aufzulösen schienen.

Der Abschied rückte immer näher. Im Herbst sollte es zurück nach Hause gehen. Die sieben Monate waren wie im Flug vergangen. Jeder Tag hatte etwas Neues für mich bereitgehalten. Militärisch unterlagen die Treffen, an denen ich teilnehmen durfte, der Geheimhaltung. Menschlich bereicherten sie mein Leben. Jedes von ihnen war ein Teil meines ganz persönlichen Afghanistanpuzzles. Immer wieder setzte ich es anders zusammen. Mal schöpfte ich Hoffnung, mal verlor ich sie beinahe. Doch in solchen Augenblicken gab es Hilke und das Team von OpInfo. Sie nahmen mich mit in die geheimen Häuser, wo wir uns mit Frauen jenseits der Öffentlichkeit trafen. Mütter und Töchter, die sich uns öffneten. Einen Blick in die Wohnzimmer Afghanistans gewährten. Das war der tatsächliche Alltag. Hier sah ich wieder die Sinnhaftigkeit unseres Tuns.

Aber nicht nur dort. So hatte mir General Kneip gestattet, den einheimischen Arbeitern im Camp in meiner Freizeit Deutsch beizubringen. Es war ein Geben und Nehmen. Sie lernten unsere Sprache und ich, was sie bewegt. Wie wichtig ihnen dieser Unterricht war, zeigte mir einer meiner Schüler. Es war ein Freitag. Von der Religion und Tradition her der afghanische Sonntag. Ich saß in meinem Büro, als ein junger Mann vorbeikam: »Khala Soraya, Tante Soraya, wo bleiben Sie, wir warten?« Verdutzt schaute ich ihn an. »Ihr habt doch heute euren freien Tag.« Er nickte: »Ja, aber wir möchten auf keinen Fall unsere Deutschstunden versäumen. Das ist unsere einzige Chance, die Sprache zu lernen.«

Meine Zeit in Mazar-e Sharif an der Seite von General Kneip verlief anders als die Tage als Moderatorin in Kunduz. Dort war ich trotz meiner Uniform immer noch die Journalistin gewesen, hier jedoch allein die Soldatin. Die

»Stimme der Freiheit« hat mir trotzdem manche Türen geöffnet. Viele kannten mich aus meinen Radiosendungen. Immer wieder wurde ich nach den offiziellen Veranstaltungen von meinen Landsleuten gefragt, ob ich mich denn inzwischen mehr deutsch oder weiterhin afghanisch fühle. Dabei interessierte sie nie, ob ich die Bequemlichkeit meines Bonner Daseins vermisste. Es ging ihnen um etwas anderes. Viele waren selbst Vertriebene gewesen. Hatten im Ausland ausgeharrt. Dem Sturz der Taliban entgegengefiebert. Oder als sie es in der Ferne nicht mehr aushielten, selbst zu den Waffen gegen die Gotteskrieger gegriffen. Einige waren geblieben. Hatten Not und Elend erlebt. Geliebte Menschen zu Grabe getragen. Alles verloren. Gerade deshalb wollten sie wissen, wie es mir ergangen war. Ob ich auch diesen Schmerz in mir fühlte. Einem Phantomschmerz gleich. Jenes dumpfe Gefühl, wenn die eigenen Wurzeln gewaltsam gekappt wurden und die Träume dadurch jeden Halt verloren.

Die Antwort fiel mir nicht leicht. Wusste ich doch selbst nicht, wer ich war. Zu Hause in Bonn sah ich mich ein wenig als Migrantin. Fuhren Wali und ich jedoch in den Urlaub, empfand ich mich als Deutsche. Und jetzt, am Hindukusch, kam ich mir seltsam schwerelos vor. Ich war zwar Afghanin, trug aber eine deutsche Uniform. Übersetzte die Worte der Demokratie in meine Muttersprache. Mit einem Fuß stand ich in meiner alten Heimat, mit einem in meiner neuen. Es war tatsächlich ein Spagat zwischen den Welten.

Aber es gab Momente, wo diese Welten zu einer wurden. Meist dann, wenn sich die dünnen Ärmchen eines Kindes, das in unserem Lazarett behandelt wurde, um meinen Hals schlangen. Dann war ich genau dort, wo ich sein sollte. Und zwar nicht als Vertriebene oder als Soldatin, sondern als

Mutter. Als Mutter zweier Kinder, die sie gleich liebte. Das eine war Deutschland. Gesund, stark, frei. Das andere Afghanistan. Kränkelnd, schwach. Verletzt an Körper und Seele. Gefangen in seinen Sehnsüchten. Wie jede Mutter würde ich mich intensiver um den kleinen Patienten kümmern, ohne sein Geschwisterchen dadurch weniger zu lieben.

All das ging mir durch den Kopf, als ich meine Sachen in der grünen Seekiste verstaute, die mir als Koffer diente. Würde ich sie zu Hause auspacken, käme mir der Geruch von Sand, Staub und Hitze entgegen. So roch nur ein Einsatz. Und wer diesen Geruch einmal in der Nase hatte, sollte ihn nie mehr vergessen. Ebenso wenig die Heimkehr. Wenn man in Köln-Wahn den Bundeswehr-Airbus verließ. Einer von vielen. Sonnengegerbte Haut. Meistens etwas schlanker als vorher.

Ich sah Wali schon von weitem. Wie stets gestikulierte er wild. »Das ist also Ihr Mann«, hörte ich Markus Kneip sagen. Ich drehte mich um und grinste. Es ist üblich, dass der Kommandeur und sein Sprachmittler, die komplette Einsatzzeit zusammen verbringen. Einträchtig gingen wir Richtung Ausgang. »Ich möchte Sie gerne meiner Frau vorstellen.« Eine Geste, die mich beeindruckte. Sie drückte Vertrauen und Respekt aus. Die beiden Säulen, die das Fundament unserer Zusammenarbeit bildeten und über den Einsatz hinaus bestehen bleiben sollten.

Und genau dieses Fundament war auch der Grund, warum sich der General eines Tages bei uns meldete. Inzwischen war fast ein Jahr seit unserem gemeinsamen Einsatz vergangen. Kneip hatte unerwartet Post aus Afghanistan erhalten. Ein handgeschriebener Brief. Mehrere Seite lang. »Ich habe keinen blassen Schimmer, worum es geht«, räum-

172

te er lachend ein. Da das Schreiben an ihn persönlich adressiert war, wollte er, dass ihn jemand übersetzte, auf dessen Loyalität er sich verlassen konnte.

Es war – man kann es so sagen – ein Liebesgruß vom Hindukusch. Verfasst von Hadji. Hadji war ein einfacher Händler auf unserem Basar im Camp gewesen. Er kam aus Khanabad, in der Nähe von Kunduz, und war dort als einer der Dorfältesten ein geachteter Mann. Markus Kneip hatte es sich auf die Fahnen geschrieben, Kontakt zu den Einheimischen zu pflegen. Die einfachen Leute lagen ihm dabei genauso am Herzen wie die Prominenten. Standesdünkel war ihm fremd. Das beeindruckte auch Hadji. Eines Tages lud er den Kommandeur daher zu sich nach Hause ein, »der Deutsche« sollte afghanische Gastfreundschaft kennenlernen. Fernab des Protokolls. Kurz bevor wir zu ihm aufbrechen wollten, änderte sich jedoch die Sicherheitslage. Wir erhielten Warnungen vor Anschlägen. Es war daher zu gefährlich, abends das Camp zu verlassen. Das Essen musste abgesagt werden.

»Aber ich möchte mich unbedingt revanchieren«, betonte der General.

Wenige Tage später begann Ramadan. Während der Fastenzeit darf man nach islamischem Glauben erst nach Einbruch der Dämmerung essen. Wir nennen es *Eftar*. In Afghanistan ist es üblich, dann Freunde und Familie zum Abendbrot einzuladen. Aus diesem Grund bat der Kommandeur Hadji in unserer Truppenküche zu Tisch. Er wollte, dass sein Gast sieht, wie und wo die deutschen Soldaten ihre Mahlzeiten zu sich nehmen. Zur Überraschung des Dorfältesten bediente ihn sein Gastgeber persönlich. Wie alle anderen Soldaten stellte sich Kneip dabei in der Schlange an. Zuerst für Hadji. Dann für sich. Diese Geste beeindruckte den Dorfältesten so sehr, dass er es überall herumerzählte. Fortan genoss Kneip im ganzen Norden den Ruf, ein Führer zu sein, der weiß, was am Hindukusch zählt: Gastfreundschaft und Respekt.

Selbst als der General längst wieder in Bonn war, hatte Hadji diesen Abend wohl nicht vergessen können. Er setzte einen Brief an seinen »deutschen Bruder« auf. Darin erklärte er ihm, dass er jederzeit in Afghanistan ein Zuhause habe. »Das ganze Dorf und meine Familie wissen schon Bescheid, dass ich Ihnen mein bestes Stück Land schenken möchte. Sie sind jetzt Ehrenbürger von Khanabad«, schrieb er. Markus Kneip war sichtlich bewegt. Ich auch. Vor allem, als ich später wieder in Kunduz im Einsatz war. Auf unserem Basar im PRT traf ich 2008 erneut Hadji, der mir Kneips Antwort zeigte. An diesem Tag musste ich den Brief wohl zwanzigmal übersetzen. Jeder sollte es hören. Ich wurde ständig auf den Basar gerufen, weil ich es vor allen bezeugen sollte. Hadji war so stolz, dass sein »deutscher Bruder« ihn nicht vergessen hatte.

Die Zeichen stehen auf Sturm

Nach einem Einsatz braucht man jedes Mal eine Weile, bis man wirklich zu Hause angekommen ist. Vor allem der Überfluss würde nicht nur mich, sondern auch viele meiner Kameraden beschäftigen. Wer monatelang nur die blassen Schattierungen der Wüste gewohnt war, den erschlugen manchmal sogar die Farben. Oder die Ruhe. Keine Stubenkameraden mehr. Kein Schlangestehen vor den Duschen. Kein reglementierter Alltag. Gleichzeitig fehlten einem diese Regelmäßigkeiten und die damit verbundene Montonie. Auch ich hatte es genossen, mir keine Gedanken über meinen Tagesablauf machen zu müssen. Für alles war gesorgt.

Natürlich freute ich mich, wieder meine Familie um mich zu haben. Meine Freunde. Manchmal nervten mich allerdings deren Fragen. Vor allem wollten sie mehr über die Prominenten in Erfahrung bringen, die ich getroffen hatte. Halbwissen vermischte sich mit Sensationslust. Was mich berührt hatte, die Schicksale der Kinder, die Frauen im Gefängnis – all das interessierte sie weniger. Sie hatten zwar Schuhe, Spielzeug und Kleidung gesammelt, aber das war für sie ähnlich abstrakt wie eine Spende fürs Rote Kreuz.

Ich konnte es ihnen nicht einmal verübeln. Sie erinnerten sich nicht an das Strahlen im Gesicht eines Sechsjährigen, der zum ersten Mal in seinem Leben einen warmen Wintermantel oder Schuhe geschenkt bekam. Oder an die Tränen, die über die schmutzigen Wangen eines kleinen Waisenmädchens liefen, als es seine erste eigene Puppe an sich drückte. Ihr Gesichtchen in dem blonden Puppenhaar vergrub.

Hin und wieder telefonierte ich mit Kameraden. Vielen erging es ähnlich wie mir. Einer erzählte: »Wenn du einmal in Afghanistan warst, bleibt immer ein Stück von dir dort.« Das stimmte. Wir alle verloren dort einen Teil unserer Leichtigkeit. Der normale Alltag in Deutschland erschien uns plötzlich so banal. Die Probleme wie Luxusprobleme. Jedenfalls dann, wenn man Kinder gesehen hat, die durch Minen ihre Gliedmaßen verloren hatten. Jungen und Mädchen, die vielleicht genauso alt waren wie der eigene Nachwuchs, der sich gerade nichts sehnlicher wünscht als das neueste Computerspiel oder der vor dem vollen Kühlschrank steht und jammert: »Wir haben nichts, was ich mag.« Ja, manchmal machte uns der Einsatz auch ungerecht. Es war gerade dieser Kontrast zwischen Wohlstand und Sicherheit daheim und Armut und Angst in Afghanistan, der uns zermürbte. Viele hatten Schwierigkeiten, wieder zu Hause anzukommen. Vor allem dann, wenn niemand unsere Geschichten hören wollte. Das konnte man ihnen nicht einmal vorwerfen. Die meisten Angehörigen und Freunde waren einfach nur froh, dass wir heil und gesund zurückgekehrt waren. Zurückgekehrt aus einer fremden Welt. Meine Verwandten wussten wenigstens, wie es am Hindukusch aussieht. Die Angehörigen der anderen Soldaten in der Regel nicht. Aus diesem Grund fingen Wali und ich an, sie zu uns einzuladen.

»Warum tust du das?«, fragte mich ein Freund.

»Weil ich möchte, dass vor allem die Ehefrauen und Freundinnen meiner Kameraden sehen, dass auch Afghanen ihre Familien lieben.«

Oft saßen wir in großer Runde an unserem Tisch, das war unsere Form der Völkerverständigung. Dadurch, dass wir so oft über das Feldlager sprachen, war es irgendwie immer präsent. Die Monate bis zur nächsten Wehrübung nutzte ich, um weiter für die Kinder in Mazar-e Sharif Spielzeug, Kleidung und Schuhe zu sammeln. Für mich waren sie wie verlorene Söhne und Töchter. Regelmäßig schickte ich daher Pakete ins Camp. Ich konnte es kaum abwarten, sie dort zu verteilen.

2007 sollte ein Schicksalsjahr für die deutschen Soldaten und somit auch für mich werden. Danach würde nichts mehr so sein, wie es einmal war. Wir verloren unsere Unschuld. Brutal und ohne Vorwarnung. Sie wurde uns geraubt an einem sonnigen Frühlingstag. Ich weiß es noch genau, es war der 19. Mai. Ein Samstag. Auf dem Basar in Kunduz riss ein Selbstmordattentäter acht Menschen mit in den Tod. Darunter drei Bundeswehrangehörige. Es war der schlimmste Anschlag seit dem Bombenanschlag auf einen Bus in Kabul vier Jahre zuvor. Im Juni 2003 hatte ein Selbstmordattentäter in Kabul einen Bus der Bundeswehr in die Luft gesprengt. Vier Soldaten starben, neunundzwanzig wurden verletzt. Ein tödlicher Angriff. Der erste seit Ende des Zweiten Weltkriegs.

Aber 2007 hatte der Einsatz am Hindukusch auch für uns ein neues Gesicht bekommen. Die gierige Fratze einer blutrünstigen Bestie. Die Taliban bekannten sich umgehend zu dem Selbstmordanschlag. Schlimmer noch. Sie dokumentierten ihn mit einem Foto. Das Bild eines blutüberströmten deutschen Soldaten in einem Berg aus Töpfen und Scherben ging in Sekundenschnelle um die Welt. Ein menschenverachtender Schnappschuss, der eine neue Dimension der Aggression zeigte.

»Es war ein sehr erfolgreicher Anschlag auf ausländische Truppen«, sagte Taliban-Kommandeur Mullah Hajatullah Khan damals gegenüber der Nachrichtenagentur Reuters. Als ich das hörte, wurde mir ganz kalt. Ich war zu dieser Zeit nicht in Afghanistan, sondern saß wie gebannt vor dem Fernseher. Mir war klar, das würde nicht das letzte Attentat auf uns sein. Die deutschen Soldaten waren vor den Augen der Welt zum Abschuss freigegeben worden. Während wir als Angehörige der Truppe größtenteils die Augen davor verschlossen hielten. Natürlich gab es immer wieder kritische Stimmen. Warnende Worte. Aber wir wollten nicht glauben, dass dies erst der Anfang war. Als wir 2005 in Kunduz unsere Kameraden auf ihrem letzten Gang begleiteten, waren wir ursprünglich noch von einem tragischen Unfall ausgegangen. Ein Unglück kann man besser verarbeiten als einen heimtückischen Mord.

Präsident Hamed Karzai sagte einen Tag später, am 20. Mai 2007, er bezeuge den Familien der Toten und der deutschen Regierung seine tiefempfundene Anteilnahme und bete für die rasche Genesung der verletzten Soldaten: »Die Feinde Afghanistans müssen verstehen, dass es ihnen nie gelingen wird, die schon erreichten Fortschritte in diesem Land mit ihren feigen Taten zu hintertreiben.«

Wali fragte mich: »Soraya, dir ist bewusst, was das bedeutet?«

Was sollte ich antworten? Lügen? Alles schönreden? »Sie erklären uns den Krieg«, schoss es aus mir heraus. Nie hätte ich gedacht, dass ich diesen Satz einmal sagen würde. Aber die Anschläge machten deutlich, dass wir als Deutsche unseren Sonderstatus verloren hatten. Die anfänglichen Klagen, vor allem der Amerikaner, die Bundeswehr verbringe eine entspannte Zeit in »Bad Kunduz«, sollten zunehmend verstummen, als die Gewaltaktionen der radikalen Islamisten im Norden Afghanistans ab 2007 schlagartig anstiegen. Der Widerstand gegen uns hatte fast unmerklich zugenommen. Anfangs nahmen wir gar nicht wahr, dass die Taliban still und heimlich Unterstützerstrukturen aufgebaut hatten. Das war ihre Antwort auf den militärischen Druck, der ihnen im Süden des Landes entgegengesetzt wurde.

All das war mir bewusst und dennoch wollte ich dorthin. Mein Mann sah mich an. Seine Augen wurden ganz dunkel, als er sagte: »Nie habe ich dir etwas verboten. Das werde ich auch jetzt nicht tun. Aber ich möchte nicht, dass du noch einmal in den Einsatz gehst.«

Seine Worte trafen mich nicht unvermittelt. Sie waren vernünftig. Ein Jahr meines Lebens hatte ich der Bundeswehr bereits geschenkt. Dabei sollte ich es eigentlich belassen. Und: Würde ich nicht gehen, niemand könnte mir einen Vorwurf machen. Nur: Würde ich dem Wunsch meines Mannes folgen, wäre ich mit mir selbst nicht im Reinen gewesen. Ich konnte ihm diesen Gefallen nicht tun.

So schüttelte ich den Kopf. »Ich muss gehen.«

Wali vergrub sein Gesicht in den Händen. Es war zwecklos, mich umzustimmen. Ihm war das bewusst. Niemand konnte mich aufhalten. Ich hatte einen Pakt mit mir selbst geschlossen. Ich wollte und musste nach Afghanistan, um zu helfen. Den Soldaten durch meine Übersetzungen und den Einheimischen dadurch, dass ich Kontakte zwischen ihnen und meinen Kameraden herstellte. Würden meine Landsleute die Deutschen besser kennenlernen, würde alles gut werden. So naiv war ich damals. Deshalb war ich auch nicht bereit, meinen Plan aufzugeben.

»Musst du erst selbst in die Luft gesprengt werden, bevor du einsiehst, dass du nichts ändern wirst?«

Worte scharf wie Pfeilspitzen. Jedes traf. Doch sie taten nicht weh. In diesem Moment kam ich mir unverwundbar vor. Mir würde nichts passieren, davon war ich überzeugt. Dass ich einmal für diese Arroganz zahlen sollte, das hätte ich weit von mir gewiesen. In meiner Phantasie sah ich Kinder. Jungen und Mädchen, denen ich zu ein klein wenig Glück verhelfen wollte. Sie waren die Zukunft Afghanistans. Aus glücklichen Kindern wurden keine Selbstmordattentäter, daran wollte ich glauben. All das sagte ich auch Wali. Gebetsmühlenartig. Er resignierte. Ließ mich ziehen.

Als ich im Sommer 2007 im Camp Marmal eintraf, war Brigadegeneral Josef D. Blotz ISAF-Kommandeur. Allerdings nur noch einen Monat lang. Am 1. August übergab er das Kommando an Brigadegeneral Dieter Warnecke. In den Monaten meiner Abwesenheit war das Camp zu einer kleinen Stadt gewachsen. Sport- und Shoppingmöglichkeiten waren hinzugekommen. Allein der deutsche Marketenderladen führte je nach Saison bis zu tausend Artikel. Man konnte ihn mit einem gutsortierten Kaufhaus vergleichen. Von Parfum bis Kinderspielzeug gab es dort alles. Auch an die alte Soldatenweisheit »Ohne Mampf kein Kampf« hatte man sich gehalten. Neben den großen Truppenküchen, einer deutschen und einer amerikanischen, gab es Restaurants wie beispielsweise die Oase und natürlich Fast-Food-Ketten. Bars wie Planet Mazar organisierten Partys. »Eigentlich so, wie ein Klub in Deutschland auch. Nur dass die tanzenden Pärchen bewaffnet sind und die Party spätestens um 23 Uhr vorbei ist, außer bei ganz besonderen Veranstaltungen«, schrieb Ronald Rogge einmal darüber in Y, dem Magazin der Bundeswehr. Ich selbst war keine große Partygängerin. Wenn die anderen feierten, blieb ich lieber allein. Das trug mir bei einigen den Spitznamen »kleine Gräfin« ein. Sie glaubten, ich hielte mich für etwas Besseres. Zugegeben, an manchen Tagen, wenn ich viel dolmetschen musste, genoss ich das Alleinsein und die Ruhe. Manchmal fühlte ich mich aber auch fürchterlich einsam. Aber ich konnte einfach nicht über meinen Schatten springen.

2007 war ein anstrengendes Jahr. Ich war die Einzige, die nicht nur simultan, sondern auch schriftlich übersetzen konnte. So landete jedes Schriftstück auf meinem Schreibtisch. Dadurch blieb mir weniger Zeit für soziale Projekte außerhalb des Camps. Das fehlte mir. In meinem Büro stapelten sich die Feldpostpakete aus Deutschland. Vollgepackt mit Dingen, die von der Bevölkerung dringend benötigt wurden. Hauptsächlich Schuhe für die Kinder. Ich bat daher meine Kameraden, die Sachen für mich draußen zu verteilen.

Eines Nachmittags kam einer von ihnen zu mir und erzählte mir von einem Sechsjährigen. Der Erstklässler war in der Schule immer gehänselt worden, weil seine Mutter es sich nicht leisten konnte, Schuhe zu kaufen. »Der Junge hat sich so geschämt«, berichtete mir der junge Soldat aufgebracht. Als er dem Kind ein Paar Schuhe in die Hand drückte, habe es sie sofort angezogen und sei vor Freude auf- und abgesprungen. »Ab morgen gehe ich gerne in die Schule«, versprach ihm der Kleine zum Abschied. Während ich zuhörte, hatte ich einen dicken Kloß im Hals. Zu gern wäre ich dabei gewesen.

Kurz bevor General Blotz zurück nach Deutschland ging, besuchte er mit seinem Nachfolger, General Warnecke, ein Dorf. Ein Termin, der dem Vater zweier Kinder besonders am Herzen lag. Deutsche Soldaten hatten dort eine zerstörte Schule wieder aufgebaut. Der ganze Ort hatte sich für diesen Tag freigenommen, um sich zu bedanken. Alles war festlich geschmückt, und die Tische bogen sich unter all den köstlichen Speisen, die aus diesem Anlass zubereitet worden waren. Ich hatte mich besonders auf diesen Termin gefreut, weil ich dort auf Gouverneur Atta Noor treffen würde. Nach seiner Ankunft hielt er eine offene und ehrliche Rede. Alle, sagte er, seien dankbar für die großzügige Geste. Dann räusperte sich Atta kurz. »Wissen Sie«, fuhr der Gouverneur fort, »wir hatten hier aber auch schon vorher eine Schule. Die Amerikaner haben sie bei ihren Massenbombardements zerstört, während der Rest der Welt wegschaute. Dass wir heute das neue Gebäude eröffnen können, betrachte ich daher als Wiedergutmachung.« Hinterher nahm mich Atta zur Seite: »Haben Sie eigentlich Angst, wenn ich etwas Kritisches sage und Sie das übersetzen müssen?« Ich schüttelte den Kopf. »Nein, ich habe vor niemandem Angst.« Er sah mich lange an: »Das müssen Sie auch nicht. Sie sind schließlich meine große Schwester.«

Wenn ich heute an diesen dritten Einsatz zurückdenke, dann ist es jener Satz, der mir besonders im Gedächtnis haftengeblieben ist. Und ein Gesicht ohne Namen. Es gehörte einem jungen Soldaten. Er nahm sich im Herbst im Camp das Leben. Einfach so. Keiner wusste, warum er das getan hatte. Wir standen unter Schock. Ein Tod, der so sinnlos war. In diesen Tagen rückten wir enger zusammen. Viele öffneten sich. Jeder hatte sein Päckchen zu tragen. Einige hatten durch den Einsatz ihre Frauen verloren. »Ich kam nach Hause und alles war leer geräumt, inklusive unseres Bankkontos«, erzählte ein Kamerad tonlos. Er war kein Einzelfall. »Weißt du, wie furchtbar das ist, wenn du dich monatelang auf zu Hause freust, und dann stehst du plötzlich vor den Trümmern deines bisherigen Lebens?« Er sei dadurch zum Einsatzjunkie geworden, beschrieb er sich selbst. Ohne Verbitterung. Ein Statement. Kurz und knapp. Gefühle verboten. Er halte es in Deutschland einfach nicht mehr aus.»Hier werde ich gebraucht, das hilft mir zu verdrängen, dass es niemanden mehr gibt, der auf mich wartet.« Erst in diesem Augenblick wurde mir bewusst, was für ein Glück ich hatte. Wali würde so etwas niemals tun. Im Gegenteil.

Es gab Momente, da vermisste ich ihn ganz fürchterlich. Er ist nicht nur mein Mann, sondern auch mein bester Freund. Ein Kamerad, der mit mir in jede Schlacht zieht. Wie gern hätte ich ihn an meiner Seite gehabt an jenem fürchterlichen Tag, als zwei unserer afghanischen Arbeiter verunglückten. Sie hatten Feierabend und befanden sich auf dem Heimweg. Direkt hinter der Hauptwache des Feldlagers verunfallten sie. Ihr Auto überschlug sich. Einer von ihnen war sofort tot. Der andere seitdem querschnittsgelähmt. O Gott, was wird nur aus ihren Familien? Das dachte in diesem Moment wohl jeder von uns. Dann versuchten wir uns zu beruhigen:»Sie waren auf dem Weg von der Arbeit nach Hause. Dann ist es doch bestimmt ein Arbeitsunfall.«

Nein, war es nicht. Unsere deutschen Standards galten nicht für die beiden Afghanen. Es war Mitte des Monats, die Hinterbliebenen würden noch für den restlichen Monat den Lohn erhalten. Das war's. In diesem Augenblick verfluchte ich unsere Vorschriften.»Manchmal muss man doch auch nach menschlichen Gesichtspunkten handeln.« Meine Vorgesetzte nickte.»Wir werden Geld sammeln für die Familien.« So gut wie jeder im Feldlager gab etwas. Gemeinsam brachten wir die Spenden zu der Witwe und der Ehefrau des Schwerverletzten. Ich kannte die Frauen von meinen Besuchen in den geschützten Häusern. Jenen Treffen mit Afghaninnen, die uns fernab des Protokolls ihre Geschichten erzählten. Ihren Kummer anvertrauten. Später zeigte sich, dass der Sohn des querschnittsgelähmten Arbeiters den Job seines Vaters übernehmen konnte. Für die Witwe wurde eine andere Lösung überlegt. Die Stelle des Toten wurde mit einem Einheimischen nachbesetzt, der sich verpflichtete, die Familie zu unterstützen. Wie immer glaubte ich an das Gute im Menschen. Er zahlte ein paarmal, danach nie wieder.

Im Herbst 2007 lernte ich hingegen eine andere Art der Solidargemeinschaft kennen. Die militärische. Sie trug den persischen Namen »Operation Harekate Yolo«, zu übersetzen mit: »Korrektur der Front«. Gemeint war damit die erste größere militärische Kampagne im Norden Afghanistans. Es ging dabei um die Bekämpfung der aufständischen Taliban. »Harekate I und II« markierten einen Wendepunkt in der Operationsführung der ISAF. Seit dem Zweiten Weltkrieg hatte es keine offensive Militäroperation unter deutschem Kommando mehr gegeben. Unter dem Befehl von Brigadegeneral Warnecke befanden sich Truppenteile verschiedener Nationen sowie das 209. afghanische Armeekorps unter General Ali Murat inklusive ihrer deutschen ISAF-Ausbilder. Hinzu kamen eigene Kräfte. Am Ende konnten die selbsternannten Gotteskrieger ohne alliierte Verluste aus den beiden Unruhe-Provinzen gejagt werden.

Seit meiner Vertreibung aus der Heimat war ich dem Krieg nie näher gewesen als in jenem November. So dachte ich zumindest. Mein Schicksal wird mich im Frühjahr 2011 eines Besseren belehren. Doch zum damaligen Zeitpunkt erlebte ich zum ersten Mal eine Militäroffensive hautnah. Nur stand ich – im Gegensatz zu 1979 – auf der anderen Seite. Ich durfte bleiben. Diejenigen, die Recht und Freiheit bedrohten, wurden in die Flucht geschlagen. Es machte mich stolz, dass ich als Dolmetscherin meinen Teil dazu beitragen durfte.

Mein Einsatz endete vor Weihnachten. Eine merkwürdig sentimentale Zeit. Traditionen bekamen plötzlich einen anderen Stellenwert, und ein Stückchen Heimat wurde an den Hindukusch geholt. Jede Abteilung versuchte, etwas besinnliche Stimmung in ihren Bereich zu bringen. Überall standen Tannenbäume. Brannten Kerzen. Täglich trafen Pakete und Päckchen aus Deutschland ein. Stollen, Lebkuchen und selbstgebackene Plätzchen verbreiteten den typisch vorweihnachtlichen Duft aus der Ferne. Vertraut und doch seltsam fremd.

Heiligabend würde ich bei Wali und den Kindern sein. Manchmal hatte ich ein schlechtes Gewissen, wenn ich junge Familienväter sah, die Geschenke für ihre Söhne und Töchter nach Hause schickten. Meine Jungs waren längst erwachsen. Ein Hauptfeldwebel, der bereits das zweite Weihnachtsfest im Einsatz feiern würde, sagte mir: »Natürlich vermisse ich meine Frau und die Kleinen und wäre lieber bei ihnen. Aber wenn du hier bist, erlebst du das Fest in einer ganz anderen Dimension. Ursprünglicher. Weniger kommerziell.« Er sollte mir das näher erklären, und so fuhr er fort: »Zu Hause ist immer irgendetwas los. Wir müssen Verwandte besuchen oder bewirten. Die Besinnlichkeit bleibt dabei oft auf der Strecke. Hier nehme ich an einem Gottesdienst teil und denke an meine Familie. Und weil es jedem von uns so geht, fühlt sich keiner alleingelassen. Wehmütig, ja. Sentimental, vielleicht. Aber einsam? Nein.«

Zurück in Bonn, spürte ich, wie mich der vergangene Einsatz an meine Grenzen gebracht hatte. Die Luftwaffe hatte sechs Kampfjets vom Typ Tornado verlegt. Sie stammten vom Aufklärungsgeschwader 51 (AG 51) »Immelmann« aus dem schleswig-holsteinischen Jagel. Einem Traditionsverband der Luftwaffe, der nach Max Immelmann, dem berühmten Jagdflieger des Ersten Weltkriegs, benannt worden war. In der »RECCE«-Version (Reconnaissance) wurden sie zur Aufklärung und Überwachung eingesetzt. Eine Premiere. Damit sollten in Afghanistan unter anderem Taliban-Stellungen aufgespürt werden. Am 19. April hatte das »Einsatzgeschwader Mazar-e Sharif« seine »Full Operational Capability« (FOC), seine volle Einsatzfähigkeit, an die NATO-Führung gemeldet.

Das Medieninteresse war dementsprechend groß. Auch noch, als ich im Sommer ins Camp kam. Ich erinnere mich noch gut an eine diesbezügliche Pressekonferenz. Statt in einem klimatisierten Raum fand sie draußen auf dem Rollfeld statt. Der Druck, der auf mir lastete, war enorm. Schlimmer als sonst. Moderne Waffensysteme im Kampf gegen die Gotteskrieger. Jedes Wort würde auf die Goldwaage gelegt werden. Fehler waren unverzeihlich.

Es war heiß. Unsagbar heiß. Die Luft flimmerte. Der Asphalt kochte. Die grauen Jets hatte man draußen aufgereiht, martialisch sahen sie aus. Die Journalisten fotografierten, als wenn es kein Morgen gäbe. Ich hörte das Klacken der Auslöser. Fast so rhythmisch wie ein Maschinengewehr. Jeder Schuss ein Treffer. Simultan übersetzte ich. So wie immer. Bald hatte ich das Gefühl, einzig aus glühender Lava zu bestehen. Du darfst nicht umkippen – wieder und wieder sagte ich mir in Gedanken diesen Satz wie ein Mantra. Ich atmete langsam. Sog die Luft bewusst zwischen den Zähnen ein. Bildete mir ein, sie sei dadurch kühler. Weniger staubig. Endlich, die letzte Frage war beantwortet. Alles strömte auseinander. Ich blieb noch einen Moment stehen. Jemand berührte sanft meine Schulter. »Soraya, du musst etwas trinken!« Einer meiner Kameraden hielt mir eine Wasserflasche entgegen. Ich wollte sie greifen, doch sie entglitt meinen Fingern. Ich sah sie fallen, doch ich konnte mich nicht rühren. Irgendjemand brachte mich zum Arzt. »Sie sind ja völlig dehydriert«, sagte der. Seine Worte kamen mir unendlich laut vor. Bitte, bitte, hör auf zu schreien, dachte ich. Durch meinen Kopf schossen Blitze. Ich kniff die Augen vor den explodierenden Farben schmerzverzerrt zusammen. »Frau Alekozei, Sie brauchen jetzt Ruhe«, erklärte der Mediziner bestimmt.

Er veranlasste, dass man mich zu meiner Unterkunft brachte. Köstliche Dunkelheit umfing mich. Kühle. Stille. Vorsichtig legte ich meinen Kopf auf das Kissen. Der Lavastrom in mir ließ ein wenig nach. Meine Lider wurden schwer. Schlafen. Nur noch schlafen. Das Bedürfnis war so intensiv, dass es beinahe körperlich wehtat. Genau in diesem Augenblick riss irgendwer die Tür auf. »Sie müssen das jetzt übersetzen. Wir haben sonst niemanden«, hörte ich jemanden sagen. Eine Frau. Sie knallte die Unterlagen auf den Tisch. »Stellen Sie sich mal nicht so an.« Es war das erste und einzige Mal, dass ich mich weigerte, etwas zu tun. Wütend stürmte sie aus meiner Stube. Ich lag auf meinem Bett, Tränen liefen mir übers Gesicht.

Diese Erinnerung hatte ich auch vor mir, als meine Einplanung für den nächsten Einsatz kam. Sofort spürte ich den Stress. Die Enge in der Brust, die mir die Luft zum Atmen nahm. Nein. Ich wollte nicht mehr vor laufenden Kameras auf internationalen Pressekonferenzen übersetzen. Damals war ich mir wie eine dolmetschende Maschine vorgekommen, diese Erfahrung musste ich nicht noch einmal machen. Mir fehlte der direkte Kontakt zu einem Gegenüber. Die Schwingungen, die man in einem Gespräch empfängt.

Die Termine, die mein Herz 2007 zum Klingen gebracht hatten, waren daher die kleinen gewesen, die menschlichen. Die Fortschritte jenseits der Publicity. Einmal hatten wir beispielsweise im Camp anlässlich eines Festes Geld gesammelt. Damit konnten wir später ein Auto kaufen und einen Fahrer beschäftigen, der die Kinder aus dem Frauengefängnis zur Schule fahren sollte. Ayla hatte mir erzählt, wie wichtig es ihr und den anderen Frauen sei, dass ihre Kinder lesen und schreiben lernten. »Weißt du, Soraya, wir alle möchten, dass es unseren Söhnen und Töchtern einmal besser geht als uns. Es sind gute Kinder, sie verdienen eine Chance.«

Mit dem örtlichen Waisenhaus trafen wir eine Vereinbarung. Die Schüler unter den Kindern aus dem Gefängnis sollten unter der Woche dort wohnen und nur am Wochenende bei ihren inhaftierten Müttern. »Aber ihr müsst euch um den Transport kümmern«, bestimmte die Heimleiterin. Und so geschah es dann auch. Als wir die Jungen und Mädchen das erste Mal aus der Haftanstalt abholten, saß neben mir ein Siebenjähriger und weinte. »Was ist mit dir?«, fragte ich. Schluchzend zeigte er auf einen Baum: »Da steht ein Geist mit grünen Armen, die mich packen wollen.« Der Kleine hatte noch nie einen Baum gesehen. Was ist das für ein Land, das dreißig Jahre lang Minen gelegt, aber keine Bäume gepflanzt hat? Verbitterung und Wut krochen in mir hoch.

Dieses Gefühl sollte ich noch öfter haben. Etwa als eine Rechtsberaterin der Europäischen Polizeimission (EUPOL) drei Jahre später das Frauengefängnis besuchte. Ich sollte nicht mitkommen: »Man hat mir erzählt, Sie zanken sich dort mit jedem. Damit schlagen Sie mir alle Türen vor der Nase zu.« Ich war erst entsetzt, als ich diese Worte vernahm: »Ich habe nun mal keine Angst vor dem Direktor. Einer muss doch schließlich für die Frauen kämpfen.« Sie verzog keine Miene, bestand aber weiterhin darauf: »Ich nehme Sie nicht mit.« Damit ließ sie mich stehen. Ein belgischer Kamerad hatte die Szene beobachtet. »Wir würden uns freuen, wenn du uns begleitest.« Die Soldaten fragten mich, was die Gefängnisinsassinnen am nötigsten brauchten. Auf diese Weise erhielten die Frauen 2010 fließendes Wasser und eine Dusche in ihrem kleinen betonierten Garten.

Auch nach allem, was mir später noch widerfahren sollte, bin ich bis heute davon überzeugt, die Bundeswehr ist etwas für meine Seele gewesen. Es gab immer diese kleinen Lichtblicke, die mich trösteten, wenn mir Bürokratie oder Borniertheit meine Grenzen aufzeigte. Denn man ermöglichte es mir, mich um humanitäre Projekte zu kümmern. Unterstützte mich großartig dabei. Sei es, dass man Geld sammelte für bestimmte Aktionen oder mir neben meinem eigentlichen Dienst zeitliche Freiräume ließ. Hilke und ich besuchten, wann immer es ging, auch das Waisenhaus von Mazar-e Sharif. Meine Freundin hatte ein Mädchen besonders ins Herz geschlossen. Sie war zart und zerbrechlich wie eine kleine Elfe. Ein Feengeschöpf, aus dessen Leben das Schicksal buchstäblich die Sonne verbannt hatte. Die Kleine hatte eine Sonnenallergie. Wenn wir da waren, setzte sie sich auf Hilkes Schoß. Leicht wie eine Feder. Mit großen Augen sah sie die deutsche Soldatin an. »Sind deine Haare aus Gold? Bist du vielleicht eine Zauberin?«, flüsterte sie schüchtern.

Hilke lachte. »Nein, aber ich habe dir etwas mitgebracht, was dir helfen könnte.« Aus der Brusttasche ihrer Feldbluse zog sie eine Tube Creme sowie Augentropfen, die ihr helfen sollten: »Gleich hört es bestimmt auf zu jucken.«

Doch das Mädchen hatte Angst. Sie wollte sich am liebsten verstecken. Andererseits genoss sie Hilkes Zuwendung so sehr, dass sie sich nicht vom Platz rühren mochte.

»Ich habe auch immer Schmerzen in den Augen, doch damit gehen sie weg«, verriet ich der kleinen Elfe.

Eine ihrer Freundinnen setzte sich nun zu uns. »Ich weiß, wie sie verschwinden«, sagte sie selbstbewusst. Sie nahm mein Gesicht in ihre Hände und küsste meine Augen.

»Woher hast du dieses Rezept?«, fragte ich.

»Ich habe eine Klassenkameradin, die noch eine Mutter hat. Und wann immer ihr etwas wehtut, küsst ihre Mama die Schmerzen einfach fort.« Wieder zog sie mich an sich heran und berührte meine Lider sanft mit ihren Lippen.

Neugierig geworden, kamen die anderen Kinder zu uns. Und ehe ich mich's versah, drückte mir jedes von ihnen ein paar Küsse auf die Augen. Am nächsten Morgen konnte ich sie kaum noch öffnen. Rot, dick und verquollen waren sie. Im Lazarett warf ein Arzt einen Blick darauf. Als er die Geschichte dazu hörte, prustete er lauthals los. »Frau Alekozei, das ist der schönste Grund für eine Augeninfektion, den ich jemals gehört habe.«

Ein Wiedersehen mit Kunduz

Im Sommer 2008 war ich erneut in Kunduz, mittlerweile war es mein vierter Einsatz. Zwei Jahre zuvor war die Bundeswehr vom Rosengarten in ein neues Camp umgezogen. Ein Areal, fünfhundert mal fünfhundert Meter groß, gelegen auf einem Hochplateau. Ein bisschen wie auf einem Präsentierteller, schoss es mir durch den Kopf, als wir vom Flughafen die Schotterstraße zum Feldlager hochfuhren. Alles hatte sich verändert. Ich kauerte auf meinem Sitz. Presste meinen Rucksack an die Brust. Wie weit war dieses Afghanistan von den Bildern, die die Medien übermittelten, doch entfernt. Den Berichten fehlte die dritte Dimension. Die Angst. Der Adrenalinstoß. Das Aufatmen. Keiner hatte während der Fahrt noch einen Blick für die Landschaft übrig. Heil ankommen war das Ziel. Bloß nicht bremsen.

Mit quietschenden Reifen hielt unser Wolf vor der Hauptwache. Nur ein paar Formalitäten. Das war's. Von einer Minute auf die nächste war ich mittendrin. Schnell die Sachen auf die Fünf-Bett-Stube bringen. Es war die Zeit des Kommandeurswechsels: Oberst Rainer Buske wurde von Oberst Christian Meyer abgelöst. Beide hatten bereits ihre persönlichen Dolmetscher. Mir übertrug man deshalb die Leitung über unseren Sprachendienst. Da ich damit auch für die Einteilung der Sprachmittler zuständig war, hatte mein Tagesablauf eine größere Planbarkeit bekommen. Ich koordinierte hinter den Kulissen. Das bedeutete weniger offizielle Termine, dafür mehr Zeit für soziale Projekte. Darauf freute ich mich.

»Sei froh, dass du nicht dem Kommandeur zugeteilt wurdest«, flüsterte mir meine unmittelbare Stubenkameradin Martina eines Nachts zu. Wir waren hellwach. Raketenalarm. Dieses schrille Pfeifen, das man nie mehr vergisst. In unseren Unterkünften waren wir zwar sicher, aber dennoch blieb die Angst vor dem Moment, wenn es wieder ruhig war. Waren alle Kameraden verschont geblieben? Standen noch sämtliche Gebäude? Ich musste in diesen Augenblicken an jene Tage in Kabul denken, als die Russen Ende der Siebziger die Stadt bombardierten. Als sich der Himmel verdunkelte und die Luft nach Tod schmeckte. Jetzt saß ich in der Uniform eines deutschen Offiziers auf meinem schmalen Feldbett, musste mich verstecken vor den Raketen jener, die der Hass fehlgeleitet hatte.

Aber hatte Martina nicht gerade etwas zu mir gesagt? Der Blick meiner Zimmergenossin ruhte auf mir. Bislang hatte ich mir keine Gedanken darüber gemacht, welcher Dienstposten für mich als Dolmetscherin besser gewesen wäre.

»Was meinst du damit?«, fragte ich.

»Na, dann wärest du jetzt auf dem Weg ins Büro des Obersts, um für ihn zu übersetzen.«

Ich sah sie nachdenklich an. In diesem Moment zerriss das schrille Zischen einer Rakete die Stille. Es stimmte – ja, ich war froh, gerade nicht wie ein gejagtes Tier quer durchs Camp rennen zu müssen. Getrieben von Pflichtbewusstsein und Panik.

Wir lebten unter einem Damoklesschwert. Jeden von uns konnte es treffen. Wann und wie, das entschieden die Taliban. Fuhren unsere Kameraden raus, begleiteten sie unsere Gebete. Deutsche und andere Soldaten der Schutztruppen, vom Aussehen her Kämpfer und Krieger, wurden von jenen, die die Tracht meiner Vorfahren trugen und so friedlich wirkten, in die Luft gesprengt. Beobachteten aus sicherer Entfernung das Blutbad. Nannten sich Gotteskrieger und perfektionierten ihre Menschenverachtung bei jedem Anschlag.

Mischa Meier war das achtundzwanzigste deutsche Opfer. Er fiel am 27. August bei einem Sprengstoffanschlag. Als Führer einer Patrouille war der Neunundzwanzigjährige südlich von Kunduz unterwegs gewesen, als sein Fahrzeug in eine Sprengfalle fuhr. Drei seiner Kameraden wurden dabei verletzt. Verteidigungsminister Jung sagte in seiner Traueransprache: Hauptfeldwebel Meier sei gestorben für eine »bessere, friedlichere Zukunft in Afghanistan und die Sicherheit unseres Landes«.

Mit seinem Tod änderte sich eine Menge. Auch für mich. Plötzlich nahmen mich viele der Soldaten nicht mehr als Kameradin wahr. Für sie war ich jetzt »eine von denen«. Plötzlich hassten sie die Afghanen. Das Volk, das ihren Frieden anscheinend nicht haben wollte. Mir war, als müsste ich auf meinen Schultern die Schuld der Attentäter tragen. Von Tag zu Tag nahm diese Last zu. Erdrückte mich förmlich. Die Bundeswehr war in den vergangenen vier Jahren zu einer Heimat für mich geworden. Durch den Anschlag auf Mischa Meier wurde ich abermals vertrieben. Mein Verstand sagte mir: »Sie meinen nicht dich persönlich.« Aber mein Herz ließ sich davon nicht beruhigen. Ich litt unter der Situation. Konnte die Blicke auf meinem Rücken spüren, wenn ich durchs Camp ging. Nahm wahr, wie die Gespräche verstummten, wenn ich den Raum betrat.

Doch auch ich hatte einen Kameraden verloren. Wie gern hätte ich mit ihnen gemeinsam getrauert. In den Augen der anderen hatte ich es aber nicht verdient, den Schmerz mit ihnen teilen zu dürfen. In diesen Tagen fühlte ich mich sehr einsam. Trost fand ich wie immer bei den Kindern, die durch den Krieg ins Lazarett gebracht worden waren. Jeden Abend packte ich meine Zahnbürste ein und siedelte in unser Rettungszentrum um.

Im Spätsommer gab es im PRT einen Kommandeurswechsel. Oberst Rainer Buske kehrte zurück nach Kunduz. Er bat mich, seine Dolmetscherin zu werden. Ich erklärte mich damit einverstanden – trotz Martinas Warnungen. Durch Buske kam ich viel herum. Dass ich 2009 ein Waisenhaus bauen konnte, verdanke ich seinem Vertrauen.

Einmal übersetzte ich für ihn bei einem »Security Meeting«, einem Sicherheitstreffen. Der Gouverneur von Kunduz, Muhammad Omar, war einer der Anwesenden. Wie so viele andere aus dieser Zeit war er früher einmal Mudschahed gewesen. Anders als Atta Noor, der nach westlichen Maßstäben lebte, erzählte er jedoch gern, dass er sechsundzwanzig Söhne von vier Frauen habe.

Als das Gespräch beendet war, bat ich meinen Kommandeur, noch kurz privat mit Omar reden zu dürfen. Seit meinem ersten Einsatz in Kunduz wartete ich auf diese Gelegenheit. Schon damals hatte mich der baufällige Zustand des Waisenhauses erschüttert. Ich erzählte ihm davon. Auch von meinen Plänen, dass man ein neues Gebäude errichten müsse. »Aber ich brauche ein Grundstück«, erklärte ich ihm. Er hörte mir zu. Nickte und verabschiedete sich.

Am nächsten Tag schickte er einen seiner Mitarbeiter mit Flurplänen vorbei, der mir drei leere Bauplätze anbot. Meine Wahl fiel auf ein schönes Areal, auf dem ein geräumiges

Haus ebenso Platz finden würde wie ein großer Spielplatz. Begeistert erzählte ich meinem alten Freund Ali davon.

»Soraya, du musst unbedingt eine Mauer um das Gelände ziehen lassen«, meinte er.

»Warum? Es stammt doch vom Gouverneur.«

»Das weiß aber keiner. Du willst doch nicht, dass jemand anderes dort vorher baut und sich dann erst die Erlaubnis dazu einholt. Wir sind hier in Afghanistan und nicht in Deutschland.« Er versprach mir, sich zu erkundigen, was eine solche Mauer kosten würde. »6000 Euro – und die Arbeiter fangen sofort an«, teilte er mir kurz darauf mit.

Sofort rief ich Wali an: »Ich brauche Geld.«

Wie immer diskutierte er nicht lange mit mir. Von Anfang an hatte ich beschlossen, einen Teil meines Einsatzgelds für meine Projekte zu verwenden. Nun war es so weit. Ali hatte für mich einen guten Preis bei einem örtlichen Bauunternehmer ausgehandelt, und wenig später konnte der Grundstein gelegt werden.

Das war einer der Glücksmomente dieses Einsatzes, und daran dachte ich auch, als ich nachts mutterseelenallein auf einer Straße in unserem Feldlager stand. Nacht für Nacht kamen jetzt Raketen. Chinesische BM-1-Geschosse. Abgeschossen von den Taliban aus nur drei Kilometern Entfernung. Sie schickten sie pünktlich nach Einbruch der Dunkelheit. Kurz nach dem Abendgebet. Zuerst hörte man nur das langgezogene Jaulen. Drei bis vier Sekunden lang. Im Anschluss die Detonation. Bei Alarm musste ich sofort loslaufen, um im Notfall für den Kommandeur zu übersetzen. Sein Büro war in der Mitte des Camps. Unsere Unterkünfte am äußeren Rand. In jener Zeit war es so schlimm, dass ich in Flecktarn schlief. Meine Kameradinnen halfen mir, schnell die Stiefel in der Finsternis anzuziehen. Unsere Stuben waren verdunkelt. Kein Lichtstrahl durfte nach außen dringen. Nichts, was die Aufmerksamkeit des Feindes erweckt hätte.

Es war schon längst so etwas wie ein Automatismus für mich geworden. Ich rannte los. Doch in dieser Nacht war etwas anders. Zuerst nahm ich nur ein Sausen in der Luft wahr. Schlaftrunken, wie ich war, dachte ich zunächst, es wäre ein Hubschrauber. Aber mein Körper reagierte nicht wie sonst in einem solchen Fall. Unbewusst spürte er die Gefahr. In meinen Ohren hörte ich das Blut pulsieren. So laut, dass ich das Geräusch nicht einschätzen konnte. Ein Film lief in meinem Kopf ab. Bilder von meiner Familie vermischten sich mit dem Hier und Jetzt. Alles schrie in mir: »Lauf um dein Leben.« Gleichzeitig lähmte mich die Faszination des Bösen. Das Pfeifen kam näher. Ich erstarrte. Verharrte mitten auf der Straße. Regungslos. Minutenlang. Bemerkte nicht das Abblendlicht eines Wolfs. Hörte nicht das gequälte Aufheulen der Bremsen. Stand einfach nur da. »Frau Alekozai, um Himmels willen, steigen Sie ein.« Ich konnte nicht. Starke Hände zogen mich ins Innere des Geländefahrzeugs. Wenig später erreichten wir das Stabsgebäude. Mein Gesicht hatte bestimmt die Farbe frischgefallenen Schnees. Alle Augen ruhten auf mir. Stimmen drangen zu mir wie durch eine Watteschicht. Gedämpft. Hohl. Tonlos. Jemand drückte mir eine Zigarette in die Hand. Langsam inhalierte ich den Rauch. Zwei, drei Züge. Wie bei allen Rauchern beruhigte sich mein Atem dadurch. Mein Herzschlag normalisierte sich wieder. Erst jetzt konnte ich anfangen zu arbeiten. Es sollte eine lange Nacht werden.

Ein Leben mit ständiger Gefahr – wie hält man das nur aus? Diese Frage stellten mir Freunde häufig. Es gibt darauf keine Antwort. Zumindest kenne ich keine. Wenn die Angst alltäglich wird, entwickelt man Schutzmechanismen. Bewusst oder unbewusst. Manche fanden im Einsatz zu Gott. Andere rannten Runde um Runde ums Camp, um die Furcht hinter sich zu lassen. Und ich? Mir gaben meine sozialen Projekte Halt. Dadurch, dass ich versuchte, das Leid der anderen zu verringern, verdrängte ich meine Sorgen. Aber es fiel mir zunehmend schwerer. Wann immer ich durch die Büros ging, in der Truppenküche aß oder einfach nur zum Luftschnappen vor die Tür trat, sah ich sie. Die Augen meiner Kameraden. Aus vielen sprach die Angst. Ich blickte in junge Gesichter und dachte: Sie sind nicht älter als meine Söhne.

Oft hing ich dabei meinen Gedanken nach: Wie fühlt sich eine Mutter, wenn sie das eigene Kind in den Krieg entlässt? In einen Krieg, der nicht der ihre ist? In ein Land, dessen Schicksal bislang nicht das ihre war? Wusste sie, dass der Vorgesetzte geraten hatte, ein Testament zu machen? Oder hat der Sohn, die Tochter es verschwiegen, um sie nicht zu ängstigen? Wird er oder sie »Ach Mama ...« gesagt haben, wenn sie wieder von ihren Befürchtungen zu erzählen anfing? Hat sie tapfer gelächelt, als ihr Kind zum Abschied noch einmal gewunken hat, bevor es in dem Meer aus Flecktarn unterging? Ich hatte meinen Söhnen verboten, zur Bundeswehr zu gehen. Auch deshalb, weil ich wusste, ich könnte den Schmerz nicht aushalten, sie zu verlieren.

Niemand hatte uns auf die Gefallenen vorbereitet. Niemand hatte uns gesagt, dass mit jedem ein Stück von uns sterben wird. Bis nichts mehr da ist. Vom Leben. Von uns. Niemand hatte uns gesagt, dass es einmal einen 20. Oktober 2008 geben wird. Es war ein heißer Tag. Über 30 Grad Celsius. Um drei Uhr früh brachen rund 160 Fallschirmjäger mit ihren Fahrzeugen auf. An ihrer Seite unser Kommandeur. Er wollte dabei sein, als sie nach Haji Amanullah fuhren. In dem Dorf, etwa fünf Kilometer südwestlich des deutschen PRT, so hieß es, hätten sich Aufständische verschanzt. Immer wieder waren wir aus dieser Richtung beschossen worden. »Führen durch Vorbild«, so lautete Buskes Devise. Seine Soldaten standen nicht nur unter seinem Kommando, sondern auch unter seinem Schutz. Das war ihm wichtig. Normalerweise hätte ich ihn begleiten sollen. Doch die Strapazen der letzten Wochen steckten mir in den Gliedern. Die schlaflosen Nächte, wenn die Raketen heulten oder ich ein weinendes Kind im Lazarett im Arm hielt. »Wäre es möglich, dass Sie von einem anderen Dolmetscher begleitet werden?«, hatte ich ihn gefragt. Seine Antwort kam, ohne zu zögern: »Natürlich, Sie sind die Leiterin unseres Sprachenamts. Sie werden schon jemand Passendes aussuchen.«

Was dann an jenem diesigen Sonntagmorgen passierte, erzählten mir später meine Kameraden. Es war gegen Mittag gewesen. Sie hatten sich bereits auf dem Rückweg befunden. Eile war geboten. Deutsche Soldaten waren auf einem Feldweg unterwegs. Eine Zielscheibe für jeden. Alle wussten, dass feindliche Beobachter, sogenannte Spotter, überall herumstanden und per Handy die Taliban informierten. Am Wegesrand entdeckte einer der Sicherungsposten eine Sprengfalle. Aus Sorge um die Zivilisten sollte sie entschärft werden. Die Minuten verstrichen. Kinder näherten sich dem Konvoi. Wie immer fragten sie nach Süßigkeiten. Unendlich zäh verrann die Zeit. Die Kameraden verteilten in der sengenden Hitze Wasserflaschen.

Manche erinnerten sich später schemenhaft an den Fahrradfahrer. Eine flüchtige Momentaufnahme. Unscharf. Verschwommen. Aber niemand hatte ihn kommen sehen. Er war wie aus dem Nichts aufgetaucht. Dann geschah es. Eine Detonation, deren Wucht den Mann in Stücke riss. Das Inferno begann. Ein Lkw fing Feuer. Durch die Hitze explodierte die Munition in seinem Inneren. Der Kommandeur wusste: Im Führerhaus sind noch zwei seiner Soldaten. Seine Kameraden hielt er zurück, um dann selbst loszustürmen, begleitet von einer Sanitäterin. Sie konnten nur noch zwei Tote bergen. Stabsunteroffizier Patrick Behlke und den Stabsgefreiten Roman Schmidt. Fünfundzwanzig und zweiundzwanzig Jahre alt. Vorsichtig legten ihre Kameraden sie ins verkohlte Gras. Neben ihnen fünf Kinderleichen. Sieben auf einen Streich. Die blutige Bilanz dieses Selbstmordattentats. Ein Alptraum.

Drei Tage später standen wir auf dem Appellplatz im PRT. Vor uns die Särge. Eingehüllt in die deutsche Bundesdienstflagge. Zwei Helme, ein Kondolenzbuch. Die Fotos der beiden Gefallenen. Junge Gesichter, so voller Erwartungen.

Was ging wohl in ihren Kameraden vor, als sie das Schwarz-Rot-Gold über der kühlen Hülle aus Zink drapierten, in der nicht nur die sterblichen Überreste, sondern auch die Träume der beiden ruhten? Hatten sie ihre warmen Hände auf das kühle Metall gelegt und in aller Stille Abschied genommen? Diese Gedanken quälten mich, während der Anblick der Särge sich für immer in mein Gedächtnis einbrannte.

Für Rainer Buske war es die erste Trauerfeier. Er hatte veranlasst, dass Eric Claptons »Tears In Heaven« gespielt wurde. Nicht nur der Himmel weinte in diesem Augenblick. »Ich hätte es verhindern müssen«, sagte der Kommandeur ins Mikrofon. Tränen liefen ihm dabei übers Gesicht: »War es das wert?« Nicht nur er, wir alle stellten uns diese Frage. Und während wir nach einer Antwort suchten, wickelten wir unsere Herzen in dicken schwarzen Trauerflor, um sie vor dem Zerspringen zu bewahren.

In diesen Tagen nahm ich nicht nur Abschied von den beiden Kameraden, sondern auch von Kunduz. Meine restliche Einsatzzeit von zwei Monaten sollte ich erneut in Mazar-e Sharif verbringen. Es fiel mir nicht leicht, das Feldlager zu verlassen, ein bisschen kam ich mir wie eine Fahnenflüchtige vor. Doch im Camp Marmal wartete bereits das Team von OpInfo auf mich. In den nächsten Wochen sollte ich wieder viel unterwegs sein. Das würde mich ablenken.

Und tatsächlich tat es auch gut, konkret die Nöte der Bevölkerung zu hören. Häufig stellte ich dabei fest, wie sehr auch meine Landsleute die Attentate verurteilten. Sie alle wollten nach all den Kriegsjahren, nach den Jahren des Elends einfach nur Frieden. So wie der alte Mann, den ich kurz zuvor noch in Kunduz kennengelernt hatte. Das PRT wollte mit einer Brücke über den Fluss sein Dorf mit der anderen Uferseite verbinden. Er wehrte sich mit Händen und Füßen gegen diese Aktion. »Seit dem Einmarsch der Russen hasse ich euch Soldaten«, gab er unumwunden zu. »Warum?«, wollte ich wissen. Sein Blick verdunkelte sich, als er über das Wasser blickte: »Ich habe durch sie meine vier Söhne verloren.« Jeeps und Uniformen hätten nur Tote und Unruhe gebracht. In diesem Moment hätte man eine Stecknadel fallen hören können, so still war es. »Können wir irgendetwas tun?«, fragte ich. Er sah mich an, schließlich zitierte er aus einem alten afghanischen Gedicht: »Begrabt mich irgendwo, wo kein Schatten eines fremden Soldaten auf mein Grab fällt.«

Diese Worte hatte ich im Ohr, als ich Ende Dezember 2008 für OpInfo eine Konferenz im Regierungssitz von Gouverneur Atta als Dolmetscherin begleitete. Aus den neun Provinzen, die dem RC North unterstellt sind, waren alle Gouverneure und Polizeichefs nach Mazar-e Sharif gekommen, um gemeinsam mit ISAF-Vertretern an der einwöchigen Sicherheitskonferenz teilzunehmen, im Verlauf derer man sich auf verschiedene Punkte einigte. Meine Aufgabe war es, sie alle zu übersetzen. Anschließend druckten wir sie auf Plakate. Sogar die Rahmen standen schon bereit. Uns schwebte vor, dass alle Beteiligten unterschreiben und sich später das deutsch-afghanische Abkommen zur Erinnerung, aber auch als Mahnung ins Büro hängen sollten. Eine Geste, die in der Bundeswehr durchaus üblich ist. Dummerweise hatten wir den Aspekt der Unterzeichnung vorher nicht kommuniziert. Bevor die Teilnehmer wieder nach der Woche in ihre Regionen zurückkehrten, forderten wir sie auf, die Vereinbarung zu signieren. Als sichtbares Zeichen für den Erfolg der Veranstaltung. Atta war der Erste, der den Raum verlassen wollte. Er sah mich verdutzt an, als ich ihn um seine Unterschrift bat. »Wir haben bereits alles aufgenommen und abgesegnet«, teilte er mir höflich, aber bestimmt mit. Da er als Gastgeber nicht unterzeichnete, weigerten sich auch die anderen, dies zu tun. Eine Katastrophe. Das ist sicher ein großes Missverständnis, überlegte ich. Aus diesem Grund war ich überzeugt, dass noch etwas zu retten war. Obwohl ich nicht die verantwortliche Dolmetscherin des Kommandeurs war, erlaubte man mir, die vertrackte Situation Atta persönlich zu erklären. »Versuchen Sie Ihr Glück«, gab mir mein Vorgesetzter mit auf den Weg. Die Enttäuschung stand ihm ins Gesicht geschrieben. Allzu hohe Ewartungen hatte er nicht.

Doch Atta erinnerte sich daran, dass er mich einmal als seine »große Schwester« bezeichnet hatte. Der Gouverneur wusste, er konnte mir vertrauen. Auch jetzt. In einem kurzen Gespräch konnte ich das Problem aufklären: »Diese Abschlusserklärung ist für unsere beiden Länder sehr wichtig. Wir haben uns daher erlaubt, die Vereinbarungen ins Deutsche zu übersetzen.« Sein Blick ruhte einen kurzen Moment auf mir. Dann nickte er und griff zum Füller. Schwungvoll setzte er seinen Namen unter das Abkommen. Anschließend unterschrieben ebenfalls alle anderen Teilnehmer der Sicherheitskonferenz.

Zurück im Feldlager, teilte man mir mit, dass ich für mein rasches und beherztes Handeln eine förmliche Anerkennung erhalte. Also jene Auszeichnung, mit der der Dienstherr besondere Leistungen würdigt. Darauf bin ich noch heute sehr stolz. Schließlich war ich die erste Dolmetscherin, die diese Auszeichnung erhielt. Schöner konnte das alte Jahr nicht enden. Für mich war das ein gutes Omen für 2009. Ein Hoffnungsschimmer am Horizont, den ich mit nach Hause nehmen sollte, als ich Anfang Januar zurückflog.

Dennoch, ich musste bei meiner Heimreise auch daran denken: Drei Kameraden hatte ich insgesamt bei diesem Einsatz verloren. Junge Männer, die ihr Leben noch vor sich hatten. Söhne meiner neuen Heimat, gefallen in meiner alten Heimat. Ein Sprengstoffanschlag, ausgelöst aus der Ferne, ist hinterhältig. Ist gemein und feige. Er degradiert Menschenleben zu einer Sache. Ausgelöscht per Knopfdruck wie in einem Computerspiel. Ein Selbstmordattentat hat eine ganz andere Dimension. Spiegelt Hass und Menschenverachtung noch mehr wider. Steht aber auch für Einsamkeit. Für eine emotionale Leere, so unendlich groß, dass die Seele wie ein Schwamm alles aufsaugt, nur um nicht länger allein zu sein. Nur so lässt sie sich manipulieren von denen, die ihr ein besseres Leben versprechen. Nach der Explosion. Niemals davor. Mit Glauben hat das nichts zu tun, nur mit Macht. Ausgeübt von denen, die sich Gotteskrieger nennen. Als ob Gott jemals Krieger wollte? Egal, zu welcher Religion wir ihn zählen.

In der Tora heißt es:»An den Kindern deines Volkes sollst du dich nicht rächen und ihnen nichts nachtragen. Du sollst deinen Nächsten lieben wie dich selbst.« Dieser Satz findet sich in der Bibel wieder. Ähnliche Gedanken gibt es im Islam. Prophet Mohammed sagte:»Niemand von euch hat den Glauben erlangt, solange er nicht für seine Brüder liebt, was er für sich selbst liebt.« Und im Koran steht noch: »Keiner von euch hat den Glauben erlangt, solange ihr für euren Nachbarn nicht liebt, was ihr für euch selbst liebt.«

Doch wie soll man lieben, wenn man dieses Gefühl nie kennengelernt hat? Wenn das Leben nur aus Krieg zu bestehen scheint? Eine ganze Generation meiner Landsleute weiß nicht, was Frieden bedeutet. Gepaart mit Armut und Analphabetismus, ist das eine Konstellation, die Menschen dazu bringt, sich vor den Augen der Welt in die Luft zu sprengen. Deshalb lagen mir die Kinder so sehr am Herzen. Ich glaube noch heute, dass aus glücklichen Jungen und Mädchen glückliche Männer und Frauen werden. Waisenhäuser waren daher meine Mission. Das in Kunduz sollte mein persönlicher Kreuzzug werden.

Viele haben sich darüber gewundert. Doch die wenigsten wussten, dass ein Großteil der Taliban Kriegswaisen waren. Diese Kinder waren in der Zeit der sowjetischen Militärintervention in den trostlosen pakistanischen Flüchtlingslagern aufgewachsen. Elternlose Seelen, die in den dortigen

Koranschulen erzogen wurden. Sie kannten nur Krieg, und man lehrte sie, dass »Ungläubige« ihr Afghanistan zerstört hatten. Mit Hass im Herzen wuchsen sie auf. Die Vergangenheit zeigte uns, wohin das führte. Mir graute vor dem Gedanken, dass sich all das nun wiederholte.

Nach offiziellen Schätzungen gibt es am Hindukusch eine Million Kriegswaisen. Die Mehrheit von ihnen hat Gewalt und Vernichtung miterlebt. Sie sahen mit an, wie der Vater verschleppt wurde und die Mutter vor Kummer starb. Zwar ist in meiner Heimat der Familiensinn besonders ausgeprägt, aber die wenigsten können es sich leisten, ihre Verwandten aufzunehmen. Vor allem, wenn die Waisen selbst kriegsversehrt sind. Über 400 000 haben amputierte Gliedmaßen. Schuld daran sind die Landminen und Blindgänger. Bis zu dreißig Millionen liegen im Land verstreut. Wie überall auf der Welt sind auch afghanische Jungen und Mädchen neugierig, sie ahnen nicht, welch Teufelswerkzeug sie entdeckt haben. Acht Kinder werden dabei täglich getötet oder schwer verletzt. Manche zerreißt es auf dem Weg zum Wasserholen, andere beim Brennholzsammeln. Es gibt keine Worte, die dieses Leid beschreiben können. Man kann nur versuchen, es zu lindern.

Alle meine Kinder

Für den Einsatz 2009 hatte man mich bereits vorgemerkt, als mich die Schreckensnachricht erreichte. Es hatte im Waisenhaus in Kunduz einen Brand gegeben. Vier kleine Bewohner waren dabei gestorben. Sie hatten keine Chance gehabt. Das Feuer überraschte sie im Schlaf. Niemand hatte sie aus dem maroden Obergeschoss retten können. Freunde hatten mir Bilder geschickt. Von dem zerstörten Gebäude, aber auch von den verkohlten kleinen Körpern. Fassungslos hielt ich sie in Händen. Unfähig, den Blick davon abzuwenden. Am nächsten Tag sagte ich meinen Einsatz ab. In diesem Jahr hatte ich eine andere Mission. Schnellstmöglich wollte ich das Waisenhaus wieder aufbauen.

Das benötigte Geld sollte ich von Vox Infantis erhalten. Einem gemeinnützigen Schweizer Verein zugunsten von Kindern und Müttern in Not. Er wurde Juni 2003 von Hildegard Medina Emam und ihrem Mann Fateh Emam gegründet. Zusammen mit rund hundert Mitgliedern verfolgt der Verein eine direkte, gezielte Aktion in Afghanistan und Tunesien. Ich war durch meine Arbeit in verschiedenen afghanischen Organisationen darauf aufmerksam geworden und hatte dort erfolgreich um Unterstützung gebeten.

Hildegard Medina Emam hatte ich Jahre zuvor persönlich kennengelernt. Eine großartige Frau. Wir verstanden uns sofort. Zweimal besuchte ich sie in der Schweiz. Einmal war sie bei mir zu Hause mein Gast. Während meiner Einsätze kaufte ich auf den Märkten Afghanistans bunte Schals und schickte sie ihr für den Basar ihres Vereins. Ich war froh, mich auf diese Weise und vor allem ganz persönlich revanchieren zu können. Das war das Mindeste, was ich tun konnte. Es ist, wie Mutter Teresa sagt: »Wir können keine großen Dinge vollbringen – nur kleine, aber die mit großer Liebe.«

Keine sechs Wochen nach meinem letzten Einsatz flog ich zurück an den Hindukusch. Meine Familie wollte, dass ich mich zuvor mehr erholte, doch ich konnte nicht. Der Gedanke, dass die Kinder noch in der Brandruine lebten, machte mich schier verrückt. Das erklärte ich auch meiner Vorgesetzten, als ich unbezahlten Urlaub einreichte. Ich zeigte ihr das Bild des kleinen Jungen, dessen Gesicht sich in meine Hand schmiegte. Seine Augen blickten mich unsicher an. Noch nie hatte ihm eine Frau zärtlich über die Wange gestreichelt, ihre Lippen sanft auf seinen Kopf gedrückt. Für einen kurzen Augenblick durfte er Kind sein. Sich behütet fühlen. Wenig später kam er bei dem Brand ums Leben. Noch heute verfolgt mich sein Schicksal in meinen Träumen. Aber ich glaube fest daran, dass Menschen im Moment des Todes lächeln, weil sie dann jemanden sehen, der auf sie wartet. Der sie liebevoll empfängt und in eine neue, eine andere Welt begleitet. Ich bete inständig dafür, dass es meinem kleinen Landsmann so ergangen ist. Alles andere könnte ich nicht ertragen.

»Soraya, du erpresst mich«, stöhnte meine Vorgesetzte und ließ mich dennoch gehen.

Später sollten mir die Waisen erzählen, dass sie solche Angst vor den Geistern ihrer toten Spielkameraden gehabt hätten. Dass der Geruch der Tragödie überall sei. Und das war er tatsächlich. Noch Wochen später. Er lag wie eine Glocke über dem Unglückshaus. Als ich dort ankam, war ich überrascht, dass keine Mitarbeiter von Nichtregierungsorganisationen oder anderen Einrichtungen vor Ort waren. »Aber das eine Büro ist doch gar nicht weit entfernt«, wunderte ich mich. Der Heimleiter zuckte mit den Schultern: »Hier hat sich bislang noch keiner blickenlassen.« Zivile Angestellte der Hilfsorganisation werden mir hinterher erzählen, sie hätten nichts von dem Brand gewusst. Unvorstellbar, dass man den tödlichen Feuerschein in der Nacht nicht gesehen, die Schreie nicht gehört oder den unverkennbaren Geruch von verbranntem Fleisch nicht bemerkt haben will. Natürlich kann man das nicht glauben. Darf es nicht einfach hinnehmen. Aber in jenen Tagen hatte ich Wichtigeres zu tun, als mich zu streiten. Aber mein Moment würde kommen, das schwor ich mir.

Dank Ali hatte ich Kontakt zu einem zuverlässigen Bauunternehmer.

»Wann soll das Waisenhaus denn fertig sein?«, lautete seine erste Frage.

»Zum Neujahrsfest in einundzwanzig Tagen«, antwortete ich.

Er sah mich weder belustigt an, als könnte ich einen schlechten Witz gemacht haben, noch diskutierte er lang und breit mit mir. »Ich werde so viele Arbeiter zur Verfügung stellen, wie nötig sind, um den Termin einzuhalten«, sagte er bestimmt.

Am Ende waren es vierundfünfzig Handwerker, die das Gebäude regelrecht aus dem Boden stampften. All das kostete Geld. Viel Geld. Über 100 000 Dollar. Und außer der Zusage von Vox Infantis hatte ich nichts. Die Hilfsorganisation wollte in drei Raten bezahlen. Dem Bauunternehmer reichte mein Wort. Sein Vertrauen war für mich ein Geschenk. Ebenso wie die Unterstützung durch meine Kameraden im PRT Kunduz. Nie werde ich den Gesichtsausdruck der jungen Soldaten an der Hauptwache vergessen, als ich vor ihnen stand. Eine kleine afghanische Frau in traditioneller Kleidung, die aufgeregt mit ihrem Truppenausweis wedelte. Sie wollten mich nicht reinlassen. »Aber man kennt mich hier«, beharrte ich und nannte die Namen einiger Offiziere, von denen ich wusste, dass sie gerade im Einsatz waren.

Kurz darauf wurde ich abgeholt. Von einem Major, der übers ganze Gesicht grinste. »Soraya, du siehst so anders aus. Wo ist dein weißer Schal?« Ich musste lachen. Generell hatte ich mir vorab schon meine Gedanken über meine Kleidung in der Öffentlichkeit gemacht. Verschleiern wollte ich mich allerdings nicht. Dadurch hätte ich meine Glaubwürdigkeit verloren. Meine Landsleute kannten mich als die »Stimme der Freiheit« und Dolmetscherin des ISAF-Kommandeurs. Niemals habe ich bei diesen Tätigkeiten ein Kopftuch getragen. Andererseits war mir bekannt, dass Frauen schon ein Finger abgeschnitten wurde, weil sie es gewagt hatten, sich die Nägel zu lackieren. Sie ertrugen ihren Schmerz mit Haltung und bemalten die restlichen Nägel weiter. Für mich waren sie die wahren Heldinnen meiner Heimat. Ich entschied mich also gegen das Verschleiern. Allerdings musste ich meinen Kameraden und auch dem Gouverneur von Kunduz versprechen, mich nur im Stadtgebiet aufzuhalten.

Während der Bauphase wohnte ich bei Mahbuba Heider. Ich hatte sie 2005 durch OpInfo kennengelernt. Wir mochten uns auf Anhieb. Wurden Freundinnen. Sie hatte eine Nähwerkstatt, in der nur Frauen arbeiteten. Vierundsechzig Nähmaschinen. Das bedeutete vierundsechzig Arbeitsplätze. Je nach Auftragslage. Und die unterlag, so komisch sich das auch anhören mag, der freien Marktwirtschaft. Anfangs wurde sie noch von einer reichen Österreicherin unterstützt. Ab 2006 stand sie dann auf eigenen Füßen. Mahbuba war eine Kämpferin. Sie zog gegen Armut, Arbeitslosigkeit und Analphabetismus in die Schlacht. Am Ende sogar gegen China, das Afghanistan mit konkurrenzlos billigen Produkten überschwemmte. Das machte auch ihr zu schaffen. Setzte sie doch auf Qualität und Nachhaltigkeit. In jeder Hinsicht. Für ihre Näherinnen gab es daher eine kleine Schule, in der sie ihr Abitur nachholen konnten. Sogar für die Kinderbetreuung war gesorgt. »Mütter wollen keine Kriege. Deshalb braucht dieses Land gebildete Frauen, auf deren Schultern wir die Demokratie aufbauen können«, war Mahbubas Devise. Für diese Haltung liebte ich sie wie eine Schwester. Wir waren eine große Familie. Jeden Mittag wurde gemeinsam gegessen. Donnerstags verteilte sie Lebensmittel an Bedürftige, meist Witwen. »Wenn ich ihnen schon keine Arbeit geben kann, dann wenigstens etwas zu essen«, sagte sie, als ich wissen wollte, warum sie das tat.

Sollte mich jemand einmal fragen, wer ein guter Mensch sei, würde ich sofort Mahbuba nennen. Sie hatte Kinder, adoptierte aber noch ein weiteres. Der Junge hatte bei der Geburt seine Mutter verloren. Keine Seltenheit in Afghanistan. Aufgrund der katastrophalen hygienischen Zustände starben viele Frauen bereits im Kindbett. Ebenfalls hoch ist die Säuglingssterblichkeit. Die Rate liegt über 16 Prozent. Damit hat Afghanistan die höchste der Welt. Das Neugeborene hätte keine Chance gehabt, wäre es nicht von Mahbuba aufgenommen worden. Seine Verwandten hatten sich des Jungen nicht annehmen wollen. Auch das ist trotz des ausgeprägten Familiensinns, den man meinem Volk nachsagt, heutzutage leider keine Seltenheit mehr.

In Mahbubas Haus lebte auch ihr behinderter Schwager. Als seine Familie nach Australien auswanderte, bot sie ihm ein Dach über dem Kopf an. Bei ihr begegnete ich meinem »alten Afghanistan« wieder. Mit all seiner Großzügigkeit. Kam ich müde von der Baustelle zurück, kochte sie Tee und forderte mich auf: »Erzähl doch mal.« Ich redete und redete. Und all meine Erschöpfung war vergessen. Der Rückhalt, den ich bei ihr fand, gab mir die nötige Energie, mich konsequent mit den zivilen Hilfsorganisationen auseinanderzusetzen.

Eines Tages klopfte ich wütend an die Tür jener Einrichtung, die sich in unmittelbarer Nähe des Waisenhauses befand. Man wollte mich nicht anhören. »Ohne Termin geht das nicht«, wurde ich abgewiesen. Bürokratie ist offensichtlich ein internationales Phänomen. Aber ich ließ nicht locker. Schließlich wurde ich zur Leiterin vorgelassen – und mit wenigen Worten abgespeist. Nein, man habe nichts vom Brand bemerkt. Und natürlich sorge man für die Waisen. Doch Afghanistan sei nun einmal ein korruptes Land, die Hilfe würde häufig in dunklen Kanälen versickern. Unwillkürlich fielen mir die vielen Gespräche ein, die ich mit Einheimischen geführt hatte. In ihren Augen war so manche westliche Organisation korrupt. »Wenn sie das sind, dürfen wir es auch sein« war daher eine landläufige Meinung.

»Die Bevölkerung weiß unsere Arbeit sehr zu schätzen«, beendete unterdessen die Leiterin ihren blumigen Monolog. Berauscht vom Klang ihrer eigenen Stimme, wies sie mit ausladender Geste auf die Welt hinter ihrem Bürofenster.

Ob sie selbst glaubte, was sie sagte? Mir platzte der Kragen. »Komisch, dass sich im Waisenhaus niemand an Sie erinnern kann«, konterte ich.

Sie zuckte lapidar mit den Schultern, ihre Augen waren ganz kalt geworden. »Was wollen Sie damit sagen?« »Dass Sie Ihre Arbeit nicht machen. Sie sind hier, um zu helfen. Schnell und unbürokratisch.« Ihre Lippen kräuselten sich zu einem verächtlichen Lächeln. Ich lächelte zurück. »Dann können Sie ja auf der Pressekonferenz, die ich demnächst geben werde, von Ihren vielen Projekten mit den Waisen erzählen. Ich freue mich schon auf Ihren Bericht.«

Am nächsten Tag erschien sie mit ihren Mitarbeitern auf der Baustelle. Im Schlepptau hatte sie übrig gebliebene Geschenke vom letzten Frauentag. Es waren Tüten voller Spielzeug für Neugeborene. Hätte sie jemals zuvor das Waisenhaus besucht, hätte sie gewusst, dass es dort keine Babys gab.

Am Ende war es dann der sanfte Druck, der bei ihr einen Sinneswandel bewirkte. Dazu musste ich nur noch einmal die Presse erwähnen und dass ich selbstverständlich auch filmen lassen würde. Schließlich sorgte sie dafür, dass das Haus einen großen Esstisch mit vierundachtzig Stühlen sowie einen Geschirrschrank bekam. Die Pressekonferenz fand übrigens nie statt, aber bei der Übergabe dankte ich unserer »Wohltäterin wider Willen«. Ohne Aufforderung unterstützten hingegen meine Kameraden vom PRT das Waisenhaus. Wann immer die Jungen und Mädchen dort eine warme Mahlzeit erhielten, verdankten sie diese den deutschen Soldaten. Sie veranstalteten Versteigerungen und sammelten Geld. Viel und schnell. Über 5000 Dollar kamen für eine Küche zusammen. Alle, die sich seinerzeit an den Aktionen beteiligten, hinterließen so ihre Spuren am

Hindukusch. Belohnt wurden sie mit einem Kinderlächeln. Eines, das sie sich in Erinnerung riefen, wenn der Zweifel immer größer wurde und sie die Sinnhaftigkeit ihres Einsatzes in Frage stellten.

Täglich war ich auf der Baustelle. Das Wetter war ähnlich wie in Deutschland. Nasskalt mit Temperaturen rund um den Gefrierpunkt. Mir war wichtig, dass ein Haus errichtet wurde, das Erdstößen standhielt. Am Hindukusch gibt es hin und wieder starke Beben, da hier die indische Erdplatte gegen die asiatische stößt. In den vergangenen hundert Jahren wurden über dreißig schwere Erdbeben gezählt. 1998 wurden bei einem an der Grenze zwischen Afghanistan und Tadschikistan mehr als 6000 Menschen getötet. 2002 verloren in der Nordprovinz Baghlan rund tausend Menschen ihr Leben. Meine Ängste kamen also nicht von ungefähr. »Keine Sorge, es ist nicht das erste Gebäude, das ich betreue«, beruhigte mich der Bauunternehmer. Er zeigte auf das Fundament aus Beton und Bruchsteinen der Umgebung. Anders als in den ärmeren ländlichen Regionen üblich, waren die Außenwände nicht aus Lehm, sondern aus gebrannten Ziegeln gemauert.

War ich nicht vor Ort, kümmerte ich mich um die Kinder, die es kaum abwarten konnten, in das Haus einzuziehen. »Sind wir wirklich zum Nauroz in unserem neuen Zuhause?«, fragten sie mich ständig. Ich nickte. Dass die Arbeiter pünktlich fertig werden würden, daran hatte ich keine Zweifel.

»Stimmt es, dass ich ein eigenes Bett bekomme«, wollte eines Tages ein kleiner Junge wissen.

»Natürlich«, erwiderte ich.

Er kletterte auf meinen Schoß: »Das ist gut, Tante Soraya.« Ich spürte durch sein dünnes Hemd sein Herz schlagen. Dann blickte er mich an. »Aber ich möchte im Hochbett nicht oben schlafen«, flüsterte er.

»Warum denn nicht?«

Seine Stimme wurde immer leiser. So dünn wie ein Luftzug. »Oben stirbt man.« Ein Schauer lief durch seinen schmächtigen Körper.

Vorsichtig drückte ich ihn an mich. »Du bekommst unten ein Bett. Ein ganz schönes.« In bunten Farben malte ich es ihm aus. »Soll ich dir ein Geheimnis verraten?« Er nickte vorsichtig. »Wir ziehen schon einen Tag vorher um.« Sein Herz klopfte schneller. Aufgeregt sprang er von meinen Knien herunter und rannte zu seinen Freunden.

»Für die offizielle Eröffnung hat sich die Familienministerin angekündigt, allerdings sollte sie nicht am Neujahrsfest stattfinden, da kann sie nicht«, teilte mir Gouverneur Muhammad Omar eines Tages freudestrahlend mit.

Ich schüttelte den Kopf: »Das geht nicht.«

»Warum nicht? Sie ist schließlich die Ministerin.«

Erneut schüttelte ich den Kopf. »Ich habe meiner Mutter versprochen, das Fest mit ihr gemeinsam zu feiern.«

Bei dem Wort »Mutter« wird jeder Afghane weich. Omar sah mich eindringlich an: »Wie stellen Sie sich das Ganze denn vor?«

Geplant hatte ich, mit den Kindern am 20. März umzuziehen. Am nächsten Tag wollten die Soldaten des PRT Kunduz das Fest für die Waisen ausrichten, während ich in Kabul bei meiner Familie sein wollte. Zum ersten Mal seit meiner Flucht vor den Russen. Das teilte ich auch Muhammad Omar mit.

Der Gouverneur stieß einen tiefen Seufzer aus: »Also gut. Aber wir nennen das Ganze Übergabe und nicht Eröffnung.«

Alles verlief dann so, wie ich es mir vorgestellt hatte. Der Bauunternehmer hatte Wort gehalten, das Haus war pünktlich fertig geworden. Ein großer Bus, geschmückt mit Luftballons, holte die vierundachtzig Jungen und Mädchen ab. Jeder von ihnen trug seine besten Sachen. Unterwegs sangen und lachten wir. Als wir durch das große Tor fuhren, wurden sie plötzlich still. »Hier dürfen wir wohnen?«, fragte ein kleines Mädchen schließlich. »Ja, das ist euer neues Zuhause.« Erst zögerlich und dann immer schneller stürmten sie nach draußen. Lachten, weinten, hielten sich in den Armen. Gemeinsam gingen wir hinein. Auf jedem Bett lag eine Tafel Schokolade. Und jedes Kind erhielt zudem einen kleinen Koffer mit einem Schlüssel. Es sollte etwas haben, was nur ihm gehörte und wo es seine Schätze aufbewahren konnte.

Nicht nur für die Waisen war der Einzug ein wichtiges Ereignis. Alle waren erschienen, um das neue Heim zu sehen. Vom Gouverneur über Vertreter von Hilfsorganisationen bis hin zu meinen Bundeswehrkameraden und Freunden. Der Bauunternehmer hatte dafür gesorgt, dass es auch ausreichend zu essen gab. Es war ein richtiges Fest. Auch ohne Ministerin. Sie fand übrigens niemals die Zeit für einen offiziellen Besuch. So hielt ich die Rede. An die einzelnen Worte kann ich mich nicht mehr erinnern, aber bestimmt dankte ich allen und hob die Leistungen sämtlicher Beteiligter hervor. Meine Gefühle kann ich jedoch noch genau beschreiben. Es war, als wenn meine Seele Flügel bekommen hätte. Alles, was mich seit meiner eigenen Flucht belastet hatte, schien von mir abzufallen. Wali erzählte ich, es sei einer der glücklichsten Tage meines Lebens gewesen. Anschließend flog ich zu meiner Mutter.

2009 war übrigens das Jahr, in dem mein Mann über seinen Schatten sprang und nach Kabul flog. Zum ersten Mal seit seiner Flucht vor dreißig Jahren. Am Kargha-Damm kaufte er ein Baugrundstück für uns. Ich liebte diese Gegend schon lange. Es gibt ein Bild von mir. Ein Schnappschuss. Entstanden 1973. Ich sitze da träumend am Ufer des gleichnamigen Sees. Fast ein Vierteljahrhundert später, als ich das erste Mal wieder in meiner Heimat war, fuhr ich an diesen Ort. Setzte mich auf einen Felsbrocken im Wasser, riss die Arme weit auseinander. Meine Lungen füllten sich mit der kühlen klaren Luft. Sie schmeckte köstlich und stillte meine Sehnsucht. Mit einem Mal hatte ich kein Heimweh mehr. Dass Wali dort ein Haus für mich bauen wollte, war die Erfüllung eines Traums. Ein Jahr später sollte er den ersten Stein legen. Es ist ein wundervolles Haus geworden. Zweistöckig. Mit viel Platz für Freunde und Familie. Bis heute waren Wali und ich noch nicht gemeinsam dort. Aber in Gedanken habe ich es schon oft besucht.

Von Tätern und Opfern

Für mich war es sehr ungewohnt, 2009 den Sommer in Bonn zu verleben. Ich weiß auch nicht, warum, aber man hatte mich meist während der heißen Jahreszeit in den Einsatz geschickt. Vielleicht lag es daran, dass man glaubte, ich sei die hohen Temperaturen gewöhnt. Aber ich lebte bereits seit dreißig Jahren in der Bundesrepublik, und der Wechsel von den meist durchwachsenen deutschen Sommern in den Backofen am Hindukusch machte auch mir zu schaffen. Wie gern hätte ich einmal den Frühling in Afghanistan erlebt. Darin unterscheiden sich meine alte und neue Heimat kaum. Jeder freut sich auf das erste Grün. Genießt die Vorboten des Sommers. Wenn alles noch jung und frisch ist. Die Farben. Die Luft. Das Leben. Denn die Winter sind auch bei uns zu Hause lang. Und manchmal bitterkalt. Deshalb haben die Schüler wie schon zu meiner Kindheit während dieser Jahreszeit drei Monate lang Ferien.

Doch es ist keine vergeudete Zeit. Es wird viel geredet. Und beinah noch mehr *Tschai sabs* (grüner Tee) getrunken. Er ist das Lebenselixier meines Volkes. Vor allem, wenn man ihn mit Kardamom würzt. Nie werde ich vergessen, wie mich ganz zu Anfang meiner Bundeswehrzeit einmal einige einheimische Patienten des Rettungszentrums zur Seite nahmen. Sie drucksten einige Minuten herum. Schließlich fasste sich ein Mann mittleren Alters ein Herz: »Sie kümmern sich immer um die Kinder und sorgen dafür, dass sie sich hier wie zu Hause fühlen. Aber was ist mit uns?« Ich stutzte. Hatten meine Landsleute hier nicht so viel mehr als in ihren Lehmhütten jenseits des PRT? Er räusperte sich. »Wir vermissen unseren Tee.« Wie hatte ich das nur vergessen können? Egal, wie wenig sie auch besaßen, Tee war das Letzte, auf das sie verzichten würden. »Der Weg zum Himmel führt an der Teekanne vorbei« – lautet bei uns nicht umsonst ein volkstümliches Sprichwort.

Aus Sicherheitsgründen durften Angehörige unserer PRT-Patienten keine Thermoskannen ins Camp bringen. Zu groß war mittlerweile die Sorge geworden, dass sich ein versteckter Sprengsatz darin befinden könnte. Im Fachjargon nennen wir diese todbringende Gefahr IED (Improvised Explosive Devices) und meinen damit unkonventionelle Spreng- und Brandvorrichtungen. Manchmal sind sie tatsächlich so klein, dass sie Platz in einer Getränkedose haben. Für dieses hinterhältige Todeswerkzeug braucht man nicht mehr als eine Sprengladung, einen Zünder und eine Batterie. Und jemanden, den Triggerman, wie wir ihn nannten, der das Ganze auslöst. Er war der Täter mit dem Finger am Abzug. Irgendwo, irgendwann. Den Zeitpunkt bestimmte er. War dadurch unberechenbar. Machte uns Angst. All das wussten meine Landsleute aber nicht, als sie um Tee baten. Sie verstanden die Aufregung nicht. Schließlich waren sie doch die Guten, die Dankbaren, diejenigen, die die Arbeit der Deutschen schätzen und lieben gelernt hatten. Auch sie waren Opfer. Seit vielen Jahrzehnten war ihre Heimat ein Spielball der Willkür. Auf ihren Rücken, dem Rücken des afghanischen Volks, wurden Kriege ausgetragen, die sie weder verursacht noch gewollt hatten.

Ihren Geschichten konnte ich entnehmen, wie sehr sie sich nach Frieden sehnten. Den konnte ich ihnen leider nicht geben, wohl aber Tee. Also besorgte ich ihnen Thermoskannen. Ein bisschen Eigennutz war auch dabei. Denn wenn ich nachts bei den Kindern im Lazarett war, konnte ich so manche Tasse *Tschai sabs* mit den erwachsenen Patienten trinken. Während wir dazu Trockenobst aßen, erzählten sie mir viel. Von ihrer Not. Von ihren Verlusten. Von ihren Kindern, die auf dem Weg zur Schule von einem Bombenangriff überrascht wurden. Von den Massengräbern, in denen sie sich nun befanden. Ein rotes Fähnchen soll an diese letzte Ruhestätte erinnern. Meist wurden sie verscharrt, bevor ihre Eltern wussten, was geschehen war. Zu groß war die Sorge vor Epidemien unter der sengenden Sonne Afghanistans. »Ich kann nur vermuten, dass mein Sohn dort liegt«, schilderte mir ein Patient leise. Wie er suchten viele nach Antworten. Es fiel ihnen schwer, die Trauer zu verarbeiten. Ungewissheit kann manchmal schlimmer sein als der Tod. »Wissen die Soldaten eigentlich, was die roten Fähnchen bedeuten?«, wollte eines Tages eine Mutter von mir wissen, die ihre verletzte Tochter bei uns besuchte. Zwei Kinder hatte sie schon verloren. Sie waren einfach nicht mehr nach Hause zurückgekehrt. Ich nickte und versuchte sie zu beruhigen. »Niemand wird über die Gräber fahren.« Dabei klang ich zuversichtlicher, als ich mich fühlte, und betete inständig, dass dem auch wirklich so war. Dass jemand meinen Kameraden erzählt hatte, wofür die kleinen Wimpel standen.

Landeskundlicher Unterricht hin oder her. Es gab so vieles, was wir nicht voneinander wussten. Zwei Dinge werden wir Deutschen im Einsatz lernen müssen. Unbekannte Größen. Begriffe, die archaisch klingen und jenseits unserer Vorstellungskraft liegen: Blutzoll und Blutgeld. Dahinter verbirgt sich eine grausame Allianz aus Schuld und Sühne.

Blutzoll ist jene Währung am Hindukusch, für die meine Kameraden mit ihrem Leben bezahlten. Ihre Namen werden auf ewig mit Blut in den Staub Afghanistans geschrieben sein. Ihr Tod ist ein Verbrechen an der Freiheit, die sie am Hindukusch verteidigen sollten. Als Blutgeld – *Khun Baha* – wird hingegen die Summe bezeichnet, die eine Familie für den Tod ihrer Angehörigen erhalten wird. In Afghanistan hat das eine uralte Tradition. Sie geht auf die Zeit zurück, als es noch keine wirkungsvollen staatlichen und juristischen Strukturen gab. Mit dieser Zahlung will man sich vor Racheakten schützen. Bis heute. Wie hoch das Blutgeld ist, darüber existieren unterschiedlichste Mutmaßungen. Im Iran soll es sogar eine offizielle Tabelle geben.

Trotz Tränen und Trauer wird gehandelt wie auf einem Basar. Da der Mann meist die Familie ernährt, erhält man für ihn häufig eine höhere materielle Entschädigung als für eine Frau. Das Ganze entbehrt nicht einer makabren Logik. Das Geld soll theoretisch reichen, bis die nachfolgende Generation die Versorgung übernehmen kann. Ein Menschenleben hochgerechnet mit Zins und Zinseszins. Die Bundesregierung zahlt in der Regel aus Respekt vor den Angehörigen innerhalb weniger Tage. So auch 2008. Ich erinnere mich noch gut an jenen heißen August in Kunduz. Wenige Tage zuvor war ein Kamerad bei einem Anschlag auf eine Patrouille gefallen. Die Warnungen für Terroraktionen hatten zugenommen. Da geschah an einem Checkpoint in der Nähe von Kunduz das, wovor jeder die größte Angst hatte. Es kam zu einer tragischen Verwechslung. Bundeswehrsoldaten töteten eine Frau und ihre zwei Kinder, weil sie diese für Attentäter hielten.

Der beschossene Minibus hatte sich auf dem Rückweg von einer Hochzeit in der Region Takhar befunden. Oft

stellte ich mir vor, wie sich die drei müde in ihre Sitze ge-
kuschelt hatten. Noch voller Geschichten über das besuchte
Fest waren. Sich auf zu Hause freuten. Vielleicht hatten sie
mit geschlossenen Augen vor sich hin geträumt. So wie man
es macht, wenn man glücklich und zufrieden ist. Später
würde der Fahrer des Wagens den Mitarbeitern von Gouverneur Omar anvertrauen, er habe in jener Nacht einen
schweren Fehler begangen. Er gab an, aus Angst vor den
Soldaten schnell umgedreht zu sein. Durch sein abruptes
Losfahren löste der Mann die folgenschwere Kettenreak-
tion aus.

Die Stimmung seinerzeit im Camp kann man kaum in
Worte fassen. Trauer um den verlorenen Kameraden. Ohnmacht angesichts der Situation. Tiefempfundene Schuld gegenüber den Opfern. Ein Trauma, das alle, die jenen Sommer im PRT waren, nie mehr loslassen wird. Wir können
es fest in unserer Seele einschließen. Doch wehe, wenn sich
diese Schublade einmal öffnet. Sie ist für jeden Einzelnen
von uns seine persönliche Büchse der Pandora. Niemand
weiß, was mit uns passieren wird, wenn wir den Schmerz
der Erinnerung zulassen. Werden wir genesen? Oder für
immer verloren sein? Auch ich wusste darauf zu diesem
Zeitpunkt noch keine Antwort. Mein Schicksal sollte mich
eines Tages dazu zwingen, auf die Suche danach zu gehen.

Noch warteten jedoch andere Aufgaben auf mich. Martin Osterloh, mein Kamerad und Freund, rief mich kurz vor
meinem fünften Einsatz 2010 an.

»Soraya, sitzt du gerade?«

»Warum?«, fragte ich.

»Du weißt doch, mein Schwiegervater ist Pastor in Bad
Brückenau. Er hat in seiner Kirchengemeinde von deiner
Aktion geschwärmt, und nun warten hundert Pakete à zwan-

zig Kilo darauf, an den Hindukusch zu gelangen.« Es verschlug mir die Sprache. »Die Frauen sind sehr fleißig gewesen«, räumte Martin lachend ein.

Wir vereinbarten, uns gemeinsam mit unseren Ehepartnern zu treffen, um die Sachen zu sortieren. Das würde das Verteilen später erleichtern. Es war unendlich viel Arbeit. Gleichzeitig beflügelte sie mich. Zeigten die Pakete doch, dass die Menschen in Deutschland Afghanistan nicht vergessen hatten. Dass sie sehr wohl unterscheiden konnten zwischen jenen, die Not und Elend brachten, und jenen, die darunter litten. Allerdings stellte mich ihre Großzügigkeit vor ein logistisches Problem. Wie sollten all diese Pakete zur Post kommen? Von den Portokosten mal ganz abgesehen. Am Ende half uns der sogenannte kleine Dienstweg. Eine der Damen aus Bad Brückenau nahm unkonventionell Kontakt zum Verteidigungsministerium auf. Dort war man genauso beeindruckt vom Erfolg der Spendenkampagne wie wir selbst und sorgte dafür, dass die Hilfsgüter ihren Weg zu den Bedürftigen fanden. Als ich in den Einsatz flog, wieder einmal ins Camp Marmal, warteten sie bereits in Afghanistan auf mich.

Wie schon bei den vorherigen Einsätzen gehörte ich zum Sommerkontingent. Zu jenen Soldaten, die die heißeste Zeit des Jahres am Hindukusch verbrachten. Heiß in jeder Hinsicht. Die Temperaturen waren geradezu mörderisch, ebenso wie die Anschläge, die in diesen Monaten zunahmen. Ich hatte darum gebeten, nur als einfache Dolmetscherin eingesetzt zu werden, um dadurch mehr Zeit für soziale Projekte zu haben. Vor allem wollte ich das Frauengefängnis unbedingt wieder besuchen. Hilke sollte ebenfalls im Camp Marmal sein, und ich freute mich auf unsere erneute Zusammenarbeit.

Doch bevor ich in den Einsatz flog, geschah das Unfassbare. Während sich in Deutschland die Bürger auf das lange Osterwochenende freuten, wurden bei einem Überfall der Taliban nahe dem Örtchen Isa Khel, etwa neun Kilometer nordwestlich des PRT Kunduz, drei Bundeswehrsoldaten getötet und acht zum Teil schwer verletzt. Die Situation erinnerte an einen alten Kriegsfilm. Von drei Seiten waren meine Kameraden beschossen worden. Die Aufständischen hatten sie eingekesselt und ihnen den Rückweg abgeschnitten. Der Angriff war von langer Hand geplant worden. Qari Zabihullah, Kommandeur der Taliban, verbreitete hinterher stolz, man sei über jeden Schritt der Deutschen informiert gewesen. Bis zum späten Abend tobte der Kampf, der in die Geschichte der Bundeswehr als Karfreitagsgefecht einging.

Die Deutschen, die die Fernsehbilder von der Rückführung der Gefallenen verfolgten, lernten aber nicht die Choreographie des Todes am Hindukusch kennen. Sie hatten nicht den Hauch einer Vorstellung davon, was passiert, wenn gefallene Soldaten geborgen werden. Nicht nur ihre Kameraden warten mit weinendem Herzen auf sie, sondern auch Mediziner, Sanitäter und Feldjäger mit der Spezialausbildung zum Ermittler. Sie alle müssen funktionieren. Verdrängen, dass dort jemand vor ihnen liegt, mit dem sie vielleicht tags zuvor noch zusammengesessen haben. Dessen Laufbahn und Leben sie kennen. Dessen Lachen noch in ihrem Ohr klingt. Manche beten innerlich, dass das Ende gnädig und schnell war. Andere flüstern es leise, wenn sie dem Leichnam ins Gesicht blicken. Ihre Mienen werden sich verhärten, bis sie zu einer professionellen Maske werden. Ein Abstand, der notwendig ist, um nicht selbst daran zu zerbrechen, wenn sie mit zittrigen Fingern den Fragebogen zur Hand nehmen und ausfüllen, was von dem Menschen noch übrig ist, der sich jetzt in ihrer Obhut befindet.

Respektvoll und demütig werden sie ihn auf seinem letzten Weg begleiten. Sie stehen daneben, wenn der Zinksarg verlötet wird. Das blutdurchtränkte Flecktarn, das noch den Körper des Toten umhüllte, hatten sie zuvor schweigend und verborgen vor den Augen der anderen zum Trocknen aufgehängt. Danach legten sie es zu den Beweisstücken. Indizien dafür, dass sich etwas abgespielt hat, was jahrelang niemand auszusprechen wagte. Dessen Benennung jeder tunlichst vermied. So lange, bis die fünf Buchstaben zum Unwort für die deutsche Armee wurden. Fünf Buchstaben, die man nur hinter vorgehaltener Hand flüsterte: Krieg. Weil nicht sein kann, was nicht sein darf.

Keine zwei Wochen später fielen vier deutsche ISAF-Kräfte im Rahmen einer laufenden Operation im Raum Baghlan, circa achtzig Kilometer südlich von Kunduz. Meine Familie verfolgte jede dieser Nachrichten ganz genau. »Soraya jan, vergiss den Einsatz, vergiss unser Haus. Lass uns hierbleiben.« Wali sah mich eindringlich an. Unsere Söhne nickten. Sie kannten das Land ihrer Eltern nicht, aber sie wussten, dass es nichts mehr mit dem Afghanistan unserer Jugend gemein hatte. Energisch schüttelte ich den Kopf. »Mazar-e Sharif ist nicht Kunduz.« Wortreich umriss ich die Situation vor Ort. Schwärmte von Fortschritten innerhalb der Stadt. Mal wieder hielt ich ein flammendes Plädoyer. Verstanden sie denn nicht, was mich antrieb? Doch, das taten sie. Vielleicht mehr, als ich mir eingestehen wollte. Und aus diesem Grund ließen sie mich abermals gehen.

Als ich in MES landete und aus der Maschine stieg, hatte

ich das Gefühl, gegen eine Wand aus Hitze und Staub zu laufen. Die Sonne blendete mich so sehr, dass alles in einer grellen Masse zu versinken schien. Trotz Sonnenbrille konnte ich im ersten Moment nichts erkennen. Das Licht war so gleißend hell, dass sich meine Augen nur langsam daran gewöhnten. Was ich sah, kam mir einerseits bekannt vor, andererseits überraschte es mich. Das Camp Marmal hatte sich seit meinem letzten Einsatz 2008 stetig weiterentwickelt. Im März 2010 hatte das hier stationierte »Einsatzgeschwader Mazar-e Sharif« (EG MES) seinen größten Umfang erreicht. Inzwischen waren dort nicht nur Tornados, Transalls und CH-53-GS-Hubschrauber stationiert, sondern auch unbemannte Luftfahrzeuge – sogenannte Aufklärungsdrohnen – vom Typ »Heron 1«, die die Bundeswehr kurz zuvor von Israel geleast hatte. Ich kannte sie bislang nur von Fotos und war erstaunt, dass sie nur 8,5 Meter lang waren. Im Vergleich zu einer zweiunddreißig Meter langen Transall kamen mir die Drohnen direkt winzig vor.

Aber wer war ich, dass ich mich über Größenunterschiede wundern durfte? Bei 1,55 Meter Körperlänge war ich selbst ein Zwerg unter Riesen in Flecktarn. »Dich kann man gar nicht übersehen«, rief in diesem Moment Hilke, die mich zur Begrüßung umarmte. Lachend zeigte sie dabei auf meinen weißen Schal. Ich sah zu ihr hoch. Wie zuvor trug sie ihr Haar zu einem schlichten Pferdeschwanz gebunden. In der Sonne schimmerte es goldener denn je. Meines wurde hingegen immer grauer. »Du siehst blass aus, aber das wird sich ja bald ändern«, sagte Hilke gut gelaunt.

Wir hatten uns vorgenommen, uns erneut um die Insassen des Frauengefängnisses zu kümmern. »Was du dort sehen wirst, wird dir nicht gefallen«, warnte mich meine Freundin. »Eines der Mädchen, das du schon von deinem letzten Besuch kennst, hat inzwischen ein Kind bekommen. Sie ist jetzt Mutter einer Tochter.« Irritiert sah ich sie an. Offensichtlich konnte Hilke meine Gedanken lesen. »Wir fahren in den nächsten Tagen ins Gefängnis, dann wirst du es mit eigenen Augen beurteilen können.«

Mir graute davor. Ich hasste das Gefühl, nicht nachhaltig etwas bewegt zu haben. Die Schicksale vieler Frauen in meiner Heimat erzählen Geschichten von Brutalität und Unmenschlichkeit. So grausam, dass einem allein vom Zuhören übel werden kann. Auch neun Jahre nach dem Sturz des Taliban-Regimes sind Ungerechtigkeit, Gewalt und Unterdrückung weiterhin Alltag für viele meiner Geschlechtsgenossinnen.

Wird eine Frau beispielsweise vergewaltigt und dabei geschwängert, so landet meist sie und nicht ihr Peiniger hinter Gittern. Ihr wird in diesem Fall ein Sittenverbrechen vorgeworfen. Vor allem, wenn sie ihren Vergewaltiger anschließend nicht ehelichen will, um die Ehre der Familie zu retten. Und nicht nur das. Statistiken präsentieren uns ein düsteres Spiegelbild meiner Heimat: Kinderehen sind nach wie vor weit verbreitet. Laut der UN-Frauenentwicklungsorganisation UNIFEM und der afghanischen Menschenrechtsorganisation ist bei über der Hälfte aller Hochzeiten im Land einer der Partner jünger als sechzehn Jahre. Ein Großteil der Mädchen wird bereits im Alter zwischen zehn und dreizehn Jahren verheiratet. Generell sind 82 Prozent der Afghaninnen von häuslicher Gewalt betroffen.

2010 bekamen all diese namenlosen geschundenen Frauen plötzlich ein Gesicht. Das von Bibi Aisha. Ihr Mann hatte der Achtzehnjährigen zur Strafe Nase und Ohren abgeschnitten, nachdem sie von zu Hause geflohen war, um in einem Kabuler Frauenhaus Schutz zu suchen. Dort fand er sie. Brachte sie zurück. Ein Taliban-Kommandeur fungierte als Richter und fällte ein Urteil, das abschreckend auf alle anderen jungen Mädchen wirken sollte. Mehrere Männer hielten Aisha fest, während er sich an ihr rächte. Anschließend ließ er sie zum Sterben zurück. Doch sie wurde gerettet und kam in ein Lager nach Kabul. In der amerikanischen Grossman Burn Foundation fand man einen Sponsor für eine achtmonatige medizinische Behandlung in den USA. Ihr verstümmeltes Antlitz auf dem Cover des *Time Magazine* im August desselben Jahres bewegte die ganze Welt. Heute lebt sie unter einem neuen Namen in New York und rät ihren Leidensgenossinnen in der Heimat: »Ich will allen Frauen, die misshandelt werden, sagen, dass sie stark sein sollen. Sie sollen niemals aufgeben und niemals die Hoffnung verlieren.«

Worte, mit denen auch ich die Gefängnisinsassinnen immer wieder tröstete. Manche lächelten dabei traurig. Andere waren selbst dazu zu schwach. Die junge Frau, von der Hilke gesprochen hatte, sah ich sofort. Sie hielt ein Kleinkind im Arm. Wiegte es hin und her. War versunken in ihrer eigenen Welt. Ich wusste, sie würde mir nicht erzählen, was mit ihr passiert war. Wer der Vater ihres Babys war. Zu groß würde ihre Angst sein, dass man es ihr entziehen könnte. Auch wenn es kein Kind der Liebe gewesen ist, so war es doch ihr ganzes Glück. Ihr einziger Lichtblick in der Dunkelheit der Zelle.

Ihr Anblick machte mich traurig und wütend zugleich. Ich stellte den Direktor zur Rede. »Wie kann das sein, dass in einem Gefängnis eine Frau schwanger wird, zumal sie weder verheiratet ist noch Männerbesuch empfangen darf?«

Er tat unschuldig. Wusste angeblich nicht, was ich meinte.

Doch ich bemerkte das nervöse Zucken seiner Augenlider. Auch ahnte ich, dass ich nichts erreichen würde. Nicht bei ihm. Aber ich würde nicht müde werden, die Geschichte der jungen Frau zu erzählen. Bei einem Treffen mit Gouverneur Atta Noor brachte ich das Thema zur Sprache. Ob es Konsequenzen hatte, weiß ich leider nicht. Die Unterredung fand erst am Ende meines Einsatzes statt.

Meiner Familie hatte ich erzählt, in Mazar-e Sharif würde ich mich völlig frei und sicher bewegen können. Davon war ich auch ausgegangen. Und lange Zeit hätte ich nichts Gegenteiliges behaupten können. Wann immer Hilke und ich auf den Straßen unterwegs waren, hatten wir keine Angst verspürt. Das änderte sich jedoch eines Tages schlagartig. Wir befanden uns auf dem Rückweg vom Waisenhaus, als uns über Funk eine Nachricht erreichte. In einem violetten Toyota Corolla wurde ein Attentäter vermutet. »Lila?!« Ich war mir sicher, dass es in Afghanistan vielleicht maximal zwei Wagen in dieser auffälligen Farbe geben konnte. Doch plötzlich schienen sie überall zu sein. Sie schossen über Kreuzungen hinweg. Bogen unerwartet vor uns auf die Straße. Parkten vor Hauseingängen. Mein Puls raste, während meine Kameradin das Gaspedal durchdrückte. Sie war die Ruhe selbst, während mir der kalte Schweiß den Rücken entlanglief. Zwischendurch warf Hilke mir aufmunternde Blicke zu. Ich nickte. Als wir endlich im Camp eintrafen, klebte meine Uniform am Körper.

So deutlich hatte ich noch nie gefühlt, was die Soldaten täglich in Kunduz, wo solche Warnungen anders als in Mazar-e Sharif bereits zum Alltag gehörten, auch psychisch leisteten. Dass jede Fahrt für sie zum Höllentrip werden könnte und ihnen das klar war. Mit diesem Wissen gingen sie jeden Abend schlafen und wachten am Morgen auf. Ob ihre Familien das ahnten? Oder würden sie es für sich behalten und, wann immer ihre Angehörigen darauf zu sprechen kamen, das Ganze mit einem »Keine Sorge, ich weiß, was ich tue« beiseitewischen? Keiner von ihnen wollte seine Lieben unnötig belasten. In Momenten wie diesen fühlte ich mich unendlich egoistisch. Für sie war es ihr Beruf, manchmal auch ihre Berufung. Befehl und Gehorsam waren Teil ihres Seins. Ebenso wie Dienst nach Vorschrift. Manche zählten über tausend Einsatztage. Hatten dadurch die Geburtstage ihrer Kinder verpasst. Den Hochzeitstag mit der Frau nicht feiern können.

Aber ich ging in den Einsatz, weil ich es wollte, und nicht, weil ich es musste. Ich träumte von einer besseren Welt. Einer, in der ich meine alte Heimat retten und meiner neuen helfen konnte, den Frieden am Hindukusch zu verteidigen. Dafür nahm ich freiwillig in Kauf, dass mein Mann und unsere Söhne sich um meine Sicherheit sorgten. Fünfmal hatte ich ihnen das bereits zugemutet. Und immer noch hatte ich das Gefühl, meine Mission nicht erfüllt zu haben. Ich vertröstete sie immer wieder. »Nur noch dieses eine Mal.« Wie oft hatten sie diesen Satz schon von mir gehört?

Eine Absage erteilte ich der Einsatzwehrverwaltung jedoch nie. Anderen schon. Eines Morgens saß ich in unserer Truppenküche beim Frühstück. Der Platz neben mir war frei. Wie so oft. Meine Kameraden wussten, dass ich dann nicht besonders gesprächig bin. Meistens hockte ich gedankenverloren mit einem Becher Kaffee und einem Marmeladenbrötchen am Tisch und versuchte, wach zu werden. Es waren jene trägen Momente, bevor das Koffein in die Blutbahn schießt, die ich am liebsten allein genoss. Hätte ich gekonnt, ich hätte mir ein »Bitte nicht stören«-Schild umgehängt. So auch an diesem Morgen.

»Darf ich Ihnen Gesellschaft leisten?« Jemand versuchte meine Ruhe zu stören. Ich blickte kurz hoch. Wollte wissen, zu wem die Stimme gehörte. Ein Mann mit einem Tablett in der Hand. Ein Zivilist. Jung. Dynamisch. Freundlich lächelnd. Lässig gekleidet. Khakihose und T-Shirt. Die Haare zurückgegelt. Ich schüttelte den Kopf und widmete mich weiter dem Brötchen. Plötzlich wurde ich mir der Stille um mich herum bewusst. Alle starrten mich an.

»Weißt du denn nicht, wer das ist?«, fragte mich ein junger Feldwebel.

»Keine Ahnung.« Man konnte schließlich nicht jeden Mitarbeiter einer Hilfsorganisation kennen.

»Gerade hast du unserem Verteidigungsminister einen Korb gegeben.«

Ich drehte den Kopf in die Richtung, in die nach meiner verschwommenen Wahrnehmung der Zivilist gegangen war. Karl-Theodor zu Guttenberg tat in diesem Augenblick das Gleiche. Er grinste. Danach frühstückten wir beide weiter. Mit dem Unterschied, dass ihm der Appetit nicht vergangen war. Es handelte sich übrigens um einen unangekündigten Kurzbesuch des Ministers. Ihm war es wichtig, regelmäßig bei der Truppe in Afghanistan zu erscheinen. Kontakt zu halten. Die Stimmung zu spüren. Sich unkonventionell unter die Soldaten zu mischen. Dabei wirkte er nie wie ein Fremdkörper, sondern völlig authentisch. »Sie können stolz auf Ihre Leistungen im Einsatz sein: Ich danke Ihnen für Ihr Herz und Ihre Emotionen«, lobte er uns zum Abschluss. Unwillkürlich lief ich rot an. Dachte an mein Verhalten beim Frühstück. Hilke sah mich verschwörerisch an: »Du warst ja auch sehr emotional heute Morgen.« Am nächsten Tag flog der Minister weiter nach Kunduz. Dies war der erste Besuch eines ranghohen deutschen Politikers in einem afghanischen Kampfgebiet. Für ihn eine Selbstverständlichkeit.

Den nächsten Besucher erkannte ich hingegen: Wali. Er hatte Wort gehalten und den Rohbau unseres Hauses in Kabul fertiggestellt. In Mazar-e Sharif wohnte er bei einem befreundeten Ehepaar. Beide waren Ingenieure und hatten im Auftrag der Bundeswehr verschiedene Baumaßnahmen wie etwa die Asphaltierung im Feldlager übernommen. Da mein jüngster Bruder Farid gerade seinen Einsatz in Faizabad beendet hatte und ebenfalls in MES war, schlug ich Wali vor: »Lass uns eine Abschiedsparty für ihn geben, du könntest dann kochen.« Wali war von dieser Idee begeistert. Körbeweise schleppte er Lebensmittel ins Haus unserer Freunde. Während er in Bonn beim Zubereiten afghanischer Mahlzeiten oft improvisieren musste, weil er die richtigen Zutaten nicht bekam, konnte er hier aus dem Vollen schöpfen. Abends fuhr er seine Köstlichkeiten ins Camp Marmal. Mein Bruder traute seinen Augen nicht. Es wurde ein wundervolles Fest.

Rückblickend war 2010 wohl das Jahr für mich, das mich innerlich zerriss. Freud und Leid lagen dicht beieinander. Wali hatte unser Haus in Kabul fast fertiggebaut. Wir waren das erste Mal seit unserer Flucht wieder gemeinsam in unserer Heimat. Ich hätte so etwas wie Glück spüren müssen. Stattdessen war da Traurigkeit. Jene Leere, die manchmal am Ende eines erfüllten Traums auf uns lauert. Wir wollten unser letztes Lebensdrittel in einem Afghanistan genießen, das so sicher und frei war wie das Land meiner Kindheit. Neun deutsche Soldaten hatten für diese Freiheit allein 2010 ihr Leben gelassen. Seit Beginn der Bundeswehrmission am Hindukusch waren in keinem Jahr mehr Deutsche gefallen. Von den unzähligen Opfern unter meinen Landsleuten ganz zu schweigen.

Der Einsatz hatte ein neues Gesicht bekommen. Man sprach nun von Gefechten, Gefallenen und Krieg. Ein Krieg, der schon länger dauerte als der Zweite Weltkrieg. Die Bilder und Fernsehberichte über die toten Soldaten machten ihn als menschliche Tragödie spürbar. Und ich sollte ein Teil davon werden. Schneller, als ich ahnte. Kaum war ich zurück in Bonn, erhielt ich einen Anruf von Thomas Tholi. Wir kannten uns seit 2006, als wir beide eng mit General Kneip zusammenarbeiteten.

»Soraya, hast du schon gehört?«, fragte er.

»Was?«

»Markus Kneip wird 2011 wieder ISAF-Kommandeur in Mazar-e Sharif.« Ehe ich antworten konnte, redete er weiter: »Was hältst du davon, wenn wir wieder ein Team werden?«

Einen Moment schwelgten wir in Erinnerungen. Schön war's 2006. Erfolgreich auch. Darin waren wir uns einig. Am liebsten hätte ich sofort zugesagt, wiegelte stattdessen aber ab: »Zuerst muss ich mit meiner Familie sprechen.« Ich ahnte schon, wie diese reagieren würde.

»Nein.« Wali, Walid und Lahib waren sich prompt einig.

Mein Mann fügte hinzu: »Du hast genug für beide Länder getan. Es reicht.« Unsere Söhne nickten zustimmend.

Sie hatten ja recht. Mit dem Waisenhaus war mein größter Wunsch in Erfüllung gegangen. Genauso gut konnte ich zukünftig in Deutschland Spenden sammeln, um es weiterhin zu unterstützen. Dennoch wollte ich gehen. Und das teilte ich ihnen auch mit.

Walid schnaubte: »Mama, dort herrscht Krieg. Du bist hinter den Zinksärgen hergelaufen. Was muss denn noch passieren?«

Es folgten lange Diskussionen. Wie vor jedem Einsatz. Leicht machten sie es mir nicht. Doch wieder einmal setzte ich mich durch. Den Ausschlag gab General Kneip. Meine Familie lernte ihn kennen und erfuhr, wie gut er vor Ort geschützt wird. Dabei versicherte ich ihnen, dass er als Kommandeur nie ohne gepanzerte Fahrzeuge und Personenschützer unterwegs sein würde. Diese Bemerkung gab meinen Söhnen und meinem Mann das Gefühl von Sicherheit. Schließlich hieß es: »Aber versprich uns, dass es das letzte Mal ist.« Und das wurde es auch. Auf andere Art und Weise als gedacht.

So nah am Tod

Im Februar 2011 sollte es losgehen. Kurz vor meinem Abflug starb meine Mutter in Kabul. Verliert man seine Eltern, ist es immer zu früh, egal wie alt man selbst ist. Da der Großteil meiner Geschwister inzwischen in Deutschland lebte, richtete ich bei uns in Bonn eine Trauerfeier aus. Seltsam surreal. Abschiednehmen ohne wirklichen Abschied. So kam es mir jedenfalls vor. Tatsächlich glauben konnte ich es nicht, dass Mama tot war. Für mich ist sie mein letztes Bindeglied zur Heimat gewesen. Sie war mein Zuhause. Nicht nur in Kabul. In jeder Hinsicht. Bei ihr durfte ich Kind sein. Nun war das letzte Band zerschnitten. »Wenn ich im Einsatz bin, werde ich ihr Grab besuchen«, schwor ich mir. Und war mir sicher, dass ich dort meinen inneren Frieden wiederfinden würde. Ich wollte nicht mehr kämpfen. Gegen mein Schuldgefühl und die Dämonen jenes Afghanistans meiner Jugend.

Einen Tag nach dem kleinen Gedenkgottesdienst flog ich nach Mazar-e Sharif. Zu dieser Jahreszeit ist es selbst dort ziemlich ungemütlich. Selten klettert das Thermometer tagsüber über zehn Grad. Nachts kann es durchaus auf unter null Grad Celsius sinken. Fast deutsche Verhältnisse. Auch was den Regen betrifft. Während in den Sommermonaten gar kein Niederschlag fällt, sind gerade der Februar und März im Norden Afghanistans regnerisch und kalt. Wie alle sehnte ich mich nach Sonne.

Generalmajor Kneip übernahm am 24. Februar das Kommando des deutschen Einsatzkontingents ISAF. Zugleich war er damit Regionalkommandeur Nord. Mit dem Wissen von heute deute ich die Vorzeichen von damals anders. Nur sechs Tage zuvor fielen bei einem Zwischenfall im Observation Point North bei Baghlan drei deutsche Soldaten. Sechs Kameraden wurden verwundet, zwei von ihnen schwer. Bei einem Angriff auf eine deutsche Patrouille nahe Kunduz wurden ebenfalls am 18. Februar ein weiterer Soldat mittelschwer und drei leicht verletzt.

Mittlerweile waren wir es gewöhnt, zu trauern und gleichzeitig zu funktionieren. Afghanistan befand sich in einem Schwebezustand. Immer mehr ausländische Soldaten verloren ihr Leben, trotzdem sprach die afghanische Regierung von Fortschritten. Beharrte verstärkt auf Selbständigkeit. Rund vier Wochen nach Kneips Dienstantritt kündigte Präsident Hamed Karzai offiziell an, im Juli sieben Regionen des Landes übernehmen zu wollen, die von der Internationalen Schutztruppe ISAF kontrolliert wurden. Darunter auch die Stadt Mazar-e Sharif. Ich musste an Gouverneur Atta Noor denken und dessen Abneigung gegenüber dem Regierungsoberhaupt. Es standen uns politisch brisante Zeiten bevor, das war nicht zu übersehen.

Doch zuvor zog der Glamour ins Camp ein. Und zwar in Form von König Carl Gustaf von Schweden. Im Einsatz hatte ich so oft mit prominenten Besuchern zu tun, dass ich kein Lampenfieber mehr verspürte. Der Monarch mit dem Dienstgrad eines Vier-Sterne-Generals der schwedischen Streitkräfte kam Mitte April zu einer anderthalbtägigen Stippvisite. Er wollte das im südlichen Teil der Stadt beheimatete Lager »Northern Lights« besuchen. Dort war auch das von Schweden geführte PRT stationiert. General Kneip holte den Royal auf dem Flugfeld ab, und König Carl Gustaf nutzte die Gelegenheit zu einem kurzen Informationsgespräch. Zur Feier des Tages hatte ich sogar meinen schlichten weißen Schal gegen einen prächtigen grünen eingetauscht. Aber nicht, weil ich den König mit meinem Anblick beeindrucken, sondern dessen Frau meine Aufwartung machen wollte. Zu meiner großen Enttäuschung war Königin Silvia jedoch nicht an seiner Seite. Als ich ihrem Mann auf dem Weg zum Kommandeur begegnete, hieß ich ihn in meiner Heimat willkommen. Er schaute mich verwundert an: »Wieso bezeichnet eine deutsche Soldatin den Hindukusch als ihre Heimat?« Schnell klärte ich ihn auf: »Ich trage eine Bundeswehruniform, bin aber eine Tochter Afghanistans.« Ihm gefiel, was er hörte. Zum Abschied gab es daher einen Handkuss.

Wie bei allen sechs Einsätzen zuvor, gestaltete sich mein Dienst gleichermaßen spannend wie anstrengend. Dennoch verspürte ich so etwas wie Heimweh. Ein wohlvertrautes Gefühl. Allerdings hatte ich dieses wehmütige Ziehen im Herzen sonst nur, wenn ich in Deutschland war und an Afghanistan dachte. Niemals andersherum. Das war neu. Zum ersten Mal bat ich darum, ein paar Tage Urlaub nehmen zu dürfen. »Ich möchte am Muttertag zu Hause sein«, erklärte ich meinem Kommandeur. Dauert der Einsatz über sechs Monate, ist das kein unüblicher Wunsch, der, wenn nichts dagegen spricht, auch gewährt wird. Kneip nickte. Er wusste, dass meine Mutter gerade gestorben und wie wichtig mir deshalb dieser Tag war.

In Bonn genoss ich die Zeit mit meiner Familie. »Mama, deine Haare sind aber lang geworden«, strahlte mich Lahib an. In einer Werbung hatte er einmal eine Frau mit einem langen silberweißen Zopf gesehen. Seitdem lag er mir damit buchstäblich in den Haaren. Aus diesem Grund hatte ich sie nun wachsen lassen. Im Kreise der Lieben vergingen die Tage wie im Flug, und ehe ich mich's versah, war ich wieder am Hindukusch.

Es ging alles so schnell. Ich hatte das Gefühl, noch gar nicht wieder richtig angekommen zu sein, als der neue Verteidigungsminister Thomas de Maizière am 25. Mai berichten musste, dass ein Bundeswehrsoldat beim Einsatz in Afghanistan gefallen sei. »Es handelt sich um einen feigen, anonymen Sprengstoffanschlag, der einen jungen Mann buchstäblich aus dem Leben gerissen hat«, so der Minister. Ein weiterer Soldat sowie ein afghanischer Übersetzer waren dabei verwundet worden. An diesem Tag wurde der neunundvierzigste Bundeswehrsoldat in Afghanistan getötet.

Hauptmann Markus Matthes gehörte zu einer Patrouille eines in Kunduz stationierten Infanteriebataillons. Sie sollte, nach den Worten des Generalinspekteurs Volker Wieker, im Norden des Distrikts Chardara routinemäßig »die Bewegungsfreiheit sichern«. Der Dreiunddreißigjährige aus dem hessischen Stadtallendorf fuhr an jenem Mittwoch in einem »Fuchs«-Transportpanzer auf einer Verbindungsstraße vierzehn Kilometer nordwestlich vom PRT Kunduz. Bei der NATO bezeichnet man die Versorgungsroute als »LOC Cherry« (Line Of Communication: militärisch für wichtige Verbindungsstraße). Um 7.34 Uhr deutscher Zeit (Ortszeit: 10.04 Uhr) geriet seine Patrouille in einen Hinterhalt. Zwei Sprengfallen explodierten nacheinander. Der Offizier wurde tödlich verletzt und starb nur wenige Tage vor seinem vierunddreißigsten Geburtstag. »Dieser Anschlag berührt uns alle. Er trifft uns alle ins Herz«, wird Minister de Maizière später sagen.

Als uns die Nachricht erreichte, stockte mir der Atem. Die Einschläge kommen näher, dachte ich. Nie hätte ich es aber gewagt, meine Bedenken laut auszusprechen. In Situationen wie diesen gehört ein Kommandeur an die Seite seiner Kameraden. Wir flogen nach Kunduz zur Trauerfeier. Anschließend sollte es weitergehen zur Sicherheitskonferenz nach Taloqan. Auf dem Weg dorthin hörte ich nicht das Brummen der Rotorblätter des Hubschraubers, sondern mit jeder Bewegung immer nur dumpf: »Warum?«

Als wir aus dem Helikopter kletterten, zitterten mir die Knie. »Alles okay?«, fragte Thomas Tholi. Müde zuckte ich mit den Schultern. Markus Kneip hatte seinen einheimischen Kon-Kommandeur General Salmai Wissa mitgebracht. Ich übersetzte daher seine Trauerrede: »Nicht weit weg von hier, aber Tausende Kilometer von zu Hause hat Hauptmann Matthes das Wertvollste gegeben – sein Leben. Genommen von einem Mörder.« Anschließend verlieh unser Kommandeur dem Gefallenen posthum im Auftrag des NATO-Generalsekretärs die NATO-Einsatzmedaille. Doch es war nicht das offizielle Zeremoniell, das mir an diesem Morgen so unter die Haut ging. Es war der persönliche Abschied der Soldaten von ihrem Kameraden. Für ihren Militärpfarrer Rolf Becker war es das erste Mal, dass er den Schmerz um einen Gefallenen seelsorgerisch begleiten sollte. Am Abend zuvor hatte er lange mit ihnen über den Toten gesprochen. Fragte nach dessen Persönlichkeit. Wollte wissen, wer der Mensch war, der nun im Zinksarg heimkehren sollte. Anekdoten waren erwünscht. An diesem Abend wurde Markus Matthes noch einmal lebendig. Er habe gern Pop- und Rocksongs gehört, erzählten die Soldaten. In manchem Satz klang ein »Weißt du noch?« mit. Ja, sie wussten es alle. Hörten ihn mitsummen. Nein, es sollte keine militärisch erstarrte Feier werden. Tod kennt keine Vorschrift. Trauer auch nicht.

Der Militärseelsorger nahm all das Gehörte in sich auf. Unter der gleißenden Sonne Afghanistans ließ er sein Herz sprechen: »Alles, was auf der Erde geschieht, hat seine von Gott bestimmte Zeit ... Dieser Gott trifft auch Entscheidungen, die wir nicht verstehen. Warum Gott es anders macht, weiß ich nicht, und alle Versuche, das zu erklären, sind Versuche und bleiben Versuche.« Es war eine ehrliche Predigt. So wie die Musik, die man dem Kameraden mit auf seine letzte Reise gab: »Leave No Man Behind!« – »Lasst keinen zurück« aus dem Soundtrack des amerikanischen Antikriegsfilms *Black Hawk Down* von Ridley Scott. Ein traurig-melancholischer Rocksong. Markus Matthes sollte an diesem Tag heimkehren, aber sein Leben musste er zurücklassen.

Normalerweise fand ich Trost in den Strukturen der Bundeswehr. Sie gaben mir Halt, wenn das Leben aus dem Rhythmus geriet, und das umfasste auch die Trauerfeiern. Nicht anders war es an diesem Tag im Mai 2011. Ich sah die gleichen Bilder wie auf den anderen Trauerfeiern. Hörte die gleiche Musik. Es war alles so vertraut, aber mit einem Mal machte mir etwas Angst. Traditionell wurden das Trompetensignal »Ich hatt' einen Kameraden ...« sowie die Nationalhymne gespielt. Da geschah es. »Jemand geht über dein Grab«, flüsterte mir eine Stimme ins Ohr. Mama, dachte ich. Doch ich konnte sie nicht mehr hören. Wartete sie auf der anderen Seite des Seins auf mich? Dann tauchte ein absurder Gedanke auf: Wer wird für mich beten?

Nachdenklich marschierte ich neben meinem Kommandeur. Jeder Schritt eine Qual. Irgendetwas hielt mich. Wollte mich nicht gehen lassen. Als wenn ich spürte, dass das Schicksal mir die Fernbedienung gerade aus der Hand genommen hat. Jemand würde für mich entscheiden. Fast wie der Triggerman. Unberechenbar. Nur er kennt das Wann und Wo. Energisch versuchte ich die Gedanken abzuschütteln. Versuchte mich zu sammeln. Meinen Blick zu fokussieren auf das Hier und Jetzt.

Die Soldaten stehen dicht gedrängt Ehrenspalier. Sie säumen den Weg bis zum Hubschrauberlandeplatz. Ein letzter Akt der Kameradschaft. Ich sehe in ihre Augen. Die meisten verbieten sich die Tränen, während der Sarg mit den sterblichen Überresten von Markus Matthes langsam auf dem Transportpanzer »Fuchs« an ihnen vorbeirollt. Eine Fallschirmjägerformation eskortiert ihn. Wenige trauen sich, die schwarz-rot-goldene Bundesdienstflagge anzuschauen, unter deren raschelndem Stoff einer von ihnen liegt. Sie suchen Halt in der Erinnerung. In den schönen Momenten, die sie irgendwo am Ende des Horizonts wähnen. Dort, wo es keinen 25. Mai und keine Sprengfallen gibt. Mir laufen die Tränen nur so übers Gesicht. Die letzten Tränen, die ich für sehr lange Zeit weinen würde.

Dann müssen wir nach Taloqan. General Kneip wird an einer Sicherheitskonferenz im Gouverneurspalast teilnehmen. Wieder bringt uns der Helikopter dorthin, während zur gleichen Zeit Markus Matthes' Leichnam von einer Hubschrauberformation nach Mazar-e Sharif geflogen wird. Anschließend soll sein Sarg nach Deutschland transportiert werden. Die Vorbereitungen für die Trauerfeier am 1. Juni laufen dort bereits. Noch ahnt niemand, dass dieser 28. Mai alle Pläne über den Haufen werfen wird.

Zu dem Treffen einer NATO-Delegation und afghanischen Behördenvertretern hatte der Gouverneur der Provinz Tachar, Abdul Jabar Taqwa, in seinen Amtssitz eingeladen. Unter anderem soll über die gewaltsamen Proteste vor einem kleinen Bundeswehrstützpunkt gesprochen werden. Bei den massiven Angriffen auf das Lager waren zehn Angreifer getötet worden. Unter den Teilnehmern sind auch der für den Norden zuständige Kommandeur der afghanischen Polizei, General Mohammed Daud Daud, sowie General Salmai Wissa. Die steigende Zahl der Anschläge und Ausschreitungen beunruhigt alle. Doch davon will sich keiner der Anwesenden einschüchtern lassen.

Bei solchen Veranstaltungen ist es üblich, seine Splitterschutzweste auszuziehen. Damit soll Vertrauen symbolisiert werden. Auch an diesem Sonnabend Ende Mai. Wir sind Gäste und stehen unter dem Schutz des Gouverneurs. »Die Sicherheit für dieses Treffen war extrem streng«, wird er später sagen. Die meisten wissen, dass wir gerade von einer Trauerfeier für einen gefallenen Kameraden kommen. General Salmai Wissa hat es erzählt. Eben deshalb rücken alle enger zusammen. Schulterschluss ist wichtig. Nach innen und nach außen. Darin ist man sich einig. Mit einem guten Gefühl verlassen wir die Konferenz.

Während General Kneip bereits ins obere Stockwerk geht, bleibe ich nach dem Verlassen des Konferenzsaals noch einen Moment unten. Wie immer nutze ich hinterher die Gelegenheit zu persönlichen Gesprächen. Mit General Daud Daud verbindet mich eine Liebe zur Poesie. Und auch an diesem Nachmittag tauschen wir uns über einige afghanische Dichter aus, über seine eigenen Gedichte. Ich mag den Zweiundvierzigjährigen. Er ist eine vielschichtige Figur. War Kommandeur der Nordallianz, aktiv im Widerstand gegen das Taliban-Regime sowie gegen die al-Qaida-Milizen. Später, als stellvertretender Innenminister, war er zuständig für die Drogenbekämpfung. Nun ist er seit einem Jahr Chef der Afghanischen Nationalpolizei (ANP) und für acht nördliche Provinzen verantwortlich. Mir gefällt, dass ein Machtmensch wie er eine weiche Seite hat und diese in Gedichten zum Ausdruck bringt. Und ich bete zu Gott, dass das Letzte, was er an diesem Tag hörte, Verse und nicht die Todesschreie der anderen waren.

Die Zeit drängt. Jemand ruft meinen Namen. Ich drehe mich um. Danach versinkt alles im Schwarz des Vergessens. Wie eine Puppe werde ich durch den Raum geschleudert. Meine Knochen zerbersten, als ich gegen die Wand pralle. Meine Haut brennt. Schrapnellkugeln und Mauerreste dringen in meinen Körper ein. Fressen sich gierig durchs Gewebe. Hinterlassen eine todbringende Spur in meinem Fleisch. Werden es zerstören. Ebenso wie Muskeln und Sehnen. Nichts davon merke ich. Auch nicht, dass sich ein Kantholz in meinen Schädel bohrt. Später wird mir ein Kamerad erzählen, dass ich immer wieder versucht habe, den Fremdkörper aus meinem Kopf zu ziehen. Er hält mich fest. Nimmt meinen weißen Schal, der inzwischen rot von meinem Blut ist, und bindet mir die Hände zusammen. Oder das, was davon übrig ist. Eine weiche Masse. Kaum noch als Finger erkennbar. Rauchgeschwärzt. Meinen Kopf bettet er auf seinen Rucksack. Mein Blut durchtränkt den rauen Stoff. Doch dieser Mann wird es niemals über sich bringen, ihn zu waschen. Er soll ihn immer daran erinnern, was an diesem Tag um 16.40 Uhr (Ortszeit) geschah.

Später, viel später, wird man mir erzählen, dass meine Kameraden, Major Thomas Tholi und Hauptfeldwebel Tobias Lagenstein, bei diesem Anschlag starben. Beide kannte ich gut. Tholi war Kneips enger Mitarbeiter. Lagenstein einer seiner Personenschützer. Wir waren Vertraute.

Ein Team. Konnten uns aufeinander verlassen. War das auch in den letzten Sekunden so gewesen, bevor unsere Welt in Trümmer gelegt wurde? Ich kann mich nicht daran erinnern. Oft zermartere ich mir das Hirn, ob ich gesehen habe, was mit ihnen geschah. Blickten sie mir ungläubig in die Augen, bevor sich ihr Leben buchstäblich in Luft auflöste? Haben sie geschrien? Oder ist ihr Abschied still gewesen? Waren unsere Seelen für einen Moment vereint, als ich mit dem Tode rang? Bislang blieb mir mein Gedächtnis die Antworten schuldig. Auch auf diese Frage, die mich seit jenem 28. Mai umtreibt: Warum bin ich immer noch da und sie nicht?

General Mohammed Daud Daud sowie General Shah Jahan Nuri, der Polizeichef von Takhar, verlieren an diesem Nachmittag ebenfalls ihr Leben. General Kneip und Gouverneur Abdul Jabar Taqwa werden verletzt. Beide erleiden Brand- und Splitterverletzungen. Die Gerüchte überschlagen sich. Zuerst gehen die Bundeswehr und die Ermittlungsbehörden von einem Selbstmordattentäter aus. Der Täter soll sich mit einer Polizeiuniform bekleidet als Leibwächter eingeschmuggelt haben. General Wissa beschrieb kurz nach dem Anschlag merklich schockiert die Situation: »Ich hatte meine Splitterschutzweste angelegt und war ein paar Meter hinter den anderen, als der Selbstmordattentäter zuschlug.« Später sollte sich herausstellen, dass es sich um eine ferngezündete Sprengstoffladung, die mit »Kugellagerkugeln« versetzt war, gehandelt hat. Sie soll Tage zuvor im Mauerwerk versteckt worden sein. Der Anschlag galt aber nicht uns Deutschen, zumindest nicht vorrangig, sondern offensichtlich Daud Daud. Verluste auf deutscher Seite hatte man jedoch billigend in Kauf genommen. Der Polizeichef war einer der starken Männer auf Seiten der Regierung in Kabul. Bei der Übergabe der Sicherheitsverantwortung an die Afghanen wäre ihm, dem großen Taliban-Gegner, eine wichtige Rolle zugefallen. Ob sich dadurch die Situation in meiner Heimat geändert hätte, werden wir nie erfahren.

Was mit mir in jenen Stunden nach der Explosion geschah, kann ich nur mutmaßen. Ich war dabei und doch so weit weg. Kameraden und Freunde werden mir davon berichten. Jeder trägt ein Puzzleteilchen zur Wahrheit bei. In den Medien wird stehen, dass ich die bislang am schwersten verletzte deutsche Soldatin war. Doch die Rettungskette der Bundeswehr funktioniert. Zuverlässig. Man flog mich nach Mazar-e Sharif aus. Ich hatte Glück im Unglück. So großes, dass die Dankbarkeit mich immer wieder demütig werden lässt. Ein Neurochirurg aus dem Koblenzer Bundeswehrzentralkrankenhaus nahm mich – oder das, was von mir übrig war – in Empfang. Er wird mein Lebensretter. Denn der Oberfeldarzt hatte den Mut, das Vierkantholz aus meinem Kopf zu entfernen. »Vor der OP war ich unschlüssig, ob sie es schafft. Hinterher war ich optimistischer«, wird er im Nachhinein sagen und auch, dass ich schwerere Verletzungen als alle Verwundeten davongetragen hätte, die er bisher behandelte.

In den nächsten Jahren werden wir uns im Koblenzer Lazarett immer wieder über den Weg laufen. So manches Mal sollte er mich noch operieren. Jedes Mal würde er überrascht sein, wie schnell ich mich berappelte. Ich hingegen werde ihn immer scherzhaft an meinen weißen Zopf von damals erinnern. Vor der OP haben die Schwestern ihn mir abgeschnitten. Merkwürdigerweise war er trotz meiner Verletzungen nicht blutgetränkt. Als feststand, dass ich den Eingriff überleben würde, entsorgte man ihn. Sentimental, wie ich bin, hätte ich ihn gern behalten. Meine langen Haare waren schließlich mein Geschenk an Lahib. Ansonsten bekomme ich alles, was man mir in über dreißig Operationen herausholt, hinterher in Plastikbeuteln zurück. Jede Kugel. Jeden Splitter. Insgesamt über hundert Einzelteile. Sogar den Inhalt meiner Hosentasche hat man mir ausgehändigt. Darunter befanden sich auch die Reste meines Lippenstifts. Darüber musste ich schmunzeln. Mir war gar nicht mehr bewusst, dass ich einmal eitel war.

Wali

Um mich erinnern zu können, musste ich zuerst wieder im Leben ankommen. Noch ist nicht klar, wohin mich meine Reise führt. Ich habe überlebt. Für den Moment. Niemand kann jedoch sagen, ob ich aus dem Koma aufwachen werde. Keiner versucht, eine Prognose abzugeben, ob ich noch Soraya Alekozei sein werde, wenn ich die Augen öffne. Mein Leben hängt an einem seidenen Faden. Gewebt aus der Liebe meiner Familie. Das Einzige, was mich ins Hier und Jetzt zurückholen kann. Wali weiß zu diesem Zeitpunkt noch gar nicht, was passiert ist. Er ist unterwegs zu meiner Freundin Manila. Vorausgegangen war ein Streit, den wir beide am Telefon hatten. Am 27. Mai hatte ich ihn angerufen und mich lauthals beschwert, er hätte es wohl verbummelt, die Sachen für die Frauen im Gefängnis zu schicken. »Du hast die Menschen hier vergessen«, schimpfte ich. Sein schlechtes Gewissen war so groß, dass er sich am nächsten Tag sofort auf den Weg machte, um die Pakete fertigzustellen.

Gegen 17 Uhr kam er nach Hause. Was dann passierte, muss er selbst erzählen, denn ich war nicht dabei. Wer ihn kennt, wird wissen, dass seine Stimme dabei brüchig wird. Dass er sich mit dem Handrücken die Tränen aus dem Gesicht wischt. Zwischendurch wird er den Kopf schütteln, als ob er so die Erinnerung an jenen Sonnabend im Mai loswerden könnte:

»Ich habe mich gewundert, warum ich unzählige Nachrichten auf dem Anrufbeantworter hatte. Allein Walid war sechsmal drauf. Alle fragten nach Soraya. Sagten, sie hätten das von Kneip gehört. Eine böse Vorahnung beschlich mich. Mit zittrigen Fingern griff ich zur Fernbedienung. Stellte den Fernseher an. In den Nachrichten erfuhr ich von dem Anschlag. Mir wurde vor Angst ganz übel. Der General ist verletzt worden, hieß es. Mindestens zwei deutsche Soldaten tot. Soraya jan, was ist passiert? Wo bist du?

Wie in Trance rief ich unsere Söhne an. Beide kommen sofort zu mir. Fast zeitgleich mit zwei Soldaten, einem Arzt und einem Offizier. Walid wird mir anvertrauen, dass er mich noch nie so nervös gesehen hätte. Wir sind alle wie gelähmt. Starren die Männer an. Hören, was sie sagen. Wollen es aber nicht wahrhaben. Sie erzählen vom Anschlag und dass Soraya schwer verletzt sei: ›Es wird alles Menschenmögliche getan, um das Leben Ihrer Frau zu retten.‹ Ich nicke. Sie soll nur leben. Lahib und Walid bleiben diese Nacht bei mir. An Schlaf ist nicht zu denken. Immer wieder starren wir das Telefon an. Wenn es nicht klingelt, ist alles gut.

Stattdessen schellt es am nächsten Morgen an der Tür. Eine Nachbarin. Tränenüberströmt. Sie nimmt mich in den Arm: ›Wali, es tut mir so leid.‹ Ich schiebe sie von mir weg. Sehe ihr in die Augen. Sie weint. Schluchzt. Hält sich die Hand vor lauter Entsetzen vor den Mund. Fast so, als ob sie alles ungeschehen machen könne, wenn sie es nicht ausspricht. Sie sagt es dann aber doch: ›Mein Freund hat mich aus Faizabad angerufen. Er hat gerade erfahren, dass Soraya bei dem Attentat in Taloqan gefallen ist.‹ Ich schüttele den Kopf. ›Nein, sie lebt.‹ Erst dann bemerke ich eine zusammengeklappte Bank neben ihr. Was soll das? Auch sie starrt mich ungläubig an. ›Alle glauben, sie ist tot.‹ Erneut schüttele ich den Kopf, jetzt energischer. Wie gern würde ich ihr sagen: ›Es wird gut.‹ Wieder fällt mein Blick auf die Bank. ›Was soll ich damit?‹, frage ich. ›Die hatte ich für die Trauerfeier mitgebracht, damit die Leute im Garten darauf sitzen können. Ich dachte, du könntest sie gebrauchen.‹ Wäre Soraya da gewesen, hätte sie die Frau in den Arm genommen und geseufzt: ›Ach Schatz.‹

Zwei Tage später, am 31. Mai, wird meine Frau gemeinsam mit General Markus Kneip im MedEvac-Airbus nach Deutschland geflogen. Am Tag zuvor hatte der Kommandeur in Mazar-e Sharif gegen den Willen seiner Ärzte das Krankenbett verlassen, um an der Trauerfeier für die gefallenen Soldaten teilzunehmen. Mit verbundenen Armen saß er im Wagen und ließ sich durch das Ehrenspalier hinter den Särgen herfahren. Danach begleitete er Soraya nach Hause. Am Bundeswehrflughafen in Köln-Wahn warteten wir gemeinsam mit Kneips Angehörigen in einem abgeschirmten Bereich in einem Flugzeughangar. Es war ganz still. Walid meinte im Nachhinein, man hätte es hören können, wenn eine Stecknadel auf dem Mars gefallen wäre. Dann landete endlich der Airbus. Zwei Krankenwagen standen bereit. Zuerst wurde Markus Kneip herausgeschoben. Ein Soldat trat auf mich zu und sagte: ›Der General möchte Sie sprechen.‹ Man sah Kneip die Strapazen und Schmerzen an. Er trug dicke Verbände um die Arme. Seine Augen waren unendlich traurig. ›Ich konnte sie nicht retten.‹ Seine Stimme klang rau. Ganz anders, als ich sie kannte. Ich nickte stumm. Die Ärzte drängten. Zeit bedeutete Leben. Dann brachten sie ihn ins Bundeswehrzentralkrankenhaus nach Koblenz. Seine Söhne blieben bei meinen.

Gebannt starrten wir weiter das Flugzeug an. Ein Krankenbett schien förmlich von der Rampe zu schweben. Soraya war unter einem Zelt. Wie in einem gläsernen Sarg. Überall Schläuche und medizinische Geräte. Ihr monotones Piepen erschien mir wie Sirenen. Vier Ärzte begleiteten sie. Sie blickten mir direkt in die Augen. Nickten aufmunternd. Sagten jedoch nichts. Wollten mir keine Hoffnung machen. Darum wissend, wie fürchterlich es ist, diese hinterher zerstören zu müssen.

Gut eine Stunde dauerte die Fahrt nach Koblenz. Ein Katzensprung. Normalerweise. Aber an diesem Tag war nichts normal. Ein Fahrer der Bundeswehr brachte uns dorthin. Ich hätte keinen Kilometer fahren können. Ausgerechnet ich, der ich seit Jahren ein eigenes Taxiunternehmen hatte. Es kam mir alles so unwirklich vor.

Die Realität holte mich in der Notaufnahme wieder ein. Dort wartete auf Soraya ein zehnköpfiges Ärzteteam. »In einer Stunde können Sie sie besuchen«, rief mir einer der Mediziner zu, als sie das Bett über den Gang rollten. Aus einer Stunde wurden sechs. Die Ärzte hatten sofort mit der Notoperation angefangen. Keine Minute sollte vergeudet werden. Ein Krankenhausseelsorger und ein Soldat pendelten ständig zwischen dem OP und mir hin und her, um mich auf dem Laufenden zu halten. Mir stockte der Atem, als mir der Feldwebel auf die Schulter tippte: ›Sie dürfen jetzt zu ihr.‹ Da war es bereits kurz vor Mitternacht. Sie lag vor mir, und ich weiß, sie hätte diesen Anblick gehasst. So ungeschützt und verletzlich. Nur ein dünnes Tuch bedeckte ihren Körper. Der Raum roch steril. Im kalten Licht sah sie beinah ätherisch aus. Gar nicht mehr wie von dieser Welt. ›Bitte, bitte, verlass mich nicht‹, flüsterte ich. Wie gern hätte ich jetzt ihre Hand berührt. Stattdessen streichelte ich die Luft darüber.

Während Lahib, Walid und ich im Krankenhaus warteten, hatte sich unsere Familie von überall her auf den Weg nach Koblenz gemacht. Selbst Sorayas großer Bruder Ahmad sollte aus Kabul anreisen und Farid seinen Einsatz in Afghanistan unterbrechen. Am Ende werden wir siebenundzwanzig Alekozeis sein, die um ihr Leben bangten. Für die Besucher der anderen Patienten sicherlich ein merkwürdiger Anblick. Eine Gruppe laut redender und weinender Afghanen. Wie immer, wenn wir unter uns sind, unterhielten wir uns auf Dari. Wort- und gestenreich. Oft fiel der Satz: ›Warum hast du sie in den Einsatz gehen lassen?‹ Vorwürfe schwangen in jeder Silbe mit. Die Sorge um Soraya ließ uns noch emotionaler als ohnehin schon werden. Alle waren dünnhäutig. Die Nerven zum Zerreißen gespannt.

Das Lazarett hatte uns Räumlichkeiten zur Verfügung gestellt, damit ein Teil von uns in Sorayas Nähe übernachten konnte. Die ersten Tage waren fürchterlich. Jedes Mal, wenn die Tür aufging, hatte ich Angst, dass mir jemand nun die schlechte Nachricht überbringen würde. Nach einer Woche nahm mich einer der Mediziner zur Seite und flüsterte mir ins Ohr: ›Es sieht tatsächlich so aus, als ob sie durchkommt.‹ Doch ich traute mich nicht, mich zu freuen. Ein paar Tage später hieß es: ›Sie überlebt. Aber wir haben keinen Einfluss darauf, wie das ausgehen wird. Da das Holzstück in der rechten Hirnhälfte steckte, bleibt sie wahrscheinlich gelähmt.‹ Stumm blickte ich dem Oberfeldarzt ins Gesicht. Zum Weinen fehlte mir die Kraft. Man bestellte mich als Sorayas Betreuer. Und nie werde ich den Moment vergessen, als man mich bat, ein Formular zu unterschreiben. Darin stimmte ich zu, dass man ihr die Hände und auch das eine Bein oberhalb des Knies amputieren durfte. Ich kam mir vor wie ihr Henker.

Ein sehr gläubiger Mensch bin ich nicht. Aber in Koblenz ging ich jeden Tag in die Kapelle. Zündete eine Kerze an. Las einen Bibelvers. Einer ist mir im Gedächtnis haftengeblieben: ›Siehe, ich will sie heilen und gesund machen und will ihnen dauernden Frieden gewähren.‹ (Jeremia 33,6) Es war, als ob ich in der kleinen Kapelle die Kraft sammelte, die ich brauchte, um die Angst in mir bekämpfen zu können. Und manchmal auch die Wut. Ständig kamen Anfragen von Medien. Eine schwerverletzte Soldatin, die im Koma liegt, das erregte ihr Interesse. Zum Glück sickerten keinerlei Informationen durch. Ich hätte es nicht ausgehalten, meine Frau als Schlagzeile zu sehen. So zogen sich die Tage dahin. Manchmal zäh wie Kaugummi. Stundenlang starrte ich Soraya an. Meine sonst so lebhafte Frau war nur noch eine Hülle. Ich sagte: ›Wenn du mich hörst, schlag bitte die Augen auf.‹ Nichts geschah. Eines Nachmittags saß Lahib neben ihrem Bett auf der Intensivstation: ›Mama, wach auf. Komm zurück. Wir lieben dich. Wir brauchen dich.‹ Wie ein Mantra wiederholte er diesen Satz. Später wird ihm seine Mutter verraten, dass sie ihn gehört hat und noch heute davon träumt, wie er neben ihr sitzt.

Vier lange Wochen tat sich nichts. Sorayas Zustand blieb unverändert. Bis mein Jüngster plötzlich aus ihrem Zimmer stürmte und sagte: ›Sie hat die Augen geöffnet.‹ Von überall kamen plötzlich Ärzte und Schwestern. Schauten auf die Geräte. Schüttelten mit dem Kopf: ›Wir können keine Veränderung feststellen. Sie haben sich leider getäuscht.‹ Tröstend legte eine Schwester den Arm um Lahibs Schultern: ›Das passiert häufig. Man wünscht sich einfach so sehr, dass sie aufwachen.‹ Doch er ließ sich nicht beirren: ›Papa, ich weiß doch, was ich gesehen habe.‹

Mir sollte es ähnlich ergehen. Seit einem Monat lag Soraya nun schon im künstlichen Koma. Eines Tages sprach ich ganz leise mit ihr, so wie ihre Mutter mit ihr als Kind geredet hatte: ›Soraya jan, wenn du mich hören kannst, dreh bitte die Augen zu mir.‹ Zuerst war es nur ein leichtes Flackern der Augenlider. Ich wiederholte den Satz. Sie verdrehte die Augen. Wie ein Wahnsinniger rannte ich aus dem Zimmer. Mit dem Chefarzt kehrte ich zurück. Der Intensivmediziner sagte etwas zu ihr. Nichts geschah. Er wiederholte den Satz. Keine Reaktion. ›Sie müssen zu ihr sprechen wie zu einem Kind.‹ Mit hoher, beinahe weiblicher Stimme versuchte er es noch einmal. Dieses Mal bewegte sie nicht nur die Augen, sondern auch ein wenig die Lippen. Der Arzt und ich sahen uns an, lagen uns plötzlich in den Armen. Zwei erwachsene Männer, die sich ihrer Tränen nicht schämten. Dann lief er aus dem Zimmer und holte seine Kollegen.

Nicht viel später sprach Soraya den ersten Satz: ›Was habe ich getan, dass alles so wehtut?‹ Wir waren alle überrascht, dass sie Deutsch und nicht Dari redete. ›Sie ist ein Wunder‹, darin sind sich ihre behandelnden Ärzte einig. Niemand hatte zu hoffen gewagt, dass sie geistig wieder voll da sein würde. Bis heute weiß ich nicht, wie ich den Medizinern jemals dafür danken kann.

Der Leiter der Intensivstation wird mir einmal verraten, er habe noch nie eine so ungeduldige Patientin gehabt wie meine Frau. Spätestens in diesem Moment wusste ich, sie wird wieder wie früher sein. Bis sie sich körperlich wieder erholen sollte, würde es jedoch dauern. Sie sollte beinah jeden zweiten Tag operiert werden. Insgesamt über dreißig Mal. Dass sie ihr rechtes Bein wieder bewegen kann, verdankt sie allerdings einzig und allein Oberarzt Dr. Egon Walde, der den zerstörten Ischiasnerv wiederherstellte. Mit dem Unfallchirurgen und seinem Team sowie mit allen anderen Spezialisten des Bundeswehrzentralkrankenhauses standen die Besten ihres Fachs am OP-Tisch. Sie transplantierten die Haut. Retteten ihre Hände. Rekonstruierten die Finger ebenso wie ihre Schädeldecke, die zum größten Teil aus Titan ist. Wenn ich heute zu ihr sage, sie sei ein echter Dickschädel, dann klopft sie sich nur auf den Kopf und lacht.«

Der Weg zurück zu mir

Wo bin ich? Es ist dunkel. Wie durch Watte höre ich Stimmen. Wali? Ich glaube, er ruft meinen Namen. »Ich bin hier«, will ich antworten. Doch nichts passiert. Mein ganzer Körper schreit. Doch keiner scheint das wahrzunehmen. Wache ich? Träume ich? Schwebe ich irgendwo dazwischen? Wieso hört mich keiner? Langsam versuche ich, die Augen zu öffnen. Meine Lider bewegen sich nicht. Sind fest verschlossen wie die Jalousien an einem Winterabend. Meine Arme, ich will sie heben. Auf mich aufmerksam machen. Sie sind so schwer. Wieder höre ich Stimmen. Vertraute, fremde. Wali, Walid, Lahib. Dazwischen immer wieder monoton ein Satz: »Ihr Zustand ist unverändert.« Meine Sinne sind überscharf. Mein Körper gefangen. Doch in was? Nichts gehorcht mir mehr. Raum und Zeit haben keine Bedeutung mehr. Verliere ich den Verstand?

Durch die Finsternis in meinem Kopf meine ich, meine Mutter zu hören. Wer sonst würde wie zu einem Kind mit mir sprechen? »Ach Mama!« Meine Lippen kräuseln sich. Auf meinem Gesicht spüre ich einen Luftzug. Etwas bewegt sich. Schnell und hektisch. Irgendwer ruft aufgeregt: »Sie wird wach.« Es beugt sich jemand über mich. Tränen fallen auf mein Gesicht. »Soraya jan, endlich!« Für den Bruchteil einer Sekunde sehe ich Walis Umrisse. Danach spüre ich nur, wie etwas in mir explodiert. Alles wird wieder dunkel.

Lange wird mich die gnädige Dunkelheit nicht mehr

schützen. Mit der Helligkeit kommt der Schmerz. Am liebsten würde ich vor ihm davonlaufen. Aber meine Beine gehorchen mir ebenso wenig wie der Rest. Ich habe die Kontrolle über mich verloren. Warum sagt mir keiner, was passiert ist? Wie aus dem Nichts schwappt Walis Stimme zu mir herüber. Sanfte Worte, die mein Inneres berühren so wie Wellen den Strand. Er spricht leise. Bricht stets wieder ab. Ich bin im Krankenhaus. Das begreife ich langsam. Nur nicht, weshalb. Meine Erinnerung ist weg. Das Letzte, was ich weiß, ist, dass ich in Taloqan war. General Daud Daud hat mir etwas über Poesie erzählt. Jemand hat mich gerufen. Danach herrscht Leere.

Vorsichtig fährt Wali mit seinen Fingern über meinen dick bandagierten Arm. Fast wie ein Hauch. Doch ich stöhne. Alles brennt. Eine Schwester gibt mir eine Spritze. Der Schmerz verblasst. Ich habe Angst davor, dass er wiederkehrt. Gleichzeitig schreit alles in mir. Will Klarheit und Wahrheit. Stück für Stück erfahre ich, was passiert ist. Später, als ich mehr bei Kräften bin, wird mir mein Mann erzählen, dass meine Kameraden gefallen sind. Ich sehe Thomas Tholis warme Augen vor mir. Höre Tobias Lagensteins jungenhaftes Lachen. Danach flüchte ich mich in meine gnädige Dunkelheit. Die süße Erleichterung des Vergessens genießen. Doch nicht für lange. Die Wachphasen werden kontinuierlich größer.

Immer wieder werde ich operiert. Die größte Leistung bestand in der Koordination aller Eingriffe. Die Unfallchirurgen arbeiteten mit den Kollegen aus der Neurochirurgie und Intensivmedizin Hand in Hand. Für viele OPs gibt es nur ein kleines Zeitfenster, um zum optimalen Ergebnis zu gelangen. Ich fürchte die Operationen ebenso, wie ich sie herbeisehne. Denn jede einzelne bringt mich meinem Leben ein Stückchen näher. Die Ärzte kämpfen für mich, während ich manchmal am liebsten aufgegeben hätte. Als ich das erste Mal in den Spiegel blicke, bin ich geschockt: Ich hatte nicht gewusst, wie kaputt ich eigentlich war. Bis zu diesem Moment hatte ich das Gesicht vor mir, das ich an jenem 28. Mai morgens im Spiegel gesehen hatte. »Das wird wieder«, verspricht eine Schwester, während sie vorsichtig eine Salbe auf meiner Haut verteilt. »Später wird man nichts mehr von den Verbrennungen sehen.« Zumindest was mein Gesicht betrifft, wird sie recht behalten. Andere Stellen meines Körpers bleiben fleckig. Einige sind ganz hell. Andere beinah milchkaffeebraun. Am schlimmsten ist noch heute für mich der Anblick meines rechten Beines. Muskeln, Fleisch und Gewebe fehlen. Aber ich will nicht undankbar sein. Ich kann gehen. Bis dahin war es jedoch ein langer Weg. Immer wieder musste ich die Lethargie ablegen, die sich in mein Leben eingeschlichen hatte.

Auch wenn mein Verstand rebellierte, gewöhnte ich mich langsam an meine Bewegungsunfähigkeit. Im Grunde lebte ich von einer Schmerzspritze zur nächsten. »Sie müssen versuchen, sich hinzusetzen«, sagte eines Tages einer der Ärzte zu mir. Allein bei dem Gedanken wurde ich panisch. Meine Angst vor den Qualen war zu groß. Dennoch kam der Tag, an dem man mich aufsetzte. Meine Schreie hatten alles Menschliche verloren. Es war einer jener Momente, wo ich wünschte, man hätte mich sterben lassen. Ich war ungerecht. So viele Menschen hatten um mich gekämpft, jetzt war es an mir, es ihnen gleichzutun. Das wurde mir ebenfalls klar, als man mich im Rollstuhl vor das Krankenhaus schob. Neben mir war ein junger Soldat, ebenso stark verletzt wie ich. Wir saßen in der Sonne. Rauchten beide und sahen für einen winzigen Augenblick in die Seele des anderen. Ein stilles Verstehen. Wir nahmen uns das stumme Versprechen ab, unser Leben in den Griff zu bekommen. Trotz Verwundungen. Trotz Traumata. Und vor allem, weil wir Veteranen die Erinnerung an all die toten Soldaten wachhalten.

An diesem sonnigen Nachmittag schämte ich mich plötzlich vor mir selbst. Denn auch ich war nicht vergessen worden. In den vergangenen Wochen hatte die Flut meiner Besucher nicht abgerissen. Von überall her reisten Kameraden ins Lazarett. Einer der ersten war Martin Osterloh, der bereits vierzehn Tage nach dem Anschlag an meinem Krankenbett saß. Damals lag ich noch im Koma. Doch er war wie ein Bruder für mich. Deshalb ließ Wali ihn zu mir. Wer mich nicht besuchte, schrieb Briefe. Säckeweise habe ich Post erhalten. Vieles erreichte mich per Feldpost. Trotz allem hielt sich nach wie vor das Gerücht, ich sei gefallen. Mehr als einmal sollte ich in der Zukunft weinende Kameraden im Arm halten, die schluchzten:»Und ich dachte, du wärest tot.« Nein, ich hatte überlebt. Dafür bekam ich sogar einen Orden. Eines Tages kündigte General Kneip seinen Besuch an. Nicht bei mir, sondern bei Oberleutnant Alekozei. Im Gepäck hatte er zwei Auszeichnungen. Die Einsatzmedaille der Bundeswehr, die jeder Soldat für eine bestimmte Einsatzdauer erhält, und die sogenannte Einsatzmedaille Gefecht. Sie wird nur denjenigen verliehen, die»mindestens einmal aktiv an Gefechtshandlungen teilgenommen oder unter hoher persönlicher Gefährdung terroristische oder militärische Gewalt erlitten« haben. Getragen habe ich beide bisher noch nie. Gemeinsam mit meinen anderen Erinnerungsstücken liegen sie in einer Schublade.

Rund ein Vierteljahr nach dem Anschlag begann meine

Früh-Reha. Man flog mich mit dem Hubschrauber nach Bayern. In Bad Griesbach traf ich auf Susanne. Die junge Physiotherapeutin war ein Geschenk für mich. Mit ihr lernte ich wieder laufen. Da mir ein Großteil der Schädeldecke fehlte, musste ich dabei einen Helm tragen. Wer jemals den Kopf eines Neugeborenen gehalten hat, weiß, dass bei ihm die Schädeldecke noch nicht ganz zusammengewachsen ist. Diese Lücke wird auch als Fontanelle bezeichnet. Meist kann man bei Säuglingen über der Stirn gut die Fontanelle fühlen und beobachten, wie sie leicht pulsiert. So ähnlich muss man sich das bei mir vorstellen. Nur viel größer. Es war schon seltsam, dass ich darüber Haut hatte und sogar Haare, die langsam wieder wuchsen. In der Reha-Klinik nahm man Maß für meine neue Schädeldecke. Der Neurochirurg, der mich bereits in Mazar-e Sharif operiert hatte, sollte die Platte in Koblenz einsetzen.

Susanne trieb mich an, wenn ich aufgeben wollte. Sie machte mir klar, jeder Schritt wäre ein Schritt zurück ins Leben. Nur eines konnte sie mir nicht nehmen, die Angst, wenn ich Treppen heruntersteigen sollte. Unten lauert das Böse. Das hatte sich in meinem Kopf festgesetzt. Ich weiß nicht, was mein Hirn an jenem 28. Mai gespeichert hat. Aber diese Vorstellung hatte sich förmlich auf meiner Festplatte eingebrannt.

Vier Monate war ich in Bad Griesbach. Wali hatte inzwischen sein Taxi-Unternehmen aufgegeben, um ständig an meiner Seite sein zu können. Oft schob er mich in meinem roten Rollstuhl, den ich aufgrund seiner Farbe »Ferrari« getauft hatte, durch den Park. Meinen ersten Rollator nannte ich übrigens »Beauty«, nach dem schwarzen Pferd »Black Beauty« aus der gleichnamigen Erfolgsfernsehserie der siebziger Jahre. Humor ist das Löschblatt des Alltags. Und so manche meiner Sorgen sollten in den nächsten Monaten darunter verschwinden.

Die Adventszeit brach an. Zum ersten Mal seit Jahren wollten meine Söhne wieder einen Tannenbaum. Sie schmückten ihn in unserer Wohnstube. Längst war daraus ein Krankenzimmer geworden. Mein Bett stand dort. Wali schlief nachts auf einer Matratze davor. Er wollte bei mir sein, wenn die Schmerzen kamen oder die Träume, an die ich mich hinterher nie erinnern konnte. Mit einer Traumatherapie konnte ich noch nicht beginnen. Erst sollte mein Körper geheilt werden. Auch wenn ich es im Grunde wusste, war es dennoch ein Schock für mich, plötzlich eine Invalidin zu sein. Zu 100 Prozent schwerbehindert. Wali kümmerte sich rührend um mich, doch gerade das machte es schlimm. Nie wollte ich abhängig sein, plötzlich war ich es. An manchen Tagen war ich so wütend auf mich. Wenn ich zum Beispiel vergaß, dass meine rechte Hand zu schwach war, um einen Kaffeebecher zu halten. Wenn er mir aus den Fingern glitt. Mein Kurzzeitgedächtnis hatte gelitten. Hinzu kam, dass mich die Tabletten müde werden ließen. Oft merkte ich gar nicht, wie ich einfach wegsackte und einschlief. Oder meine Aussprache undeutlich wurde. Ausgerechnet ich fing plötzlich an zu nuscheln. Zeit meines Lebens war ich stolz auf meine Stimme gewesen. Hatte sie benutzt. Mit ihr gespielt. Aufmerksamkeit erregt. Menschen begeistert.

Es gab Augenblicke, da wollte ich verzweifeln. Dann sehnte ich meine Medizin herbei. Wollte gar nicht klar im Kopf sein. Zu schmerzlich war die Erkenntnis, dass es mich nicht mehr gab. Ich war durch die Hölle gegangen, doch am Ende wartete kein Regenbogen.

Im neuen Jahr setzte ich meinen Aufenthalt in einer

Reha-Klinik fort. Dieses Mal bei uns in Bonn. Wieder blieb Wali ständig in meiner Nähe. Nur nachts nicht, wenn die Dämonen kamen. Während ich tagsüber kaum Kraft hatte, um eine Tasse zu heben, war es nachts anders. Ich weiß nicht, was in meinem Kopf vorging. Es war eine dunkle Macht, die mich aus dem Bett trieb. Mehr als einmal fanden mich die Schwestern wimmernd in einer Ecke des Zimmers. Um mich herum hatte ich einen Schutzwall aus Stühlen aufgebaut. Bis heute versteht niemand, wie ich es geschafft habe, über das Gitter meines Bettes zu klettern, denn die Funktionalität meiner Beine war stark eingeschränkt. Mein Körper eigentlich zu schwach. Meine Glieder nicht beweglich genug. Und doch hockte ich auf dem kalten Boden und versteckte mich vor Feinden, die nur ich gesehen hatte. Sie lauerten irgendwo. Tief in mir. Mit der Zeit sollte es besser werden. Die Tür zu meinem Innersten blieb aber fest verschlossen. Und auch meine Tränen hatten sich zurückgezogen. Mein Leben lang hatte ich im wahrsten Sinne des Wortes dicht am Wasser gebaut, jetzt konnte ich nicht mehr weinen. Es war, als wäre ein Teil von mir gestorben. »Nur verschüttet. Das kommt wieder, wenn Sie sich mit Ereignissen psychologisch auseinandersetzen«, beruhigten mich meine Ärzte. Darauf hoffe ich.

Doch immer noch sind es die körperlichen Schäden, die behandelt werden müssen. Dabei gibt es Dinge, die mir unangenehm sind. Meine Nase zum Beispiel. Sie läuft ständig. Lange Zeit wusste ich nicht, was es war. Eine Untersuchung ergab, dass es Hirnwasser ist. Durch ein kleines Loch im Schädel sickert es in meine Nasenhöhle. Nichts Lebensbedrohliches. Dennoch sollte es operativ behandelt werden. Vor dem Eingriff habe ich jedoch Angst. Alles, was meinen Kopf betrifft, beunruhigt mich. Mein Leben ist zwar in vielen Bereichen eingeschränkt, aber nicht geistig. All die Dinge, die mir wichtig sind, funktionieren noch. Vor allem die Sprache. Darüber identifiziere ich mich. Ebenso wie das Lesen. Schreiben fällt mir schwer. Meine Finger sind zu steif. Deshalb verschlinge ich alles, was andere zu Papier gebracht haben. So hole ich mir die Welt ins Haus, die ich zum Teil verloren habe.

Auch die Schrapnellkugeln und Splitter in meinem Körper sollten irgendwann entfernt werden. Man kann sie unter der Haut spüren. Wenn ich allein bin, lege ich manchmal die Hand auf meinen Nacken. Dort fühle ich sie. Die mörderischen Erinnerungsstücke. Es hat lange gedauert, bis ich mir eingestanden habe, Opfer eines Anschlags zu sein. Vorher sprach ich stets von einem Unfall. Nur so konnte ich es anfangs ertragen. Was an jenem Tag im Gouverneurspalast geschah, galt zwar nicht uns, den deutschen ISAF-Vertretern, aber jemand hatte unseren Tod billigend in Kauf genommen. Es war ein schmerzhafter Prozess, mir selbst einzugestehen, dass ich nicht zufällig in die Luft gesprengt wurde, sondern jemand, noch dazu einer meiner Landsleute, das Attentat von langer Hand geplant hatte. Das Entsetzen darüber, dass sich die Täter hinterher mit dem Anschlag gebrüstet haben, ist kaum auszuhalten. Wut spüre ich trotzdem keine. Wie auch? Es waren verblendete Menschen. Willenlose Werkzeuge des Bösen. Werden sie einmal die Macht übernehmen? Die künftigen Herrscher am Hindukusch sein, wenn die Internationale Schutztruppe das Land verlässt?

Daran musste ich denken, als ich das Grab von Thomas Tholi besuchte. Es war mir eine Herzensangelegenheit. Durch unsere gemeinsame Arbeit für den General Kneip war aus Kameradschaft Freundschaft geworden. Über ein

Jahr ist seit seinem Tod vergangen. Ich vermisste ihn. Tränenlos stand ich vor seiner letzten Ruhestätte. Es war ein schöner, sonniger Tag. Wie gern wäre ich niedergekniet, um mich bei ihm zu entschuldigen. Dafür, dass ich noch da war, während er sein Leben für meine Heimat gegeben hatte. Doch mein Körper war zu schwach. Wali stützte mich. Sagte ansonsten kein Wort. Es war unser Moment. Tholis und meiner. Wie im Film liefen Szenen durch meinen Kopf. Wenn er unsere Termine mit dem Kommandeur vorbereitet hatte. Die gemeinsamen Besuche bei Gouverneuren, Dorfältesten und Warlords. Sein Respekt vor den Gepflogenheiten meiner Heimat. Ich weinte stumm. Um ihn. Seine Hoffnungen, die mit ihm gestorben waren.

Jeder gewaltsame Tod ist sinnlos. Doch was ist, wenn Thomas Tholi und all die anderen Soldaten umsonst gefallen sind? Der Gedanke treibt mich um, je näher der geplante Abzug der Internationalen Schutztruppe rückt. Es gibt bei uns ein altes Sprichwort: »Du kannst Afghanistan zwar kauen, aber niemals schlucken.« Sollte das die Quintessenz unseres Einsatzes sein? Wird mein Land wieder so werden, wie wir es 2002 vorgefunden haben? Wird es in eine emotionale Steinzeit zurückkehren, in der man die Hilfe des anderen als Einmischung empfindet? Wo Empathie bestraft wird?

Die Zeit rennt uns davon. Denn irgendwann werden all jene gestorben sein, die sich noch an das Land meiner Jugend erinnern können. Das Sehnsuchtsland einer ganzen Generation. Großzügig und weltoffen. Mittlerweile wollen nicht einmal mehr meine eigenen Kinder meine Heimat kennenlernen. Sie sind der Überzeugung, dass es »Mamas Afghanistan« nicht mehr gibt. Sie möchten sich die Enttäuschung ersparen, vor den Ruinen meiner Kindheitserinnerungen zu stehen. Und ich? Ich würde gern loslassen können. Meine Träume am Hindukusch begraben. Immer noch glaube ich, dass meine Seele erst heilt, wenn ich vor der Grabstätte meiner Mutter in Kabul stehe. Abschied von ihr nehme. Vielleicht werde ich dann wieder weinen können. Tausend Tage bin ich jetzt ohne Tränen. Ich wünsche mir so sehr, jemand würde sie freilassen. Damit sie die Trauer aus meinem Herzen spülen. Um meine Kameraden. Mein Land. Mein altes Leben. Doch noch sind sie die Gefangenen meines Krieges. Eingeschlossen in einer Zelle, deren Schlüssel ich nicht habe.

Epilog

Vor mir liegt mein Leben. Ausgedruckt auf über 200 Seiten. Ein komisches Gefühl. Es ist fast so, als ob mir die Buchstaben den Spiegel vorhielten. Zeile für Zeile. Den schützenden Panzer der Privatsphäre, ich habe ihn durchbrochen. Herausgekommen ist ein sehr persönliches Buch. Lange trug es den Arbeitstitel »Die Stimme der Freiheit«. Doch es erschien mir vermessen, das für mich zu beanspruchen. »Die Stimme der Freiheit« – das war nicht nur ich als Radiomoderatorin oder als Dolmetscherin. Nein, »Die Stimme der Freiheit« gehört zu jedem deutschen Soldaten, der am Hindukusch im Einsatz war. Sie alle versuchten, ihr in meiner Heimat Gehör zu verschaffen. Aber »Die Stimme der Freiheit« erklingt auch in meinen Landsleuten. In all jenen, die trotz ihrer von jahrzehntelangen Kriegen vernarbten Herzen an den Frieden glauben wollen. Sie geben unserem Auftrag in Afghanistan ein Gesicht und vor allem jene Sinnhaftigkeit, die wir brauchen, um erhobenen Hauptes unsere Mission beenden zu können.

Aus diesem Grund heißt meine Biografie nun »Sie konnten mich nicht töten«. Weder mich noch meine Seele. Beides hat Schaden genommen. Nicht erst an jenem Tag in Taloqan. Flucht, Verlust der Heimat, all dies hätte mich umbringen können. An manchen, meinen dunklen Tagen glaubte ich fast, daran zu zerbrechen. Wie sehr wurde mir erst bewusst, als ich das fertige Manuskript in den Händen hielt und las, was geschehen war. Was mit mir passiert ist. Zugegeben, als ich anfing, meine Geschichte zu erzählen, hatte ich die Hoffnung, dass ich am Ende dieses Buches meine Tränen wiederfinden würde. Doch sie sind nicht zu mir zurückgekommen. Manchmal, wenn ich über die Seiten flog, nahm mir die Erinnerung fast den Atem. Ich spürte, wie etwas Heißes in mir hochkroch. Doch am Ende fehlte mir die Kraft, um meine Gefühle explodieren zu lassen. Dabei war ich so voll von ihnen, dass ich meinte, es würde mein Innerstes zerreißen.

Immer wieder schlichen sich auch Selbstzweifel beim Verarbeiten der Informationen ein. Viele Fragen trieben mich um. Wie viel Schaden hat das Kantholz in meinem Kopf angerichtet? Was ist, wenn manches nur in meiner Erinnerung so war? Es wird sicher den einen oder anderen geben, der zu mir sagen wird: »Das habe ich alles ganz anders wahrgenommen.« Aber es ist nun einmal mein Leben. So wie ich es sehe, fühle und erlebt zu haben glaube. Eine Facette im großen Ganzen. Nur eine Nuance des Einsatzes. Doch stets ist es meine Wahrheit, wie nur ich sie kenne. Jeder hat seine eigene. Sie ist die Summe unserer Erfahrungen. Vielleicht teilen Sie mir Ihre mit? Darüber würde ich mich sehr freuen. Sie erreichen mich über meinen Verlag:

Soraya Alekozei
c/o Econ Verlag
Ullstein Buchverlage GmbH
Friedrichstraße 126, 10117 Berlin

Von dort aus wird man Ihre Nachrichten an mich weiterleiten. Vielen Dank, dass Sie mir und meinem Leben Ihre Zeit gewidmet haben.

Soraya Alekozei im August 2014

Dank

*Leider lässt sich wahrhafte
Dankbarkeit mit Worten nicht ausdrücken.*

Johann Wolfgang von Goethe

Danke zu sagen ist eine Bringschuld. Ich möchte mich daher an dieser Stelle an all jene wenden, die mir zurück ins Leben geholfen haben:

... mein Mann Wali und unsere Söhne Walid und Lahib: Danke für eure Liebe. Ihr seid mein Leben. Ohne euch hätte ich es nicht geschafft.

... mein Bruder Sultan: Danke, dass du mir auf der Intensivstation meine afghanischen Lieblingslieder ins Ohr geflüstert hast. Du hast der dunklen Stille einen Klang gegeben.

... Oberst Frank Wachter: Danke, dass du mich aus der Hölle gerettet hast.

... Oberfeldarzt Dr. med. Ronny Rothe: Danke für den Mut, das Unmögliche zu wagen. Ohne Sie gäbe es mich nicht mehr!

... Oberstarzt Priv.-Doz. Dr. med. Erwin Kollig: Danke, dass ich mit beiden Beinen wieder fest im Leben stehen kann. Ich verdanke Ihnen – menschlich und medizinisch – mehr, als ich es in Worte fassen kann.

... Oberfeldarzt Priv.-Doz. Dr. med. Axel Franke und das

Team der Unfallchirurgie und Orthopädie, Wiederherstellungs-, Hand- und Plastischen Chirurgie und Verbrennungsmedizin des Bundeswehrzentralkrankenhauses Koblenz: Danke, dass Sie mich in über dreißig Operationen wiederhergestellt haben.

... Oberfeldarzt Dr. med. Michael Braun und das Team der Anästhesiologie/Intensivmedizin des Bundeswehrzentralkrankenhauses Koblenz: Danke, dass Sie Tag und Nacht für mich da waren.

... Flottenarzt Roger Braas, Oberfeldarzt Tony Krause und das Team der Psychiatrie und Psychotherapie des Bundeswehrzentralkrankenhauses Koblenz: Danke, dass meine Seele bei Ihnen genesen darf.

... alle Mitarbeiter des Bundeswehrzentralkrankenhauses Koblenz: Danke für die großartige Betreuung. Besser geht es nicht.

... Oberfeldarzt Dr. Bettina Piekarek und Oberfeldarzt Dr. med. Torsten Altmeyer: Danke für Ihr Engagement und Ihre Empathie, die weit über die truppenärztliche Versorgung hinausgehen.

... Generalleutnant Markus Kneip: Danke, dass Sie, Ihre Frau und Ihre beiden Söhne meiner Familie in den schweren Stunden zur Seite standen. Danke auch dafür, dass Sie mich im Einsatz verstanden haben und mir die Erlaubnis für meine Hilfsprojekte gaben. Sie haben mein Leben bereichert. Dienstlich, aber vor allem menschlich.

... Oberstleutnant Carsten Faust: Mein deutscher Bruder. Danke für deine Freundschaft. Freunde sind die Familie, die man sich fürs Leben aussucht. Ich bin froh und dankbar, dass du Wali, Walid, Lahib und mir immer eine Stütze warst.

... Kapitänleutnant Heike Busse-Prüfer und Hauptfeldwebel Melanie Machnitzke: Danke, dass ihr euch mit mir gemeinsam um die vergessenen Töchter und Söhne Afghanistans gekümmert habt.

... Brigadegeneral Christof Munzlinger: Danke für Ihre Fürsorglichkeit.

... Brigadegeneral Dirk Backen: Danke, dass Sie mich auch nach dem Einsatz nicht vergessen haben.

... Ministerialdirektorin Alice Greyer-Wieninger: Danke für Ihr offenes Ohr und großes Herz.

... alle Kameraden und Mitarbeiter der Bundeswehr: Danke für die unbürokratische Hilfe. Sie haben meine Familie und mich nie mit unseren Sorgen allein gelassen.

... Hildegard Medina Emam: »Danke. Ohne dich und Vox Infantis wäre mein Traum von einem neuen Waisenhaus nicht in Erfüllung gegangen.

... Annegret Wolf: Danke für deine Umarmungen, die mir Kraft gegeben haben. Drücke auch die herzensguten und fleißigen Frauen aus eurer Gemeinde in Bad Brückenau von mir für all die vielen Aktivitäten zugunsten der Waisenkinder.

... Silvie Horch: Danke, dass Sie mir im Econ Verlag alle Türen geöffnet und mich ein Jahr lang intensiv betreut haben. Aber vor allem danke für Ihr unendlich großes Vertrauen in mich.

... an das gesamte Team des Econ Verlags: Danke für die Chance, mein Leben erzählen zu dürfen.

... Colla Schmitz: Danke, dass du an meine Geschichte geglaubt und sie für *Y – Das Magazin der Bundeswehr* aufgeschrieben hast. Dadurch wurde mein Buch erst möglich. Sei umarmt für die wundervolle Zusammenarbeit. Und vor allem danke für dein Einfühlungsvermögen und dass du meine Tränen weinen konntest.

... alle Kameradinnen und Kameraden, Kolleginnen und Kollegen, Freundinnen und Freunde, die leider nicht alle namentlich erwähnt werden konnten: danke, dass ihr an mich gedacht habt. Danke für die unzähligen Briefe, die vielen Anrufe und Besuche. Aber auch Danke für so manchen stillen Moment, wenn wir uns gemeinsam an mein altes Leben erinnert haben.

Literatur

Für die Recherche zu diesem Buch haben wir folgende Quellen benutzt (wir danken auch allen Experten für ihr Wissen):

Alexander, Dietrich: »Als Frau in Afghanistan lernst du, dich zu hassen«. In: *Hamburger Abendblatt* vom 5. Juni 2012

APA/dpa: »Deutsche Soldaten erschossen Frau und ihre Kinder«. In: *Der Standard* vom 29. August 2008

Archiv *Der Spiegel*: »Heilige Sache«. In: *Der Spiegel* 11/ 1985

Becker, Sven, und Lutz Kinkel: »Afghanistan-Bombardement: Guttenberg und das ›Blutgeld‹«. In: *Stern* vom 9. Dezember 2009

Blasberg, Anita, und Stefan Willeke: »Afghanistan: Das Kundus-Syndrom«. In: *Die Zeit* vom 8. März 2010

Buchsteiner, Jochen: »Afghanistan: Die Rückkehr der Taliban«. In: *Frankfurter Allgemeine Zeitung* vom 4. September 2009

Buck, Christiane: »Gute Laune von der Bundeswehr«. In: *Die Welt* vom 27. September 2005

Clement, Rolf: »Codename ›HarekateYolo II‹«. In: *Loyal. Magazin für Sicherheitspolitik* 2/2008

Eckert, Ralf: »Hier gibt's keinen Sonntag. Ein Militärpfarrer in Afghanistan«. In: *Volksbund Deutsche Kriegsgräberfürsorge e. V.* vom 11. April 2013

Gebauer, Matthias, und Shoib Najafizada: »Taliban-Anschlag auf Bundeswehr: Verletzter General behält sein Kommando«. In: *Spiegel Online* vom 29. Mai 2011

Goos, Hauke: »Das Leben nach dem Tod«. In: *Der Spiegel* 25/2008

Hammerstein, Konstantin von, Hans Hoyng, Hans-Jürgen Schlamp und Alexander Szandar: »Das Afghanistan-Abenteuer«. In: *Der Spiegel* 47/2006

Löwenstein, Stephan: »Generalmajor Kneip – Kein Draufgänger«. In: *Frankfurter Allgemeine Zeitung* vom 30. Mai 2011

Massing, Stephan: »Afghanistan: Die Taliban«. Siehe: www.suedasien.info vom 8. Oktober 2001

Meyer, Simone: »General Kneip trotz Verletzung beim Ehrenspalier«. In: *Die Welt* vom 30. Mai 2011

Mühlberger, Sarah: »Im Auge des Tigers«. In: *Spiegel Wissen* 4/2012

Negrini, Claudia: »Tückischer Stich«. In: *Y – Das Magazin der Bundeswehr* 10/2007

plö/wal/yas/ddp/dpa/AP/Reuters/AFP: »Attentat in Kunduz: Trauer um tote Deutsche – neuer Anschlag auf ausländische Soldaten«. In: *Spiegel Online* vom 20. Mai 2007

Remke, Susann: »Das Mädchen ohne Nase«. In: *Focus* vom 9. August 2010

Reuter, Christoph: »Rezept für den Bürgerkrieg«. In: *Der Spiegel* 49/2011

Rogge, Ronald: »Ein fast normales Leben«. In: *Y – Das Magazin der Bundeswehr* 5/2013

Rogge, Ronald: »Solange der Vorrat reicht«. In: *Y – Das Magazin der Bundeswehr* 6/2013

Seliger, Marco: »Afghanistan-Einsatz: Ein Anschlag, kein

Unfall«. In: *Frankfurter Allgemeine Zeitung* vom 18. Januar 2007

Spalinger, Andrea:»Bärtiger Kriegsfürst wird Multimillionär«. In: *Neue Zürcher Zeitung* vom 10. Januar 2014

Stutte, Harald, und Jan-Philipp Eschenbach:»Gotteskrieger – Aufstieg der Taliban«. In: *Y – Das Magazin der Bundeswehr* 9/2006

Thörner, Marc:«Fundamentalisten gewinnen in Afghanistan an Einfluss – Terror und Taliban«. In: *Deutschlandfunk* vom 28. März 2009

Warnecke, Dieter:»HarekateYolo II. Sicherheit für Nordafghanistan«. In: *Europäische Sicherheit* 5/2008

Wiegold, Thomas:»Der General war sich der Gefahr bewusst«. In: *Augengeradeaus.net* vom 29. Mai 2011

Wiegold, Thomas:»Es begann als ›Insel der Stabilität‹: Zehn Jahre Bundeswehr in Kunduz«. In: *Augengeradeaus. net* vom 6. Oktober 2013

Siehe auch folgende Websites:
Bundesministerium der Verteidigung: www.bmvg.de
Bundeswehr: www.bundeswehr.de
Deutsche Welle: www.dw.de
Nefia: Netzwerk für Internationale Aufgaben:
www.nefia. org/publikation-ad-hoc
Vox Infantis: www.voxinfantis.org
Zusammengestellte Artikel von Winfried Nachtwei, Experte für Friedens- und Sicherheitspolitik der Grünen:
www.nachtwei.de

Bericht aus der Schlammzone

Johannes Clair · **Vier Tage im November**
Mein Kampfeinsatz in Afghanistan
416 Seiten mit Bildteil, Klappenbroschur
€ [D] 18,00 · € [A] 18,50
ISBN 978-3-430-20138-4

Johannes Clair, ein 25jähriger Fallschirmjäger, hat den Krieg in Afghanistan am eigenen Leib erlebt. Er war dabei, als erstmals seit dem Zweiten Weltkrieg Artillerie eingesetzt wurde, hat mehrere Sprengstoffanschläge und vier Tage Dauerbeschuss überlebt. In seinem mitreißenden und sehr persönlichen Buch erzählt er von seinem Wunsch, in Afghanistan etwas zu bewirken, vom Leben als Soldat, von seinen Hoffnungen und seiner Todesangst. Clair ist ein reflektierter Beobachter und beschreibt ehrlich, wie der Einsatz ihn verändert hat. Ein sehr bewegendes Dokument über eine moderne Kriegserfahrung.

Econ